大学文化：危机与出路研究

周益斌 著

上海大学出版社
·上海·

图书在版编目(CIP)数据

大学文化：危机与出路研究 / 周益斌著. -- 上海：上海大学出版社，2024. 11. -- ISBN 978-7-5671-5143-7

Ⅰ. G647

中国国家版本馆 CIP 数据核字第 2024DM7923 号

责任编辑　邹西礼
封面设计　柯国富
技术编辑　金　鑫　钱宇坤

大学文化：危机与出路研究

周益斌　著

上海大学出版社出版发行
（上海市上大路 99 号　邮政编码 200444）
(https://www.shupress.cn　发行热线 021 - 66135112)
出版人　余　洋

*

南京展望文化发展有限公司排版
广东虎彩云印刷有限公司印刷　各地新华书店经销
开本 710mm×1000mm　1/16　印张 14　字数 215 千
2024 年 11 月第 1 版　2024 年 11 月第 1 次印刷
ISBN 978-7-5671-5143-7/G・3674　定价　68.00 元

版权所有　侵权必究
如发现本书有印装质量问题请与印刷厂质量科联系
联系电话：0769-85252189

自　序

大学曾经被描述为"象牙塔",是高等精英教育的象征。随着时代和社会的发展,特别是高等教育大众化和普及化时代的到来,大学教育不再仅为少数人所享有,拥有大学文凭的人数日益增加。正因如此,大学被赋予的期待愈加多元,责任也就愈为重大。

党的二十大报告强调"教育、科技、人才是全面建设社会主义现代化国家的基础性、战略性支撑",充分彰显了党中央对科教工作的重视之深、期待之切和谋划之远。当前的世界竞争、国际实力较量表面上是"科技竞争",实际上是"人才竞争",根本上是"教育竞争",高等教育领域的竞争更是关键的关键。然而,我国高等教育当前面临的形势十分严峻:从国际来看,以美国为首的西方国家对我国高等教育进行围追堵截,采取了人才交流中断、科研合作中止、关键技术封锁,出现了极为罕见的"三断现象"(人员断交、信息断流、技术断供),中国高等教育国际合作几乎处于停滞;从国内来看,由于3年疫情(2019年12月—2022年12月)以及后疫情时代的影响,国内经济下行压力加大,国家财政收入减少,全国教育经费投入自2019年突破5万亿以后,连续5年(截至2023年)仍在6万多亿元之间徘徊,高等教育领域财政开始紧缩,很多预算经费只减不增,中国高等教育的国家财政投入受限。国际和国内形势对高等教育开始倒逼,需要高等教育进行大改革、大反思、大创新。大学的路在何方?这是每一个大学人需要深思的问题。

2009年在华东师范大学攻读博士学位期间,笔者就开始思考这个问题,最终选择了"当前我国大学文化危机"这一课题进行研究。在导师的指导下,前前后后花了近8年的时间,进行文献整理、资料收集、深度阅读、实地调研,经过反复论证、数易其稿,终于在2016年形成了博士学位论文《当前我国大学文化危机研究》一书,于2018年由中国文联出版社出版。

该博士论文自收录于中国知网和华东师范大学学位论文库以来,受到许多同行和学者的关注,论文下载量和复制量均相当可观。在此背景下,笔者萌生了再版的想法。但论文中很多资料、数据、观点在新时期、新形势下,出现了陈旧、过时,甚至不当等问题,需要更新和调整。2024年暑期,笔者集中时间和精力,对论文重新做了梳理和调整,于是就有了目前的这一版。需要特别说明的是,虽然笔者已经尽力做了最大程度的修改,但是难免挂一漏万、百密一疏,甚至出现一叶障目、不见泰山等谬误,期待读者和方家批评指正!

作　者

2024年10月

目 录

自序 …………………………………………………………… 001

第一章 引言 ……………………………………………… 001
  第一节　时代语境与核心议题 ………………………… 004
  第二节　研究意蕴与学术贡献 ………………………… 012
  第三节　假设构建与创新特色 ………………………… 015
  第四节　研究框架与方法路径 ………………………… 017

第二章 中西方大学文化的起源与脉络 ………………… 033
  第一节　西方大学文化研究的深度透视 ……………… 034
  第二节　我国大学文化研究的述评与展望 …………… 049
  第三节　中西方大学文化的比较研究与启示 ………… 063

第三章 大学文化危机的表征：五种典型现象 ………… 070
  第一节　行政权力对大学的过度干预 ………………… 071
  第二节　市场经济对大学的整体渗透 ………………… 077
  第三节　世俗文化在大学的蔓延侵蚀 ………………… 082
  第四节　学术生产的功利化选择 ……………………… 088
  第五节　办学理念与行为的趋同化 …………………… 099

第四章　大学文化危机形成之因：机制分析 110
第一节　现代化与国际化双重裹挟下办学方向的迷失 111
第二节　科层化与官本位糅合的办学管理乱象 127
第三节　回应社会和政策需求的办学措施乱象 135

第五章　当前我国大学文化危机的出路：应对之策 152
第一节　坚守永恒的大学精神 153
第二节　选择合适的大学文化 163
第三节　坚持既定的办学理念 177

第六章　研究结论与反思 184
第一节　研究发现 185
第二节　研究结论 187
第三节　研究反思 189

参考文献 196

图表目录

图1-1 大学文化危机研究路线图 ······ 030

图4-1 30所一流大学建设高校学术委员会统计数据 ······ 130

图4-2 2022年高等教育(本科)国家级教学成果奖特等奖、一等奖第一完成单位统计图 ······ 134

图4-3 2022年国家教学成果奖(高教部分)特等奖、一等奖获奖者统计图 ······ 135

图4-4 全国历年(1978—2024)参加高考人数和录取人数趋势图 ······ 137

图4-5 全国历年(1978—2024)参加高考录取率 ······ 137

图4-6 2020—2023年职业本科招生数 ······ 141

图4-7 42所"一流大学建设"高校本科生及硕博研究生数统计图 ······ 145

图4-8 41所"一流大学建设"高校占地面积统计图 ······ 146

图4-9 42所"一流大学建设"高校校区数量图 ······ 147

图4-10 42所"一流大学建设"高校专任教师数量 ······ 147

图4-11 西北农林科技大学本科专业中各类学科分布图 ······ 148

图 4-12　北京师范大学本科专业中各类学科分布图 ·················· 149
图 6-1　从大学文化过渡到大学文化危机的理论黏合示意图 ·········· 186

表 2-1　大学文化界定与代表人物一览表 ························· 051
表 2-2　大学文化内涵主要说法一览表 ··························· 054
表 2-3　大学文化与大学转折期、社会大变革之间的对应关系 ······· 064
表 3-1　教育部司局级官员任部属大学校长(部分)一览表 ··········· 073
表 3-2　学术失范的类型与表现一览表 ··························· 094
表 4-1　以山川地名等命名的学者一览表(部分) ··················· 122
表 4-2　我国各省高等学校数量情况一览 ························· 142
表 4-3　1949—2014 年(部分)全国高校相关数据统计 ··············· 150
表 5-1　哈佛大学(1869—2024)历任校长与教育目标一览表 ········· 156
表 5-2　治理理论与管理思想差异比较 ··························· 169

第一章

引　言

学界一般认为,现代大学最早始于欧洲中世纪的意大利博洛尼亚大学①,随后,现代大学的模式传入法国(以巴黎大学为代表)、英国(以牛津大学、剑桥大学为代表)、德国(以柏林洪堡大学为代表),并进一步扩展至美国(以哈佛大学为代表)乃至全世界。在近1000年的发展历程中,现代大学所蕴含的四项基本功能——人才培养、科学研究、社会服务、文化传承与创新,得到了全球的广泛认可,最终形成了一套相对完善的大学制度和价值恒定的文化体系。至于我国的现代大学,则走了一条移植借鉴与赶超发展并行的路径。

首先,我国现代大学的诞生与发展走的是一条移植借鉴之路

自19世纪中叶以降,中国遭遇半个多世纪的"三千年未有之大变局"(李鸿章语),民族危亡、国家危亡的时代警钟以各种各样的"变法革新、救国救民、暴力革命"的时代旋律被不断敲响。"废科举,兴学校"以开"教育救国"之道,开办"新式大学堂"培养人才以"救亡图存",正是在这样的时代变局中形成的。1898年,光绪皇帝下诏成立京师大学堂,力图将其作为"救亡图存"的政策良方。20世纪初,清政府将日本的大学模式作为近代大学制度的蓝本。在1904年颁布的《奏定大学堂章程》中,就仿日本设立大学堂的

---

① 意大利的博洛尼亚大学(意大利语：Universitá di Bologna,又译为波隆纳大学、博罗尼亚大学)是西方乃至世界公认的最早形成完备大学制度的高等学府,因其历史悠久而被尊称为"大学之母"。博洛尼亚大学自成立之后,其历史从未间断,一直延续发展至今。据历史学家考证,博洛尼亚大学成立于1088年,距今已有近千年的历史。

八科。① 当时不仅是学科设置,连大学堂开设的许多课程也是模仿日本,并使用日本大学的教科书。此后,引入、模仿和发展现代大学制度便作为"救亡图存,变法强国"的一项国家政策,被打上"培养人才"这一强烈的工具意义和"救亡图存"这一浓厚的民族情感色彩。

清末民初的大学办学模式,模仿和移植的不仅仅是日本、更包括欧美的大学制度。特别是民国时期的大学,主要移植的是欧美大学制度,并力图仿效和借鉴西方现代大学的精髓。承前启后的蔡元培先生担任北京大学校长,提倡"思想自由,兼容并包"的办学理念,开启了我国现代大学的辉煌一页。

中华人民共和国成立后,我国开始全面向苏联学习,其中包括办学体制。在高校,按照苏联社会主义大学模式重构大学制度。1954年,时任高等教育部部长马叙伦在总结中华人民共和国成立5年来的高等教育发展时说,中央人民政府在1952年暑假对大学进行了大规模的院系调整,其参照的依据即为苏联高等学校制度,具体做法是:取消二级学院,直接设立相应的专科学校,也就是马叙伦先生所说的"从庞杂纷乱的旧大学中取消院的一级,调整出工、农、医、师范、政法、财经等系科独立建院或与原有同类学院合并集中,并根据培养国家建设各项专门人才的需要,结合各校师资设备等条件,普遍设置各种专业……"②

但是,无论是移植还是复制日本、欧美抑或苏联大学的办学模式,往往有可能出现东施效颦的结果。就拿20世纪50年代的仿效苏联模式进行大学院系调整的事情来说,正如21世纪教育研究院院长杨东平先生所指出的那样:"院系调整使高等教育纳入苏联式的高度集中计划和专才教育模式,极大地改变了大学的理念和大学的内涵"。③ 学者胡建华也持同样的观点:"改革虽然使高等教育与社会发展达到了新的相互适应,但是却可能不利于甚至阻碍了高等教育自身的发展。"④

---

① 中国教育大系编纂出版委员会.历代教育制度考(下)[M].湖北教育出版,1994:1885.
② 胡建华.关于大学"移植模式"的若干思考[J].现代大学教育,2002(02):11-14.
③ 杨东平.新中国"十七年教育"的基本特征[J].清华大学教育研究,2003(01):9-16.
④ 胡建华.关于建国头17年高等教育改革的若干理论分析[J].南京师大学报(社会科学版),2000(04):56.

其次，我国现代大学的诞生与发展走的同时也是一条赶超发展之路

整体而论，自近代中国的民族革命到中华人民共和国的成立，从改革开放到"实现中国梦"的社会大转型，中国始终走在追赶西方的赶超型现代化之路上，"教育救国"和"教育强国"的呼声，在这100多年的现代化历程中始终不绝于耳，而大学的变革与发展时常成为整个教育领域的"杠杆"和"航向标"。

我国的大学经过100多年的发展和变革，到21世纪的今天，已在规模和数量上进入了一个前所未有的格局。2005年前后，我国接受高等教育的人数超过了美国，在高等教育的总规模上居于世界第一。① 而2022/2023学年度，美国的高等教育在学规模约为1 896.13万人，创下10年新低②；同时我国2023年度各种形式的高等教育在学总规模为4 763.19万人③，是美国的2.5倍。

问题在于，处在同时面向现代化和国际化这一赶超型社会转型背景下的我国大学，既要履行"高等教育大众化"这一"教育公平"之职责，又要肩负"高等教育国际化"这一"教育质量"之重任，导致当前我国大学承载着复杂多元、甚至可谓"不可承受之重"的社会功能，出现了大学发展进程中的诸多新矛盾、新问题和新现象，尤其是功利主义、效率主义教育观的流行。④

实际上，对我国大学生存与发展问题或高等教育发展问题的严肃思考与学理研究，早在20世纪80年代就已有学者和研究者加以关注。尤其是在1999年"大学扩招"以及全国各地的"大学城"纷纷兴建之后，聚焦于大学

---

① 张力.中国高等教育总规模超过美国居于世界第一[EB/OL]. 2010 - 03 - 03. http://www.china.com.cn/news/2010 - 03/02/content_19501224.htm.

② Institute of International Education Open Doors International Students Data[EB/OL]. https://opendoorsdata.org/data/international-students/.

③ 教育部.2023年我国高等教育在学总规模4 763.19万人[EB/OL]. (2010 - 03 - 03). http://www.moe.gov.cn/fbh/live/2024/55831/mtbd/202403/t20240301_1117760.html.

④ 教育处于变革之中，任何教育问题的产生都是与社会变迁相联系的。今天人们用了许多概念，如"教育危机""教育荒废""教育崩溃""教育失败"等来描述教育问题的严峻性和广泛性。确实，现代社会中学生的行为失常、校园暴力、学习压力、考试竞争、心理疾病、道德失范、信誉缺失等现象，已经成为世界范围内教育面临的共同问题。处于社会转型期的我国，教育问题的表现既有其普遍性，又有其特殊性。我国大学教育的问题，也具有类似的特性。

办学的诸多问题,诸如关于大学精神、大学文化、办学理念、办学思路、办学模式、办学特色等问题的思考、争论和分析日益增多,甚至出现了包括"大学生病了""批判丑恶的某某大学指南"等等的质疑。特别是钱学森先生在临近去世前谈到"关于科技人才的培养问题",指出"中国还没有一所大学能够按照培养科学技术发明创造人才的模式去办学",由此所引发的"钱学森之问"拷问着全国人民,尤其是我国的教育行政部门、高等教育界、大学办学者以及各类教育学术研究者。

本章聚焦于"当前我国大学存在的文化危机"这一问题进行学理探讨,正是在上述宏观背景下开展的。

第一节 时代语境与核心议题

一、时代背景剖析与问题萌生渊源

当前,大学在承担人才培养、科学研究、社会服务以及文化传承等功能时,均面临诸多困境。这些困境所带来的危机,其表现和实质不同于美国学者菲利普·库姆斯于1968年在《世界教育危机——系统分析》一书中所表述的:"全世界普遍存在的教育危机很多,比如急剧增长的学习需求、财政问题的日益严重、不断上升的青年失业率、大量存在的不平等现象在国与国之间及各国内部存在等。"[①]我国大学所面临的生存与发展的困境与问题是全方位的,其实质究竟是什么,则需要通过更加深入的研究加以具体考察。本书是基于当前我国大学所普遍面临的下述五类问题进行探讨,并展开学理分析。

（一）大学自身发展定位面临的问题

大学自身发展定位出现了普遍的问题。当前我国大学普遍存在办学理念模糊、办学思路不明、发展定位不清等现象。具体表现为:大学的办学规

---

① 引自:[美]菲利普·库姆斯著.世界教育危机[M].赵宝恒,李环等,译.北京:人民教育出版社,2001.

模越来越大(以学生数、校园面积、校园建筑物等为衡量标准)、大学开设的专业越来越多(以综合类大学为荣)、大学层次追求越来越高(以本科学位点、硕士学位点、博士学位点为目标),为此甚至不惜举债办学、借贷办学,最终造成徒有其名、特色不明,与大学发展的本质相悖,形成全国大学越来越雷同的同质化趋势。

(二) 大学的人才培养功能出现偏差

大学的首要功能是人才培养,在近1 000年的演变进程中,无论发生什么样的变化,大学作为人才培养机构的基本功能始终未变。大学培养的人才是社会的栋梁、国家的精英,是聚天下英才而教育之的场所。大学理应成为知识精英的向往之地、国家脊梁的聚居之所。然而,当前我国大学在人才培养的功能实现过程中,出现了3种不正常的现象:一是大学生的学习热情呈现下降态势,甚至出现"上了大学即后悔上大学"的现象;二是大学被批评普遍存在英才培育功能的缺失,甚至被抨击"聚天下英才而毁之"(资中筠语);三是大学的人才培养理念被简化为"就业率"指标,普遍形成了以就业率为大学办学质量的衡量标准,大学似乎演变成了类似于高等职业院校的职业养成所。

2011年《北京日报》一篇题为《大学生后悔上大学》[①]的报道,鲜明地反映了大学人才培养功能出现偏差的事实。《中国青年报》的一项调查数据指出,在"近万名受访者中,34%的人后悔读大学;后悔就读大学的人中,51%的人认为,在大学里没学到什么有用的东西"[②]。并且不少大学生认为上大学的付出与获益不成比例,付出的比例很大,无论是时间、精力还是金钱,而最终的收益却是专业不专、找不到工作。因此,北京大学生自动退学率近3%,六成大学生不满入学教育。

《北京日报》的这一篇报道在一定程度上反映了我国大学生对大学教学内容、教学方式、教学结果以及大学教育评价的真实反馈。大学生满怀着对大学的憧憬,迎来的却是让他们失望的大学教育。大学生对大学教育日益

---

① 王灿.六成大学新生对学校"不满"[N].北京日报,2011-10-12.
② 引自:余苗."生源危机"让谁感到不安[J].江西教育,2011(34):12.

表现出明显且普遍蔓延的不满,清晰地表明我国大学在人才培养的功能实现方面存在着突出的问题。与此同时,大学教师和社会也对当代大学生日益显现出各种形式的抱怨、不满,甚至失望。例如,北京大学钱理群教授认为当代大学生是一群"精致的利己主义者"。显然,当前我国大学在实现人才培养的功能方面面临着严重的困境。

(三) 大学科学研究出现功能性问题

大学的核心功能之一是进行科学研究,追求高深学问是大学的使命与天职。这一大学理念自从德国柏林洪堡大学实践以来,一直被世界现代大学所继承与发扬。洪堡认为,大学兼有双重任务:一是对科学的探求;二是个性与道德的修养。因此大学就是"知识的总和"。尽管洪堡所倡导的"对科学的探索"最初专指"纯科学",即"哲学",但是伴随着19世纪以来自然科学的迅速发展,"对科学的探索"很快便覆盖到了所有的学科领域,从而演变为"对科学知识和真理"的追求。①

由于科学研究在大学中的地位无可比拟,因此,世界一流大学无一不将科学研究视为大学的核心任务之一,并以取得世界一流的科研成果作为办学成功与否的重要衡量标准。但是,当前我国大学的科学研究现状如何呢?随着"211工程""985"大学以及"双一流"建设高校的普遍实施,冲入或挤入"世界一流大学""全球顶尖专业"或"一流学科"几乎成为我国大学最重要最迫切的使命。当前我国大学的科学研究存在以下几个方面的主要问题:

首先是数量与质量不同步的问题。当前我国大学对科学研究看似十分重视,甚至可以说到了极度重视的地步。政府设立了各种国家级、省市级的纵向科研基金(如国家自然科学基金、全国人文哲学社会科学基金等)引导科研人员进行科学研究;从地方和高校来看,也设立了各种名目的基金或招标课题以扶持科学研究;特别是大学对教师的考核,更是强化了科研导向,将各种硬性的科研考核指标作为教师工资、绩效、职称晋升、职务升迁的重要参考依据,甚至是最重要的标准。

有数据表明,近年来我国科研论文发表数量突飞猛进。2023年,中国

---

① 陈洪捷.什么是洪堡的大学思想[J].中国大学教学,2003(03):24-26.

科学技术信息研究所发布的《2023中国科技论文统计报告》显示,2022年,中国在各学科最具影响力期刊上发表的论文数为16 349篇,占世界总量的30.3%,首次超过美国排名世界第一;中国高被引论文数为5.79万篇,占世界总量的30.8%,世界排名保持在第2位[1]。而且需要说明的一个事实是,我国科技人员的数量也是世界第一。《中国科技人才发展报告(2022)》显示,我国研发人员全时当量由2012年的324.7万人年提高到2022年的635.4万人年[2],稳居世界首位[3]。

但是另一方面,大学科研成果的质量与数量之间存在严重的脱节。按照国际流行的科研评价指标来分析,尽管在多年的发展中,我国大学科研论文部分学科的篇均引用率已经有所提升,但整体来看,篇均被引次数仍低于世界平均水平[4],并且存在相当浓厚的本土偏见[5]。与此同时,在顶尖科研成果不多的情况下,就现有的创新能力而言,仍面临着三大困境,即创新成果支撑不力、创新主体动力不足、创新型人才缺乏。[6] 我国虽为人力资源大国,但并非人力资源强国。世界经济论坛(WEF)发布的《2019年全球竞争力报告》显示,在全球141个经济体中,中国大陆整体排名在第28位,处于持续进步中;中国的创新能力也在不断提高,已经升至第24位;但教育机构和企业的发展仍在追赶中,仅排在第64位[7]。

我们还可以从另一个角度得到佐证,《中国科技人才发展报告》的数据显示,我国拥有1.65亿的技能劳动者,占就业人员的1%;高技能人才总量4 501万人,占技能劳动者比例的27%;掌握"高、精、尖"技术的高技能人才

---

[1] 重磅!中国论文数首次超过美国,位列世界第一[N].科技日报,2023-09-20.
[2] "研发人员全时当量"是国际通用的用于比较科技人力投入的指标,指研发人员按实际从事研发活动的时间所计算出的工作量,单位为"人年"。
[3] 刘垠.报告发布!我国稳居世界首位[N].科技日报,2023-12-15.
[4] 李晨阳.中国科技论文统计报告发布,这10篇被引次数最多![EB/OL].(2019-12-09). https://www.sohu.com/a/359175614_649564.
[5] 张天祁.中国高被引论文全球第一,是靠中国科学家抱团吗?[EB/OL].(2024-07-22). https://mp.weixin.qq.com/s?__biz=MzIyNDA2NTI4Mg==&mid=2655542197&idx=1&sn=a5c0961e89056b7eb6fffc34c95c6dc1&chksm=f2fbad5b53834377d178b4fefc3129168e420df1869fbaf21fb29a04da61ec0d1c441b5162b7&scene=27.
[6] 方烨.清华报告:中国创新面临三大困境[EB/OL]. http://jjckb.xinhuanet.com/2014-09/01/content_519139.htm.
[7] World Economic Forum. Global Competitiveness Report 2019[R]. (2019-10-08). https://www.weforum.org/publications/how-to-end-a-decade-of-lost-productivity-growth/.

数量则更少①。因此,可以说"缺乏创新型人才支撑,高端的创新型人才不足"是制约中国创新的瓶颈。②

其次是科研评价导向严重异化的问题。正如厦门大学易中天教授在评述我国大学科研评价机制面临的问题时,曾经有过一个形象的比喻:当前的大学"如同养鸡场",学校的科研部门整天就是"数"学校教师们下的科研"蛋",把科研管理简单地变成了量化管理。在这个"养鸡场"里,老师根本没有心思好好做学问、好好带学生,光忙着"生蛋"了。③ 此说虽然有调侃的味道,但反映了作者对我国大学科研现状的疑虑和担忧。

总之,我国大学的科研成果看似丰富,可以说是"硕果累累",但仍掩盖不了科研成果总体质量堪忧的现状,其特点主要表现为以下 4 个方面:一是顶尖的科研成果缺失;二是科研管理与考核体制变异;三是粗制滥造的科研成果满天飞;四是缺乏科学合理的科研成果评价机制。

(四) 大学社会服务功能出现了异化现象

为社会服务是作为大学一项重要的社会功能。大学的社会服务功能早已有之,尤其是经过 1862 年美国国会所颁布的《莫里尔法案》,发起了赠地兴办大学的运动,旨在发展美国经济、培养美国当时所急需的农业和工业人才。该法案的颁布促进了美国高等教育的大发展,也推动了大学课程内容和教学方式的变革,从而明确了大学为社会服务的功能。在赠地兴办大学的热潮中诞生的美国威斯康星大学,更是鲜明地提出了"大学必须为地方经济发展服务"的口号,其标志是 1904 年范海斯(Charles R. Van Hise)校长所倡导的"威斯康星思想"④。由此,为社会服务构成了大学一项重要的社

---

① 中国科技统计.中国科技论文统计分析:科技统计报告汇编[R].2019.
② 张守营,徐晨曦.中国科技创新效率亟待提高——来自《国家创新蓝皮书:中国创新发展报告(2014)》的数据[J].中国战略新兴产业,2014(Z1):1-3.
③ 易中天.让学生成为"真正的人"[J].杂文选刊(上半月版),2014(09):58.
④ 威斯康星计划:20 世纪初期,在美国形成了著名的"威斯康星思想"(Wisconsin Idea),即威斯康星大学在教学和科研的基础上,通过培养人才和输送知识两条渠道,打破了大学传统的封闭状态,努力发挥大学为社会服务的职能,积极促进全州的社会和经济发展。威斯康星大学以其卓越的成就受到世人的称赞,为各州大学所效仿。"威斯康星思想"创造性地提出了大学的第三职能——为社会提供直接的服务,使大学与社会生产、生活实际更紧密地联系在一起,同时高等农业教育的社会服务职能也同步得到强化。

会功能,并逐渐成为世界各国大学的普遍共识。

100多年来,服务国家、造福社会、振兴民族一直是我国大学的重要功能。我国现代大学在19世纪末诞生之初,就肩负着"救国救民,教育强国"的使命。改革开放以来,尤其是自20世纪90年代我国提出创建世界一流大学、启动"211工程""985工程"以及"双一流"建设引领大学改革以来,力促科技创新,大学为社会培养了人才,为国家现代化建设做出了很大贡献。但是,必须看到大学毕竟不同于企业,大学服务社会的方式不是直接的而是间接的,大学通过培养人才这一核心功能、通过科学研究这一基础功能来间接地服务于社会;同时,也必须看到大学服务社会不等于直接地满足国家、政府和社会的需求,大学还肩负着"社会批评"的职责。大学通过"科研应用"直接对社会提供服务,或通过"社会批评"间接地为社会提供服务,本质上都属于大学的社会服务功能。

当前我国大学在实现其社会功能时出现了严重的异化。我国大学社会服务功能的异化,主要表现在以下两方面:

首先,毕业即失业的现象表明大学社会服务功能下降的事实。学历和文凭是大学人才培养的标志,也是大学实现社会服务的主要通道或桥梁。但是,是否能将学生真正培养成为合格的大学毕业生,绝非一纸文凭或学历所能证明,更重要的是社会对学历或文凭的接纳和认可。问题恰恰在于:当前我国大学生正在出现为数不少的"毕业即失业"的现象,说明大学为社会服务的功能已经异化为仅仅成为学历和文凭的提供者,而没有真正实现为社会培养合格大学毕业生的目标。

其次,表现为大学正在成为教育资源交换者。大学是社会良知的坚守阵地、社会正义的捍卫之所。在当前的我国,大学却出现了"赢者通吃"的局面。太多的成名成家者、权贵者在大学里交换教育资源,并取得文凭和学历,进一步加剧了"劣币驱逐良币"的现象。前些年曾发生了某体育明星不用考试直接硕博连读、另一体育明星受聘为中国政法大学教授的事件。大学里的"博士""教授"等头衔可以直接与名人和权贵交换,这与大学所追求的公平、正义以及真正意义上的社会服务功能背道而驰。

(五) 大学文化传承创新面临的困境

对文化进行传承与创新是大学之神圣使命。大学不仅需要培养人才、进行科学研究、开展社会服务,更需要超越时代、超越功利,其中极为关键的是需要对本国、本民族以及大学自身文化的传承与创新,此乃大学之神圣使命。正如杨福家院士曾撰文指出,美国一流大学的使命均与本国和本民族文化的保护、传承和创新紧密相关。以耶鲁大学为例,该大学对基本使命定位为:保护、传授、推进和丰富知识与文化。初看耶鲁大学的基本使命,似乎很平常,不是那么"高大上",甚至觉得只是词语的堆砌;但是深究起来,实则意味深长。杨院士认为,"假如使命只有'传授知识',那么它就对美国近4 000所大学与学院都适用;若加上'推进和丰富',只有3%的大学能够胜任;再加上'文化'两字,就只剩1%;至于能够涉及'保护知识和文化'的,只怕不足3‰。"[①]杨福家院士以耶鲁大学为例,很好地说明了一流大学与文化传承之间的相互关系。

当前大学缺失大学精神,成为世俗的名利场。当前,我国的大学屡屡招致社会的诟病,很大程度上是由于我们的大学缺失了大学自身的精神、忘却了大学所承载的国家和民族的使命,成为世俗的名利场,成了光有其形、徒有其名的"知识贩卖场所"(蔡元培语),而不是"知识生产场所"和优秀文化的继承者、光大者、创新者。综观之,具体表现在以下几个方面。

1. 对优秀传统文化的传承不足

中华文明历史悠久,灿若群星,是世界文明的瑰宝。理应作为优秀传统文化重要传承者的我国当前的大学,在大学生中开展普遍的历史传承、光大文明、继承优秀文化方面,作为不多。

2. 对中西方文化的交融不足

我国自清末引入现代西方大学制度,经过100多年的复制、模仿、借鉴、创新,已经取得了巨大的进步。我国大学的发展史,在某种意义上说也是中西方文化交融的体现。但是,当前我国大学在中西方文化的深度交融方面仍显不足,特别是对西方大学文化和大学精神的精髓领悟不透、学习不深;相反,对西方各种亚文化,特别是许多表象性的文化吸收和借鉴得比较多。

---

① 杨福家. 大学的使命与文化内涵[N]. 学习时报,2007-08-27.

3. 对高深学问追求的动力不足

对高深学问的追求是大学之所以为大学的基本特征。无论是人才培养、科学研究以及社会服务,大学功能的整体实现都是基于大学师生对高深学问追求的动力和努力程度。当前我国大学在追求高深知识上仍有不小差距,一方面表现为大学科研追求的功利化现象,更值得警惕的是,大学师生对高深知识的追求缺乏可持续的动力,真正热爱科学、愿为科学奉献毕生精力的精英人才不多。

正因为上述问题的广泛存在,当前我国大学遭遇了各种各样的批评。根据近年来所发表的有关大学现状的调研报告,可以归纳为"大学遭遇了5个不满意":学生不满意、教师不满意、家长不满意、政府不满意、社会不满意。① 甚至有学者喊出了"大学乱、脏、臭"(刘道玉语)②、"大学有病"(薛涌语)③、"大学病入膏肓"(张鸣语)等振聋发聩的批评之声。

总之,与世界一流大学相比,无论是人才培养、科学研究、服务社会,还是文化传承与创新方面,我们都有明显的问题。大学数量和规模的扩张所产生的种种问题和乱象层出不穷:大学生遭遇道德诚信问题、大学面临教学质量下降问题、部分大学出现负债危机、学生面临毕业即失业的困境、科研与学术遭遇信任危机,等等。这些问题和危机的出现,应引起大学管理者、教育研究者乃至整个社会的警惕。

二、主旨探索与核心议题深度解读

(一) 表征问题:病兆表现为大学遭遇了各种诟病

大学遭遇的种种问题、遭受的各种诟病,在上文已经做了简要论述。"大学有病"体现在大学四大功能的失效、失灵以及窄化与异化上,这些也仅仅是"大学有病"的病兆。诸多学者和研究者对大学的批评与诟病,实际上

---

① 这5个不满意可以从一系列的调查报告看出。目前笔者手头有的调查报告有:《对大学生所学专业的满意度的调查报告》《对大学教师职业满意度的调查报告》《对大学人才培养情况的调查报告》《对大学科研现状的调查报告》,等等。这些报告的一个基本结论是当前无论是大学学生还是教师,也不论是家长、政府还是社会,对大学都有微词,认为大学还有许多令人不满意的地方。

② 胡赳赳. 武大原校长刘道玉吁教育改革,称当代大学乱脏臭[N]. 新周刊,2010-06-22.

③ 薛涌. 批判北大:中国高等教育有病[M]. 南京:江苏文艺出版社,2009.

大都是对大学功能层面的探讨。对这些大学功能出现的问题的探讨，实际上也只是浅层次的研究，没有从根本上对其功能失效、失灵以及窄化与异化的本质进行探究，因而所描述或呈现的这些问题仅仅是大学危机的表征。

（二）深层问题：如何寻找大学生存与发展问题的根本原因

大学为什么会出现这么多的问题呢？许多教育研究者、社会批评家对这个问题都进行了研究。武汉大学邓晓芒教授认为，大学的病兆是各种各样的人们都看到的大学的种种不良现象，而病象是我国的教育体制、特别是高等教育体制，其病根则出在我国的传统文化上[①]。类似的解释还有很多，比如有学者认为：大学出现问题的重要原因是大学校长的遴选机制不透明[②]；还有校长认为中国大学中出现种种问题的最大原因是大学行政化、学术行政化[③]，等等。

（三）根本问题：大学危机的本质是大学文化层面的危机

上述的解释仍然没有提供令人信服的解释力，也没有提供切实有效地解决大学危机的思路和方法。我国大学究竟为什么会出现生存与发展的危机？大学生存与发展危机的本质究竟是什么？如何分析与解释大学危机本质的形成原因？明确提出解决当前我国大学危机的思路和出路，这是研究者最急切想要的答案。

第二节 研究意蕴与学术贡献

对于当前大学发展过程中所出现的各种乱象，我们或亲眼目睹，或亲耳听闻，或感同身受。揭示和梳理这些现象固然很有价值，但是如果仅仅停留

---

① 邓晓芒. 当代中国教育的病根[EB/OL]. http://www.douban.com/group/topic/10361757/.

② 舒晶晶. 50所高校党委将集中换届公开选拔并非"海选"[N]. 新闻纵横, 2012-02-27.

③ 何三畏. 西北政法大学校长抗议陕西申博评审暗箱操作[N]. 南方人物周刊, 2009-04-30.

在揭示和梳理,那么其价值也就不过如此。本研究的意义在于,通过揭示和梳理大学发展过程中所呈现出来的种种问题,进而探究出现这些问题的实质究竟是什么。

一、实践层面的应用价值剖析

(一) 揭示当前我国大学文化趋同的典型现象

对当前我国大学发展问题进行研究的论文和课题有不少,但是这些研究大都停留在对某一个或几个典型特征的描述上。很少有研究对当前我国大学生存与发展的种种问题的实质——大学文化危机的典型现象进行梳理。大学文化危机反映到当前我国大学的整个生态中,其主要形态是怎么样呈现的？如何找到其典型现象？这将在本研究中得到呈现。

(二) 解释当前我国大学文化危机发生的成因机制

当前我国大学生存与发展中的种种问题,就其本质来说,是大学文化的失落、大学精神的式微,也即本书所谓的"大学文化危机"。对于大学文化危机的形成原因,大多数的研究者都会从历史与现实的角度、从体制或者文化变迁的角度去寻找;本书试图运用社会学研究方法,以共变法作为因果解释方式,来论证大学文化危机的形成机制和产生原因。

(三) 提出若干纾解大学文化危机的对策与建议

要使大学文化危机"转危为安",其核心就是对大学精神的追求,本质上就是对大学文化、大学精神的重塑。换言之,需要大学文化回到其应然的道路上。如何使大学文化回到其应然的道路,怎样回到其应然的道路,这些问题的答案或许就是今后我国大学健康发展的根本出路。

二、概念维度的理论价值深思

《现代汉语词典》对"理论"的解释是:"人们由实践概括出来的关于自然界和社会的知识的有系统的结论。"[①]这种"有系统的结论",通常包含以下

---

① 中国社会科学院语言研究所词典编辑室.现代汉语词典[M].7版.北京:商务印书馆,2016:799.

三种形式的理论:一是方法论上的理论;二是对前人理论的深化和拓展的理论;三是研究者独创的理论。在此意义上,本研究具有如下理论意义:

一是方法论的角度。本研究主要运用社会学的研究方法,特别是借助社会学实证主义方法,即因果解释模式与共变法等,同时综合运用其他具体的研究方法对大学文化危机进行全面的梳理、论证和探析。

二是前人理论的角度。对前人的理论主要涉及认识论与方法论两方面,其中方法论前已述及。从认识论的角度来说,本研究主要基于中西方对大学文化的研究,以及对大学理念与大学精神的研究,并通过社会学的分析方法,尤其是以现代化、国际化、科层制和官本位等视角,分析了当前我国大学文化危机的成因。

三是独创理论的角度。本研究在前人关于"大学文化""文化危机"等研究的基础之上,以大学文化危机为研究对象,着眼当前我国大学中的典型样本(以"双一流"建设高校为主),聚焦于"20世纪末21世纪初"这一时间范围,对我国大学文化危机进行比较系统的研究和思考,特别是运用社会学的方法解读大学文化危机的成因。从这个角度说,本研究具有一定的独创性。

三、学术领域的实际价值探讨

所谓价值,顾名思义,泛指客体对于主体表现出来的积极意义和有用性。这种"积极意义"和"有用性"主要表现为以下几个方面。

(一)有利于重塑大学人的精神

大学人整日身处大学,有时候却"不识庐山真面目,只缘身在此山中",很难对大学有一个深刻而全面的认识。通过本研究,不仅可以让大学人看到、看懂并看透我国大学文化的现实及其面临的困境,而且可以让大学人深刻反思自身作用和价值,追寻大学人的精神与灵魂,为重构合乎应然的大学文化付诸实践和行动。

(二)有助于重建治理大学的理念

我国的高等教育虽然看起来发展极为迅速,无论是学生还是教师,数量都跃居世界第一,但是这些繁荣的背后隐藏着种种危机,其中最为关键且触及本质的就是大学文化的缺失与错位。之所以产生这样的问题,与我国各级政府对大学的过度、过多干预不无关系。通过本书的研究,有助于促使人们理解:对于大学的管理,政府到底起什么作用、如何起作用?如何做到既不越位又不越权、既要帮忙又不能添乱?

(三) 有助于重拾对大学的信心

随着人们对大学的期望越来越高,加之人们对大学的诉求越来越多样化、多元化,对我国大学的种种批评和质疑之声也就显得越来越尖锐。实事求是地看,很多批评和质疑的问题与其说是大学人所为,还不如说是政府人以及社会人"逼其为"。通过本研究,可以让社会人明白,其实我国大学的诸多问题很大程度上是与我国大学文化生态脆弱、大学文化存在着种种危机等问题密不可分;更为重要的是,大学文化的构建需要每一个社会人形成共识,并付诸共同的行动。

第三节 假设构建与创新特色

逻辑起点是指事物发生的本源。课题研究逻辑的起点,也就是以什么为研究的本源。本研究的研究假设即为研究的逻辑起点,即当前大学存在生存与发展问题的实质在于大学遭遇了文化危机,大学文化危机的核心则是大学精神的迷失。

一、基于理论与实践的假设体系构筑

本研究的假设是:当前我国大学存在的功能不同程度的失效与失序、窄化与异化等现象,其实质是大学文化危机的存在。这一假设如果成立,则意味着需要解决以下问题:

首先需要梳理清楚大学文化危机的典型现象有哪些。大学中存在的问题纷繁芜杂,如何找到具有典型性和代表性的大学文化危机,是本研究首要解决的问题。本研究借助于典型现象分析法,通过对大学生存与发展过程

中所遭遇问题的聚焦、聚类分析,结合典型个案等资料,梳理出大学遭遇的以5类典型现象为基本特征的文化危机。

第二个需要解决的问题是,如何对当前我国大学文化危机的形成机制进行分析。当前我国的大学中为什么出现文化精神的式微,导致了大学文化危机的形成?本研究运用"以一种社会事实解释另一种社会事实"的因果解释模式之共变法,梳理出大学文化危机的形成机制及其成因。

最后,必须对这一文化危机的缓解和解除提出相应的解决思路。如何在当前的时代背景下,既能坚守大学精神,又能适应时代需要,甚至引领和超越时代,这是今后探索破解大学文化危机出路的思考方向。走出大学文化危机需要从大学文化的关键特性中寻找答案。

二、创新之处的精炼与凸显

(一) 研究内容:关于大学文化危机研究,鲜有人做大文章

综观已有之研究成果,不难发现,几乎还没有全面系统地对大学文化危机进行研究的专著或学位论文出现。但是需要说明的是,对大学的理念与大学精神的探讨,却不乏其人,然这些研究与大学文化危机的研究其实仍有一定的距离。因此,将大学文化研究作为一个整体来看,对其危机的研究是当前大学文化研究的盲点。因此对于今后我国建设健康、理性、特色的大学文化来说,本研究具有现实的参考意义和理论价值。

(二) 研究方法:几无用社会学实证方法研究大学文化者

大学文化是"大学"与"文化"的合成,一般认为,大学文化是一种亚文化,或者说是文化的一种类型,理应从文化学的角度探讨,故而以往对大学文化的探讨,大都遵循文化学的研究范式,也就是说,往往从大学文化的定义、内涵、外延、类型、层次、功能、作用、意义以及价值等角度切入探讨。这些思考和解释,虽然有其理论依据以及逻辑,但是往往由于虚幻、空泛、抽象、模糊,以至于不被人们所理解或不易被接受。于是,很多大学文化研究者转而从大学文化现象入手,将之作为一种客观存在进行研究,于是出现了对不同个案的大学文化研究系列。比如,有研究者对北京大学、清华大学、云南大学、上海交通大学、湖南大学等的大学文化进行个案研究,但是鲜少

有学者将大学文化作为一类社会事实,从而以社会学视角加以研究。

(三)研究视角:迄无以社会学因果解释理论视角研究大学文化者

以社会学视角对大学文化加以研究的学术文章,虽然不多,但也有零星涉及。比如,董泽芳教授以社会学视域中的功能论视角、冲突论视角与互动论视角分析了大学文化与这三者之间的关系。还有研究者运用社会学的合理化视角、祛魅化视角进行研究。但是总的来说,还没有研究者运用社会学的实证主义因果解释模式对大学文化进行过研究。

第四节 研究框架与方法路径

本节主要对本研究的核心概念、研究内容、研究方法和研究路径作出说明。其中核心概念主要包括"大学""大学文化"以及"大学文化危机";研究内容主要包括理论研究、典型现象研究、成因研究以及对策研究等;研究方法则从方法论、研究方式以及具体的研究过程等角度进行阐述;研究路径则通过形象的图表辅助以四条线索的方式加以说明。

一、核心概念的科学界定与阐释

关于我国大学文化的研究,是一项涉及面极为广泛、障碍颇为繁杂、诸多概念相当模糊的课题。因此,首先需要对核心概念进行界定,这关系到研究的边界问题;如果没有对边界进行明确的划分和说明,在接下来的研究过程中,势必会出现逻辑混乱甚至前后相互矛盾的情况。

(一)大学的界定

本研究所涉及的大学概念专指以下三个:

一是"当前我国大学"。为了使这个概念有一个操作性强的定义,本研究特将20世纪末至21世纪初(约1998—至今)在我国(不包括港、澳、台地区)这一时空概念下,我国政府所认定的"211工程"大学、"985"高校、"双一流"建设高校和部分地方知名大学界定为"当前我国大学"。之所以将时间的起点限定为1998年,是基于以下两点原因:一是因为我国第一部高等教育法诞生于该年度;二是1998年5月4日,时任国家主席江泽民同志出席北京大学五四青年节暨庆祝北京大学建校100周年大会,在会上提出"我国要有若干所具有世界先进水平的一流大学"的号召,拉开了我国建设世界一流大学的序幕,也即"985大学"建设的发轫。需要指出的是,高职院校、业余大学、职工大学等虽属于高等教育,但不在本研究所界定的"当前我国大学"范围内。

二是"现代西方大学"。指的是继承了中世纪大学[①]的基本制度和大学精神,并在此基础上进一步创新和丰富、扩大和延伸大学功能的一系列西方大学。现代西方大学大体形成了3种大学类型:

第一种是以英国的牛津大学和剑桥大学为代表,该类型的大学注重培养学生的绅士品质,以心智训练为主,以红衣主教纽曼的大学理念为核心思想。

第二种是以德国的柏林洪堡大学为代表,该类型的大学注重培养学生研究能力,以教学与科研相结合、形成师生学术共同体为目标,以洪堡的大学理念与实践(该理念兼容并超越了雅斯贝尔斯的理论)为基础的大学。

第三种是以美国威斯康星大学和哈佛大学为代表的大学,该类型的大学坚持美国实用主义哲学,注重将学生的专业教育与通识教育相结合,坚守学术自由和学术自治,体现多元文化的碰撞与融合,并以服务社会为基本目标。

三是"我国现代大学",主要是从我国大学发展历史的角度加以界定,它与"当前我国大学"存在某种交叉和重叠的关系。在本书专指自19世纪末20世纪初以来,或移植、或借鉴、或模仿、或改造于西方现代大学的我国大学,至今已有100多年的发展历程。"我国现代大学"是"当前我国大学"的直接来源。具体来说,我国现代大学指的是:从我国第一所具有现代西方大学特征的大学开始到20世纪末100年间的大学,其中以北京大学、清华

---

① 中世纪大学的基本制度与基本精神在"欧洲大学史丛书"的第1卷《中世纪大学》中有详细的阐述。该书由河北大学张斌贤教授等翻译,详见:[瑞士]瓦尔特·吕埃格主编,[比]里德-西蒙斯等著.欧洲大学史:第1卷 中世纪大学[M].张斌贤等译.保定:河北大学出版社,2008.

大学为代表。①

基于上述界定，本研究中的大学文化危机专指"当前我国大学"的文化危机。也就是说，在接下来的行文中，如无特别说明大学文化危机的所属，即专指当前我国大学的文化危机。

（二）大学文化的界定

大学文化是一个极为复杂的概念，很多学者对其定义和内涵都做过探讨，本研究在第二章将会对此进行详细梳理。简言之，大学文化指的是大学人在长期的办学过程中所积淀而成的大学物质文化、精神文化、制度文化以及行为文化等共同的价值观与行为准则的总和。大学文化是隶属于文化的亚文化，具有文化的基本特征，即具有"人化"和"化人"的特性；具有共时性、历时性和超时性的属性；是"一系列共有的概念、价值观和行为准则，它是使个体行为能为集体所接受的共同标准"。②

（三）大学文化危机的界定

在界定大学文化危机之前，我们先来看看什么是文化危机。对此，早已有文化研究学者从文化哲学或文化社会学的视角进行过阐述。有学者认为，文化的地位不是附属地位，而是一种能够影响和制约每个个体与社会活动的生存方式，是人的一切领域的主导。

在文化哲学或文化社会学的研究领域，与文化危机有关的另外两个相互关联的基本概念是：文化模式和文化转型。

所谓"文化模式"，可以被理解为相对恒定和固化的行为方式与价值观念，这些行为和观念在日常生活和政治经济活动中起着潜在或约定俗成的规范作用。文化无声地植入日常生活、制度体系和社会发展的不同领域，个人的行为举止与生活方式由文化塑造，也受到来自文化合理性的

---

① 关于我国第一所具有现代西方大学特征的大学，学界存在一定的争议，一般认为建于1895年的京师大学堂是我国最早的具有现代意义上的大学。笔者以为无论哪所创办最早，可以肯定的是均出现在19世纪末，故本文对我国现代大学成立的具体时间不展开讨论。
② 杨永娟.黑龙江民俗跨文化传播汉日语言翻译策略研究[J].边疆经济与文化,2016(02):6.

制约①。露丝·本尼迪克特在关于文化模式的论述中指出："在文化中我们也应该设想出这样一个巨大的弧，上面排列着或是由于人的年龄圈，或是由于环境，或是由于人的各种各样的活动所形成的各式各样的可能的旨趣。……作为一种文化，它的同一性有赖于对这一弧上的某些片段的选择。每一个地方的每一个人类社会都在它的文化风俗中做出了这样的选择②。"

所谓"文化危机"，这一概念指的是文化模式遭遇了突变或嬗变，使得原有的行为和观念系统失去意义和根据，从而形成文化危机。也就是说，主导性文化模式的失效，使得原来支配和左右人们行为的普遍的文化习惯开始失范，不再能够为人们提供安身立命意义上的生存意义和根据，这就是文化危机。文化危机是文化模式生成与文化转型的关键阶段，这一环节是对原有文化模式的解构，是向即将形成的文化转型的过渡，亦即它将导致文化转型的出现。

所谓"文化转型"，"是指一种新的文化形态替代旧的文化形态，表现为文化的变革、进步过程，文化转型的实质是指特定时代特定民族或社会群体中主导性文化模式的新旧转换过程。"③

根据上述分析，本文将"大学文化危机"界定为：大学原有的主导性文化模式（西方大学文化）失效，即影响和支配大学人行为、习惯和价值观的普遍意义上的文化开始迷失，不再为大学人提供"大学自治、学术自由、追求真理"等原有的大学文化模式，大学丧失了大学人安身立命意义上的生存意义和存在价值的状态，并且本书中特指"当前我国大学文化危机"。

二、研究内容的系统规划与布局

本书的主要内容包括以下四个方面：

（一）关于中西方大学文化的理论研究

对中西方大学文化的研究是当下的一个热点和难点问题。许多学者和

---

① 王蓝瑶.文化模式理论视角下困境儿童社会工作本土化困境与路径研究[D].吉林：吉林大学，2023.
② [美]露丝·本尼迪克特.文化模式[M].王炜等，译.北京：社会科学文献出版社，2009：16.
③ 郭传杰，宋兆海，刘仲林，等.文化转型与中科院文化创新[N].科学时报，2005 - 10 - 11.

专家都对大学文化进行过一系列研究,本书在前人研究的基础上,通过较为全面地梳理中西方大学文化的研究现状,回答大学文化特征、类型、内涵、外延、作用、意义与价值等理论性问题,并梳理出"我国大学文化"与"西方大学文化"研究之间的内在联系与区别。

(二)当前我国大学文化危机的表征研究

该部分通过对当前我国大学在发展过程中所表现出来的5种典型现象进行梳理与呈现,论证和阐明当前我国大学文化中存在的种种问题,从实证的角度揭示大学文化危机的客观存在。

(三)当前我国大学文化危机的成因研究

既然当前我国大学文化遭遇了危机,接下来必须找出其成因——究竟是什么导致了当前我国大学文化危机?本研究运用社会学实证主义的方法,即用一种社会事实去解释另外一种社会事实的方法,对当前我国大学文化危机的形成原因进行分析。

(四)当前我国大学文化危机的出路研究

对大学文化危机的出路研究是本研究的落脚点。如何使当前我国大学文化走出危机,实现新的大学文化转型?这需要我们在找到大学文化危机的表现、特征与成因的基础上,探索大学文化危机的出路。

三、方法论的选择与运用

一般来说,科学的研究方法分为3个层次的探讨:一是方法论层面;二是研究方法层面;三是资料收集方法与技术层面。以下依次对本研究方法的3个层次予以说明。

(一)方法论层面:实证主义社会学

1. 实证主义社会学基本内涵

方法论属于哲学层次,能在最高层面指导研究的开展,是指导研究的一般思想方法,对研究的原则、逻辑、程序等方面都具有指导作用。本研究采用社会学实证主义的方法论,该方法论强调实证规范与准则,价值中立,对研究过程进行控制。具体来说,本研究采用的是涂尔干的实证主义研究法,即用一种社会现象(事实)去解释另一种社会现象(事实)。对于社会现象,涂尔干强调不能用常识去理解。人们生活在社会中,对社会上发生的事情即使没有亲身的体验,也经常耳闻目睹,因此,人们往往认为社会现象是大众所熟知的事情。涂尔干认为社会学不等同于常识。假如社会学能够为人们认识社会提供某些基本知识的话,也不能倒过来认为常识可以构成社会学。社会学知识必须从对实际事务的观察、描述、分析、比较中才能获得。因此,"对于社会学者来说,自由掌握社会学的基本知识,才能认识社会现象。"①

2."大学文化危机"研究与该方法论之间的适切性

社会现象不能用主观去理解,也不能用常识去推理,而只能通过社会去解释,这是涂尔干的基本观点。必须把社会现象放在整个社会生活的背景下去作综合的考察,去发掘存在和影响着它们的各种社会联系。任何事物都必须在一定的"场"中才能存在和表现出来,而社会现象的"场"就是社会环境。大学文化危机现实的客观存在,简单地通过典型现象描述是难以说明问题的,必须从这些现象产生的时代背景和社会环境,以及当前我国大学文化危机的直接产生原因中寻找答案。

(二) 研究方法层面

方法论确定了研究的范式和方向,研究方法则主要是确定研究路径和研究路线。根据不同的研究目的和不同的研究对象,人们可以采用不同的研究方式。

本研究主要运用社会学的实证主义研究方法,同时兼采其他的研究方法。本书在不同的章节对实证研究方法的运用各有所侧重,第二章主要通过文献研究法对大学与大学文化的研究进行述评,以期找到本研究的研究基础与研究创新点;第三章运用典型现象分析方法对大学文化危机的典型现象分别进行描述,具体的研究方法有案例研究法、比较研究法等;第四章

---

① [法]涂尔干著,胡伟译. 社会学方法的规则[M]. 北京:华夏出版社,1995:4.

则通过涂尔干的实证研究法,即因果解释法对大学文化危机的成因进行分析,在对因与果的解释过程中,通过运用统计资料、公开数据、官方网页、大学章程等大量的事实材料进行辩证分析与阐释。

1. 社会现象的描述:典型现象分析方法

列宁曾在《哲学笔记》中提到,"现象比规律更丰富","任何规律都是狭隘的、不完全的、近似的",他反对把规律、概念绝对化、简单化、偶像化。这给我们社会科学研究者以启示:现象是丰富的,也是复杂的,更是无法穷尽的。在大学文化危机的研究过程中,不妨从纷繁芜杂的现象出发,抽离出典型现象,以此作为研究的切入口。

北京大学中文系教授钱理群曾对其导师王瑶教授提出的"典型现象"理论进行了概括与实践。这一理论虽然是在文学史领域实践,但对本研究同样具有借鉴和参考意义。该理论认为,"某一现象除了它和其他现象所共有的同一本质以外,还包含有不同于其他现象而为其所独有的纯粹个别的因素"[①]。文学史不仅体现了历史,更注意到了特殊事例的特点。对大学文化危机的研究同样如此,不仅应涵盖与其他文化危机所共有的本质,而且应包含不同于其他文化组织的特殊文化危机现象。

该理论进一步指出,由于文学史事实上又不可能包罗万象、穷举一切事实,因此,如何在既要保留作为现象特征的丰富性、具体性、个别性的同时,又要进行一定程度的概括、抽象,以揭示文学现象的内在联系与共同特征,从而使文学史图景在呈现某种模糊状态的时候,通过提炼和高度抽象,能够具有一定的清晰度。如何同时满足以上显然存在着矛盾的要求,就是研究的难点,也是其特殊困难所在。

在钱理群教授看来,其导师王瑶先生的理论贡献在于,他找到了解决以上两难问题的"中介",即典型现象。因为典型现象"既是从现象中抽象出来,概括了特定时期文学的共同的特征,同时,又不失去现象本身所特有的丰富性、具体性、形象性";而且"通过典型的历史现象的角度来综述这一时期文学史的全貌","可能是既具体有征又能体现发展的轨迹","是最能满足

[①] 钱理群. 略谈"典型现象"的理论与运用——中国现代文学研究方法的一个尝试[J]. 文艺理论研究,1998(05):34.

文学史的要求的","从而为解决上述文学史研究的'两难'问题提供了一个新的思路与途径"。①

由此可以演绎出,对当前我国大学文化危机这一复杂现象的研究,既要在保持其丰富性、具体性和形象性的同时,又要通过典型"文化危机现象"来综述这一时期的文化危机全貌。对这一"两难"问题的解决,可以通过对当前大学中存在的种种问题进行抽象、概括和提炼,即通过描述大学文化危机的几种"典型现象"的形式予以阐述。

2. 大学文化危机成因的解释:因果解释法与共变法

社会学的研究对象比较特殊,这是一门以人类社会现象作为研究对象的学科,对象的复杂性和不可重复性决定了研究者不可能像自然科学家一样人为地设计实验,更不可能进行直接的、理想化的"社会实验"。因此,为了详细而完备地掌握一个社会中各种纷纭复杂的因素,研究方法就显得十分关键。其中因果解释法和共变法就是来源于功能解释理论的两种重要研究方法。

功能解释来源于19世纪"社会有机论"的思想,斯宾塞等人将社会学类比于生物有机体。在社会学的发展过程中,产生了不同的思想和流派,其中功能主义是十分重要的一派。这一流派对解释和分析社会事实具有很强的说服力和解释力,其中以因果解释法与共变法最具典型性。

因果解释法。一般来说,因果解释是运用演绎三段论的形式,由大前提、小前提进行逻辑推论。在因果解释中,理论陈述相当于大前提。涂尔干在《社会学方法的规则》一书中指出:"在解释一个社会现象的时候,我们必须区分导致这一现象的充分原因和这一现象所发挥的功能。"②前者是因果解释,后者称为功能解释。

在具体实施这一方法时,用到的往往是"密尔五法"。由于"密尔五法"中的四种方法(求同法、察异法、剩余法以及求同察异并用法)对研究对象的准确性有极高的要求,故社会学家无法将它们用于社会现象之间因果联系

---

① 钱理群.我这十年研究——《精神的炼狱》序[J].中国现代文学研究,1993(03):236-238.
② 辛自强.实证社会科学中的因果关系与理论解释:我们需要理解的十对概念[J].清华大学教育研究,2013(06):15.

的考察。然而涂尔干却敏锐地发现,密尔五法中的"共变法"对于研究对象的要求不像其他四种方法那样"苛刻",能够很好地用于考察事物之间联系,是社会学研究十分重要的基本方法。在他看来,因果解释法适合社会学研究领域,因为所有社会现象都符合因果关系的原则。

现在,有许多证据可以证明,因果关系的确存在于社会事务中。承认因果原则适用于所有社会现象,并不是出于纯主观的推理,而是出于实验的假设,以合理的演绎方法总结出来的。为了了解事物的真实现象,涂尔干提出在研究中要建立一套研究的规则,核心有三条:一是中立原则,即在科学研究中坚持中立,排除所有的成见;二是外部定义原则,依据社会现象的外部特征进行定义;三是客观观察原则,即客观地观察事物的外部特征。[①]

共变法。共变法已经被视为社会科学研究的重要方法[②]。在共变法的指导下,涂尔干不仅在一系列个案研究中取得了突出成就,他的理论与实践也为整个20世纪的科学社会学奠定了扎实的基础。这也为大学文化危机这一社会事实的成因解释提供了方法论上的指导。在本研究中,还将借用"共变法"对大学文化危机的成因进行解释。

"共变法"指的是在被研究的现象发生变化的若干场合中,如果只有一种发生变化的先行情况,那么这种情况就是该现象的原因。这种相应变化的情况与被研究的现象之间具有因果联系。[③] 同其他几种归纳法相比,共变法的特点在于它不要求研究者全面掌握一种环境下所有现象的存在或变化状态,而只需把那些互相具有同步变化特征的现象找出来即可。

根据共变法的这一特点,并结合社会现象不能由观察者左右的实际情况,涂尔干提出只有共变法才能满足社会学研究需要的重要论断[④]。涂尔干进一步通过解释告诉人们,"共变法拒绝和排斥支离破碎的列举,也不要求人们作肤浅的观察。为使共变法得出正确的结果,只需举出若干代表性、富有说服力的事实就足够了。也就是说,只要证明在多数情况下两个现象

[①] 孙龙.社会学方法论上的两种因果解释范式[J].江苏行政学院学报,2003(01):65.
[②] [英]弗兰西斯·培根.新工具[M].北京:商务印书馆,2005:21.
[③] 晁天义.试论"共变法"及其在当代史研究中的价值[J].南京社会科学,2009(02):50.
[④] [法]涂尔干,著.社会学方法的规则[M].胡伟,译.北京:华夏出版社,1999:138,46.

是共变的,就可以肯定其中有一个规律。"①这一观点与典型现象分析法不谋而合,形成了大学文化危机表征研究与成因研究方法层面的高度自洽。

对大学文化危机的成因有不同的解读方式,目前研究者采用较多的是历史与逻辑的方法。即在大学文化的历史发生与发展演变过程中寻找大学文化的本质,然后从我国大学文化出现嬗变与异化这一现状,推演出我国大学文化迷失、大学精神出现式微是因为我国大学文化有着不一样的历史与现实。研究者大都将当前我国大学文化危机归因于先天缺失现代大学文化基因、后天缺乏现代大学文化土壤这两大因素②,很少有研究者从涂尔干的实证主义因果解释与共变法的角度对我国大学文化危机的成因进行研究。故而,本研究在解释大学文化危机的成因时另辟蹊径,运用实证主义因果解释与共变法进行研究,具有一定的创新性。

(三) 具体研究方法与技术层面

在研究的不同阶段需要使用不同的具体研究方法和技术,特别是在资料收集与整理,以及论证与分析的过程中③。

1. 收集资料阶段

内容分析法。内容分析法是一种较为典型的实证研究方法,本研究采用奈斯比特④的内容分析法收集资料。奈斯比特的研究有其特有的研究方

---

① 晁天义.试论"共变法"及其在当代史学研究中的价值[J].南京社会科学,2009(2):50.
② 目前运用历史与逻辑研究思路形成的研究专著有很多,比如傅林所著的《中国大学文化研究》一书,就是通过分析中国大学文化形成的先天基因与后天社会环境来论证我国大学文化影响因素的维度,即通过考察我国传统文化以及欧美大学理念对近、现代中国大学文化的影响,来评述中国大学文化之所以在各个发展阶段有不同的发展特点。参见:傅林.中国大学文化研究[M].北京:教育科学出版社,2009.
③ 王晶舒.社会科学研究方法的层次[J].学理论,2010(31):97.
④ 约翰·奈斯比特是世界著名的未来学家,埃森哲评选的全球50位管理大师之一。他阅历丰富,有着哈佛、康奈尔和犹他三所大学的教育背景。1963年,他被肯尼迪总统任命为教育部助理部长,还曾任约翰逊总统的特别助理。主要代表著作《大趋势》,与威廉·怀特的《组织的人》、阿尔文·托夫勒的《未来的冲击》并称"能够准确把握时代发展脉搏"的三大巨著。约翰·奈斯比特以《中国大趋势》再次进入大众视野,该书站在全球的高度,精辟地提出了"中国新社会的八大支柱"理论,并由此总结出中国发展的大趋势——中国在创造一个崭新的社会、经济和政治体制,她的新型经济模式已经把中国提升到了世界经济的领导地位;而她的政治模式也许可以证明资本主义这一所谓的"历史之终结"只不过是人类历史道路的一个阶段而已。奈斯比特相信"中国模式"将影响整个世界。

式,他使用自创的"内容分析"方法研究社会,其成名作《大趋势》《亚洲大趋势》《中国大趋势》,都是采用内容分析法。此方法的具体步骤如下:首先,广泛收集各地报纸;接着,对这些报纸的内容进行分类编排;最后,建立索引和分析比较。需要说明的是,这一方法的要点是大量采集地方或一线的故事,然后根据故事的内容进行提炼和整理,从故事中找出万事万物的变化和发展规律,从而作出判断与预测,得出一系列的结论。

本研究采用内容分析法对大学文化危机的典型现象以及大学文化危机的因果事实进行收集与整理。通过大面积地收集网络信息以及报纸、杂志等,截取其真实的案例、报道,不断积累有关当前大学文化危机的种种事实,从而提炼分析单位、设计分析维度体系,归纳出不同的"大学文化危机的典型现象"。循着这一思路,从大学受政治、经济与文化制约的实际情况出发,在本文的第三章提炼出大学文化危机的5种典型现象。首先从大学受行政权力、市场经济和世俗文化的直接影响,形成大学文化危机中3个典型现象;接着从大学与其他社会组织相区别的学术性特征中,找到目前大学学术的典型现象,即功利化现象;最后提炼出大学被以上4种合力所导致的千校一面现象——趋同化现象。

在对大学文化危机的成因进行解释的过程中,也需要采用实证研究方法的思路,寻找大量的大学文化危机的"因"与"果"的社会事实。这些社会事实的寻找同样需要采用内容分析法。以当前大学文化危机中的大学理念偏差为例:当前我国大学在现代化和国际化的背景下,追求世界一流大学、国际知名大学等办学目标本无可厚非;但是大量的事实与数据告诉我们,我们对世界一流大学的本质、实现路径、评价方式等的理解存在误区。本研究选取了42所"一流大学建设高校"的大学章程进行内容分析,通过分析42所高校的办学目标,总结当前我国大学追求"世界一流大学"的路径,从而探析这些大学的路径选择这一现象(事实)与大学文化危机现象(事实)之间的因果关系。

在对大学中存在的大量关于"大学文化危机"的典型现象、案例、事实、数据和资料的收集和整理中,本研究主要遵循以下原则:

(1)真实性原则。绝对的真实不太可能做到,但是相对真实是可以实现的。因此,在收集这些资料和故事的时候,从全国著名高校已经公开的图片、数据、故事等入手,这些资料和故事都是围绕"大学文化危机"的表现形式而展开。对于收集的这些资料和故事,本研究尽量不对其中作者的观点进行评判,将侧重点放在资料、数据和故事的"是什么"上,而不是"为什么"上。这样做的目的也是为了保证自己的分析尽量不带有先入为主的主观看法。

(2)集中性原则。大学文化危机所涉的"社会事实"十分庞杂,因此,在收集这些资料的时候,始终围绕"大学文化危机"这一主题展开。批判大学的种种事实可能是"大学文化危机"分析的事实,但是很多事实并不属于这一主题,因此需要对大量大学文化危机方面的事实进行甄别和取舍,这个取舍的原则就是集中性原则。

(3)代表性原则。本研究将大学文化危机的研究样本主要聚焦于一流大学建设高校,部分涉及一流学科建设高校。之所以选择这些样本,主要基于两点考虑:一是可行性与操作性问题。考虑到全国有3 000多所大学,如果选择全样本研究,则在可行性与操作性上都存在问题,因此本研究选择"双一流"建设高校(以一流大学建设高校和部分一流学科建设高校为样本)进行研究。二是代表性与推理性问题。选择"双一流"进行抽样,基本上能解释我国大学文化危机普遍性的问题。这里隐含的假设是:如果代表着国家和政府认可的重点高校都出现了种种大学文化危机的话,那么作为一般性的大学,其文化危机的程度就不言而喻了。

案例研究法。案例研究法是指对某一个体、某一组织或某一群体在较长时间里连续进行研究和比较,从而得出其行为发展变化的全过程。[①] 案例法肇始于美国哈佛大学法学院。后来这一方法在其他领域也得到了广泛应用,教育领域也不例外。[②]

本研究涉及大学领域的"文化危机"现象,其中对许多现象的说明离不开案例分析。对这些个案的解剖实际上是具体运用案例法的过程。比如,

---

① 冯维娜,洪卫.通过个案研究培养大学生的跨文化交际能力[J].教育与职业,2012(14):184.
② 1908年,案例法在哈佛商学院开始被引入商业教育领域。由于商业领域严重缺乏可用的案例,哈佛商学院最初仅借鉴了法律教育中的案例法,在商业法课程中使用案例法。由此,人们开始有针对性地研究和收集商业案例。

在对"大学文化危机"典型现象进行分析时,需要大量的案例说明大学存在文化危机;在对"大学文化危机"的形成机制、化解路径等进行探究时,也需要采用相应的案例对此进行论证。

2. 分析与加工资料阶段

文献研究法。这一方法贯穿于本研究的各个阶段和过程,集中反映在文献综述阶段。在文献综述部分,主要围绕"大学文化"这一核心概念,对有关中西方大学文化研究的各类文献进行梳理和分析,在此基础上提出本书研究的不同之处和可能的创新之处。此外,在其他主题的研究中,也均涉及对以往文献的处理与加工。

历史分析法。历史分析法是通过对有关研究对象的历史资料进行科学的分析,说明它在历史上是怎样发生的,又是怎样发展的。换言之,就是分析事物历史和现状的关系,包括历史和现状的一致方面以及由于环境、社会条件的变化而造成的不一致方面。[①] 历史分析法在很大程度上是对各种历史文献资料进行检验和剖析的方法,回溯性是历史分析法的重要特征。本研究在总结和提炼大学文化、大学精神的过程中,通过历史分析法以钩稽大学发展史,特别是大学功能演变史。与此同时,在剖析当前我国大学文化危机的成因时,诸多地方也涉及该方法。这是因为大学文化危机的形成与我国传统文化、历史积淀以及现实社会环境等有着密切的关联。

3. 论证与分析阶段

比较研究法。比较研究法主要体现在对大学文化危机出路的思考上。也就是说,大学文化危机的成因分析告诉我们当前的大学文化危机是因何而生,接着需要寻求大学文化危机的纾解路径。因此,这一路径的探索必然要回到大学文化的"古与今""中与外"的比较。这样,本研究便包含以下4种不同的比较:一是我国大学文化的"古与今"的比较;二是西方大学文化的"古与今"的比较;三是历史发展过程中大学文化"中与外"的比较;四是当前大学发展进程中大学文化"中与外"的比较。只有基于全面的比较与判断、借鉴与选择,才能探索出今后我国大学文化危机的破解之路。

此外,在整个论证与分析过程中,本书综合运用了历史分析、逻辑演绎、

---

① 杨近. 我国工业化进程与职业教育体系发展的研究[D]. 上海:上海师范大学,2015.

思辨推理等多种思维方法,此不一一赘述。

四、研究流程的路径勾勒

研究路径可以理解为研究内容与研究方法之间的一种协调关系、实现办法。也就是说,为了实现研究目标,需要采用哪些研究方法、哪些步骤将研究内容一一呈现、将研究问题一一解剖,这一过程即为研究路径,通常可以采用路线图来表示。本书的研究路径可用如下路线图来表示,参见图1-1。

逻辑线索	为何研究				以何研究		如何研究								结论为何		
研究内容	研究背景与问题	研究意义与价值	研究假设与创新	研究内容、方法与路径	西方关于大学与大学文化的研究述评	我国关于大学文化与大学精神的研究述评	大学行政化现象	大学商业化现象	大学意识形态化现象	大学学术功利化现象	大学趋同化现象	现代化国际化裹挟下的办学定位	科层化与官本位糅合下的办学机制	回应市场需求与国家政策的办学措施	坚守大学精神	选择多样的大学文化	落实个性化办学理念
研究方法	研究设计				文献研究法		典型现象研究法					因果解释法			对策研究		
研究路径	研究缘起				研究基础		研究过程								研究结果		

图1-1 大学文化危机研究路线图

通过以上路线图可以看出,本研究遵循以下4条线索进行研究:

第一条线索:基本的研究线索。即从为什么要研究该问题入手,接着讨论如何进行研究,再次聚焦于确定研究什么、具体的研究过程是什么、最终达到什么研究目的或研究结论。这一过程也反映了科学研究的基本逻辑。

第二条线索:基本的研究内容。对应之前的研究逻辑线索,逐一回答以上问题。首先对为何研究做出回答,分别从研究的缘起、价值和意义,研究的假设与创新以及研究内容、方法与路径等角度作出说明,旨在对研究的问题与整体设计做出回答;其次对凭什么进行研究作出回答,即从文献研究的角度,回应当前的研究对这一问题的研究程度,以此呼应之前的研究创新点;接着梳理大学文化危机的典型现象以及导致大学文化危机产生的原因,该部分是具体研究过程的呈现,也是社会学研究方法(实证主义研究方法)如何运用到本研究的过程呈现;最后探讨关于大学文化危机的应对之策,也就是对当前我国大学文化危机出路的研究。

第三条线索:基本的研究方法。不同的研究阶段由于研究内容不同,所采用的具体研究方法肯定有所区别。在回答"为什么要研究"这个问题时,本研究采用实证方法揭示这是一个"事实命题":大学的四大功能遭遇危机,以此为线索进行追问,旨在剖析大学出现种种问题的原因是什么、基本的判断是什么、本研究对此有什么质疑,接着对这个研究问题的价值和意义进行说明,对其研究假设与研究创新做出阐述,进而明确具体的研究内容、研究方法和研究路径;其次回答"依据什么进行研究"的问题:主要采用的是文献研究法——通过大量的相关文献,摸清关于大学文化危机研究的现状,呼应之前的研究假设和可能的创新之处;再次对"如何研究"进行回答:主要运用社会学的研究方法(具体来说是通过典型现象分析法与因果解释法的使用得以实现);最后是对"研究结论是什么"的回答:采用逻辑推理与比较研究的方法得出相应的研究结论。

第四条线索:结构的呈现方式。本书最终以 6 章 21 节的形式呈现。

第一章围绕本书的研究问题与整体研究设计作出相应的说明,主要涉及以下几方面的内容:① 为什么要研究大学文化危机?② 大学文化危机的研究价值和研究意义是什么?③ 研究假设是什么?有哪些创新点?④ 大学文化危机研究的内容、方法与路径是什么?

第二章主要从文献角度回答与本书相关的前期研究,主要涉及中西方关于大学功能与大学文化、大学文化和大学精神等的相关研究。这些研究起承前启后的作用,论证了前一章为什么以大学存在文化危机作为研究假设,同时也就对本研究的创新性作了回答。此外,该部分还为后文的得以展开提供了研究基础。

第三章运用典型现象分析法对我国大学文化的危机作了梳理。行政权力、市场经济、世俗文化对大学文化产生了直接影响,形成大学文化危机的三大基本典型现象；加之大学自身的学术功利化，最终导致大学呈现趋同化。以上五大表征是当前大学文化危机的集中表现，也是大学文化危机的典型现象。

第四章以社会学的分析视角，阐述当前我国大学文化走向式微和迷失的原因。本章运用社会学的因果解释模式，借助"共变法"充分挖掘和梳理了当前我国大学文化危机的产生原因，力求表明当前我国大学文化危机的产生有其间接和直接的原因，论证了当前我国大学办学指导思想和办学理念的偏差直接导致了大学文化危机的产生：大学在貌似"合理化或理性化"的办学思路指引下，缺失了大学的办学理念，丧失了大学的灵魂，导致大学文化陷入失序的状态，逐渐引发了大学文化危机。

第五章从探讨破解大学文化危机对策的角度，剖析了应对大学文化危机的出路。大学文化的重塑首先要坚守大学精神；其次大学要选择符合学校自身特色的大学文化，从而形成具有鲜明个性的大学文化；最后一旦选定符合时代要求与本校特色的大学文化之后，便须落实并坚持个性化的办学理念，在继承与创新个性化的大学文化中不断前进。

最后一章反思了本研究的研究结论与研究方法。

第二章

中西方大学文化的起源与脉络

一个研究课题提出后,至少应完成以下几个方面的论证:第一是对研究意义和价值的充分表述;第二是对研究方案或研究路径进行可行性分析;第三是对研究问题与方法的创新性进行客观阐述;第四是对前人研究成果的整体梳理与述评。本书对于前三个问题已经在第一章做了回应,本章主要就与本研究相关的前人研究成果进行述评。

对大学文化的研究已不是新鲜事物,在大学的产生与发展过程中,中西方对大学与大学文化的研究一直保持着相当的热情。这涉及中西方大学文化史的研究,当然也涉及大学文化内涵的研究。厘清大学文化的发展脉络,不仅有助于我们对大学文化本质形成正确的认识,而且就本研究而言,也是直接为大学文化危机研究提供了最基本的源头"养料"。如果没有对西方大学文化本质的深刻理解,何以判断当前我国大学文化出现了危机?因此,本章拟从以下三个角度对大学文化的相关研究进行述评:西方关于大学文化的研究、我国关于大学文化的研究以及中西方关于大学文化研究的差异。

有关西方大学文化的研究:该部分以"大学功能"的演变为视角,着重探讨大学理念的流变。研究中运用历史分析法,对大学在近千年的发展过程中,经过不断沉淀、积累与凝练并最终形成的大学文化进行了全面梳理,重点突出西方大学文化的一般特征和核心特征。

有关我国大学文化的研究:该部分以"大学文化"的理论、实践和我国大学文化的特殊形态——大学精神为评述重点,全面呈现这三者在当前我国大学文化研究中的具体进展情况。

有关中西方大学文化的比较研究：该部分对中西方大学文化研究的共性与个性进行了比较，并在此基础上对大学文化研究可能存在的突破点作了探讨。

第一节　西方大学文化研究的深度透视

对大学文化的研究首先绕不开对西方大学文化的研究，因为现代大学发轫于西方；对西方大学文化的研究又绕不开对大学功能的研究，这是因为大学在实现其功能的过程中，所积淀而成的物质文化、精神文化、制度文化与行为文化等一系列共同价值观的总和构成了大学文化。大学具备什么样的功能，是一个动态的、发展的、开放过程，需要采用历史分析法加以考察。

一、西方大学文化研究的前提：明晰大学功能的流变

对西方大学功能的研究，需要从大学发展历史的角度进行考察。实际上西方大学发展史有着鲜明的时代特征与国家特征。一般来说，西方大学发展史与西方资本主义发展史交相辉映，大学发展依次出现了几次大超越、大转型。在研究西方现代大学的过程中，必然绕不过中世纪的大学。

中世纪大学是现代西方大学的源头。随着社会转型与时代发展，大学开始从知识传承转向知识创造，以德国洪堡的大学理念为巅峰；再从知识创造转向知识运用，以美国的实用主义大学理念为典型。大学功能的不断拓展与发展，告诉我们大学初始的功能是自发的、不自觉的，很大程度上都是大学在与时代和社会博弈的过程中，在适应时代的同时不断超越自我、超越时代的结果。

中世纪的大学最初被认为是知识交易的人自发组建的团体，在这个团体内进行知识交易、探究综合学问。中世纪现代意义上的大学刚刚问世时，被称作 studium generale，而并不像今日的大学被称为 university。据姜文闵教授考证，当时的 studium 分为 studium particular 和 studium generale

两类,这两类后来分别发展为专门的单科性学院和综合性的大学。① 根据考证的结果,最初的大学是为了教授某项专业的共同目的(即知识交易)、实现专业人才培养的目标、以组织的形式组合起来的团体。

中世纪大学经过几百年的发展,大学的功能经历了3次大的转向:即从注重知识传授到知识传授与科学研究并重,再到知识传授及科学研究与服务社会相结合。3次功能的转变,分别以纽曼式单职能大学、洪堡式双职能大学、范·海斯三位一体大学以及科尔式巨型大学为代表。

(一) 注重知识传授阶段

在大学理念发展史上,纽曼(John·Henry·Newman,1801~1890)因其首创以"大学的理念"为名进行讲演和著书立说而成为大学理念研究的里程碑式人物。早在1852年,纽曼就将有关大学性质的9篇讲演稿汇集出版了《关于大学教育的范围和性质的演讲》一书,后又经过几番修订,到1873年时,再将《关于大学主题的演讲与论文》编入,命名为《大学的理念》(又译《大学的理想》)②重新出版。书中论述了纽曼式单职能大学的基本概念,成为西方高等教育史上较早系统地论述大学教育基本理论问题的著作,对后世大学理念的发展产生了深远的影响。后来,美国著名高等教育家布鲁贝克也认为纽曼的《大学的理念》是高等教育哲学领域最有影响力的著作。③

纽曼认为,传授普遍性知识,进而训练良好的社会成员、提升社会格调应该成为大学追求的办学理念。这一思想典型地反映了其时代的大学被视作传授普遍知识的场所,大学主要承担着传授知识的功能,教学和科研处于分离状态。

---

① 一类为studium particulare,另一类为studium generale。第一类学校我们从字面上就可以理解,意指特定的专业教育机构,例如当时的大教堂学校等地区性学校。第二类则属于多科性的学校,往往开设了法律、医学、文学、神学等学科,修业年限一般为5到7年,具有正规的办学设施与管理条例,教师队伍也较为充足,并且学校有一定的国际威望,学生来源比较广泛,比如当时以神学为中心的多科性的巴黎大学。见:姜文闵.欧洲大学的兴起及其特点[J].河北大学学报(哲学社会科学版),1982(4):54-59.
② [英]约翰·亨利·纽曼著.大学的理想[M].徐辉,等,译.杭州:浙江教育出版社,2001.
③ 刘宝存.纽曼大学理念述评[J].复旦教育论坛,2003(6):73-76.

(二) 知识传授与科学研究并重阶段

随着时代的发展,单地以传授知识为目的已经不能满足大学发展的要求,大学的功能逐渐扩展到科学研究领域,这一阶段大学的功能以洪堡式双职能大学为代表。

德国的高等教育曾因教学与科研并举的"洪堡思想"和卓越的质量而享誉世界,被认为是19世纪最为优秀的大学模式,得到许多国家的效仿。洪堡是一位与纽曼同时代的著名人物,他的全名是威廉·冯·洪堡(Wilhem·von·Humboldt,1767~1835),曾任普鲁士教育大臣,是德国著名的学者、教育改革家。1810年,洪堡主导在德国成立了柏林大学,二战结束后改名为洪堡大学。洪堡在治学过程中突破了大学仅传授知识这一单一功能模式,[1]旗帜鲜明地反对把传授知识作为大学的唯一职能,认为大学教学应该与科研相结合,大学应积极开展科学研究,[2]通过科研促进人的发展[3]。他认为,大学教师的科学研究实践是教学与研究之间的有效渠道,通过这一渠道能够培养学生科学的思考能力。大学教师的教学成为捍卫学术观点和进行科学研究的保障。[4] 大学教授除了传授知识的任务,还承担着生产新知识以及向各级各类大学传递最新知识的任务。[5] 此外,从事研究还彰显了大学教师专业上积极进取的学术状态。

(三) 知识传授、科学研究和社会服务结合阶段

截至19世纪末,大学的知识传授、科学研究功能已经得到西方世界的公认,然而这并不意味着大学的重要功能就止步于此。20世纪以来,西方的大学已经不再局限于某一种功能,而是朝着更加多元化功能方向发展。[6]

---

[1] 张炜.大学理念的演变与回归[J].中国高教研究,2015,(5):15-19.

[2] 孔令新.大学教育的根基是超越性的抑或内在于世的?——论沃格林对洪堡大学教育理念的批评[J].现代大学教育,2024,40(03):39-48+112.

[3] 张叶鸿.创造性思维教育与洪堡大学理念[J].清华大学教育研究,2020,41(05):65-71.

[4] 王保星.从"结合"走向"疏离":大学"教学"与"科研"关系的历史解读[J].中国人民大学教育学刊,2011(1):128-136.

[5] [美]亨利·罗索夫斯基著.美国校园文化——学生·教授·管理[M].谢宗仙,等,译.济南:山东人民出版社,1996.

[6] 周常明,王晓宇.西方大学教育功能的拓展:从单一到多元[J].河北师范大学学报(教育科学版),2007,(3):52-57.

20世纪初,作为思想开放、价值观多元的移民国家的美国,在一些方面已经超过了英法等老牌资本主义大国,实用主义哲学思想这一时期在美国盛行。在借鉴和吸纳外来优秀文化和新生事物方面,世界上几乎没有哪一个国家能像美国那样开放积极。当德国洪堡大学的理念和实践在柏林大学落地生根、开花结果之时,美国人以德为师,积极学习,大量的学生在这里学习和研究,并很快在本土进行创造性的实践。

1. 社会服务功能发轫于威斯康星大学

社会服务功能是大学的一项重要功能。1862年美国《莫里尔法案》颁布后,康奈尔大学、威斯康星大学等美国州立大学走上了与德国大学模式不同的发展道路。

美国威斯康星大学高举服务大旗,甚至将服务作为大学的唯一理想,其核心精神追求就是把大学变成社会的服务站。威斯康星大学校长范·海斯(Charles·Richard Van·Hise,1857~1918)将大学的功能拓展到社会服务,形成了教学、科研和社会服务三位一体的功能;在校长的带领下,威斯康星大学成为西方大学为社会服务的典范,人们甚至将这一大学的精神称为"威斯康星精神"。"威斯康星思想"的主要内涵有以下几个方面:一是主张大学除了教学与研究功能之外,还应承担社会服务的功能,而且这一功能作为地方大学是其应然使命。二是大学的社会服务功能有其明确的服务范围和目标。在校长范·海斯看来,大学具体有两项任务:一是帮助州政府在全州各个领域开展技术推广;二是进行函授教育。通过这两项举措可以大范围地帮助本州的公民,也就是"大学要给人民以信息、光明和指示"。此外,威斯康星思想还包含着博采众长、厉行改革的意蕴。从某种意义上说,威斯康星思想本身就是一种创新思想的代表,标志着大学新的重要功能的出现。①

威斯康星大学坚持教学、科研和知识的社会推广以及为政府部门提供专家咨询服务三轨并行,借以实现直接服务社会的目标。至此,大学开始兼具知识传授、科学研究及社会服务功能。威斯康星大学这种以直接服务社

---

① 刘恩允.区域发展视角下的高校社会服务伦理探讨——基于威斯康星大学社会服务理念的解读及其启示[J].江苏高教,2011(02):19-21.

会为宗旨的精神,被认为比大学只重视科研功能更能体现现代大学特性,因为她标志着大学从封闭走向开放,从传统象牙塔走向了现代社会中心。至此,大学不再唯学术而学术,不再唯知识而知识,而是以培养社会公民、进行科学研究、传播知识服务大众为职责。这一理念有助于打破传统大学的封闭状态,加速大学进入社会中心的进程。

威斯康星思想的价值和意义一方面在于它打破了传统大学象牙塔的围墙,为大学增加了服务社会的新职能,使大学成为与人民的生活和国家的发展息息相关的社会机构。这一思想在美国州立大学甚至私立大学迅速传播,产生了广泛而深远的影响。同时,服务社会的大学理念也传播到欧洲、亚洲等世界其他地方,获得了全球范围内的影响力。除此之外,康奈尔大学以其"向所有人开放,向所有学科领域开放"(Open to all, Open to all disciplines)的办学思想打破了传统精英教育、古典学科和学术性学科之间的壁垒,在加速高等教育大众化进程的同时也加速了大学融入社会生活的步伐。至此,现代大学理念的基本框架形成了。

2. 大学社会服务功能得到进一步的拓展

这以科尔的大学理念最为典型。美国前加州大学校长科尔(Clark Kerr,1911~2003)于1963年出版《大学之用》一书,比较完整地体现了其浓郁的、实用主义色彩的、新的大学观。他认为当代大学已经发展成一种多元化的巨型大学(multiversity),与早期的牛津大学和柏林大学已经有了很大差异。当代大学作为一种新型的组织,通过探求真理、发现新知、服务社会产生效益,进而成为实现国家目的的重要工具。科尔认为,当大学成为技术和新知识生产效率增长的主要推动力,并且大多数青年有机会接受大学教育,高等教育的作用将受到前所未有的重视,大学也就不再有自主权。[①] 科尔的巨型大学观揭示出当代大学教育在性质上的变化,这有助于大学最终走出象牙塔,更好地服务社会。

3. 弗莱克斯纳:大学功能的延伸需与时代要求相一致

弗莱克斯纳(Abraham Flexner,1866~1959)认为大学是追求知识、解

---

① [美]克拉克·克尔,著.大学之用[M].高戈,等,译.北京:北京大学出版社,2008.

决问题、审慎评价成果和培养真正高层次人才的机构。① 他反对将大学办成进修机构、师范学校、职业学校等机构,反对大学处理毫无意义的杂事。他认为大学应成为学者和科学家们传承知识和思想、寻求真理以及培养年轻人的场所。

实际上,到了弗莱克斯纳这里,已经将大学的三大重要功能都做了全面的阐述,同时也对大学功能演变史做了一个阶段性总结,大学就应该是知识传授、科学研究以及服务社会的场所,并为实现这三个功能打上民族、国家、时代的烙印。

二、西方大学文化的典型案例:以西方三国大学为例

在对大学功能进行研究的同时,实际上也隐含着对大学文化的研究。现代大学的发展过程,实际上是大学功能不断继承、发展、创新与超越的过程。在大学功能实现的过程中,大学人长期形成的一系列的典制、规范、制度、心理、行为等价值观,实际上就是大学文化。因此,有关大学文化的研究,是伴随着人们对现代大学功能的研究而不断深入的。

就整体而言,西方对于大学文化的研究,一般都遵循着一条主线,即是围绕着高深知识与大学之间的逻辑关系而展开的。大学在逐步延伸其功能时,实际上体现的是大学与高深知识之间的互动关系,也就是知识在进行传承、创新、运用和超越的过程中,大学以何种价值观呈现,并以何种精神面貌应对知识的不同形态。这些形态就构成大学的文化形态,这些文化形态的全部就构成大学文化研究的内容。西方现代大学对大学文化的研究大都以大学理念的形态呈现,无论是较早时候的红衣主教纽曼的大学理念,还是洪堡与雅斯贝尔斯的大学理念,抑或是弗莱克斯纳的大学功用理念。

前文对西方中世纪大学的功能有过明确的介绍:最初是由交易知识的人自行组合而成的团体,是当时最大范围的知识交易、科学联合、探究综合学问的场所。这样的一个场所要实现知识自由交易、科学联合探究、学问深入讨论的目的,只有鼓励学生质疑和辩论才能实现。当时普遍认为"By

---

① [美] 弗莱克斯纳.著. 英美德大学研究[M]. 徐辉,陈晓菲,译. 杭州:浙江教育出版社,2001.

arguing teeth chewing, no one is not perfect"(被争论的牙齿所咀嚼过的,没有一项不是完善的),这和中国谚语"话不说不透,理不辩不明"有异曲同工之妙。中世纪的大学通过教会与世俗的斗争获得了类似行会的地位,虽然还不是完全意义上的行会组织,但这样的进步为学术自由提供了宝贵的独立空间。再加上大学本身的积极拓展,不断融合吸纳了多个学科,这些努力使得大学成为可以研究高深学问、培养硕学宏才的机构,也使得学术自由成为大学文化最初的基本特征。

如何实现学术自由?首先需要维护自身的安全。为此,以地缘为纽带,以保护自身安全为目的,来自不同地域的学生和教授分别组织了各自的团体,称作 Natione 和 Facultas,即"同乡会""教授会"[①]。从这个意义上讲,中世纪的大学是教师和学生为了教授和学习而组合起来的一种知识的、学者的社团。特别是在起始阶段,地域性特征十分明显。

从某种意义上说,这种学生的"同乡会"与教授组成的"教授会"既是对自身安全的保护,同时也是为了实现内部自治。那么如何突破来自外部的限制与约束呢?中世纪大学往往通过以下两种方式来维持其自身的自治权:首先是通过培养宗教与社会精英的渠道实现自治。早期,因为大学能够为政府和教会培养职员和教士,因而成为政府和教会抢夺的对象。长此以往,教皇和主教以及社会上的高级从业人员多出于大学之门,因此大学顺理成章地容易获得宗教与社会资源,享有特权及尊崇的自治地位。其次,大学也利用政府和教会的矛盾坐收渔翁之利。大学通过利用部分城市、地方社团、国王或帝王、主教以及其他权威之间的矛盾和摩擦获得特权,为大学赢得掌握自己命运的主动权。

这种自治和独立的特性为后来的大学所继承。当然,大学也为此付出了一定的代价,在某个阶段仍然受到教权、王权和皇权的种种限制、约束甚至迫害;但不管怎样,中世纪大学的自治特征十分明显。大学为了保持自己的独立性而不断迁徙的案例,足以说明大学的自治文化在中世纪就积淀下

---

① 总的来说,中世纪大学的自治形态分为以学生为主体的大学和以教授为主体的大学两大类,前者以意大利博洛尼亚大学为代表,后者以巴黎大学为代表。在以教授为主体的大学中,有的大学有文学、法律、医学、神学四个教授会,各个教授会的地位不等,每个教授会推选一名主任作为教授会的代表,由教授会的主任和同乡会的代表共同推选大学校长。

来了。

为了对现代大学文化的情况进行一个立体式、全景式,同时也只能是典型式的描述,本研究将以下三个国家的大学文化作为典型予以介绍。

(一) 英国大学文化:绅士教育与精英教育的典范

英国大学的起源十分久远。众所周知,牛津大学和剑桥大学是英国最古老而著名的大学,这两所世界顶级名校有一个别称:"*Oxbridge*"(中文被译作"牛桥")。许多英国乃至世界政治、经济、文化、科技精英均毕业于这两所大学。

1. 绅士教育是英国大学的文化传统

绅士风度以贵族精神为主,同时融合各个阶层的价值取向,被视为英国民族精神的一种外化。这一教育思想最早由英国唯物主义哲学家 J. 洛克(J. John Locke,1632~1704)在其教育学代表作《教育漫话》中提出,[①]在理论与实践中均产生了重要影响,[②]洛克也成为绅士教育的代表人物。[③] 绅士教育的理论扎根于经验唯物主义认识论、资产阶级功利主义伦理观以及自由主义的宗教观、社会契约论的政治主张。绅士教育的目标是培养绅士,这些绅士应当具备德行、智慧、礼仪和学问四种品质,是身体健康、精神健全的各种社会活动家和企业家。这种教育思想是英国社会近代化过程中对精英人才的需求的直接表达,这一理念也成为当时公学教育教学的主导理念。"绅士教育"的主要思想有:首先,为了适应上流社会和政治生活,绅士需要有贵族的气质,要有发展资产阶级经济的进取精神;其次,体育、德育和智育也是绅士必不可少的教育内容。英国红衣主教纽曼也认为智力培养实际上是一种能力的培养,这种能力能够把不同事物看作一个整体,把不同的事物归入合理的思想体系,也能够理解不同的价值及其相互关系。这样的智力训练能够帮助学生形成清晰、准确和客观的理解能力。[④]

[①] [英]约翰·洛克著.教育漫话[M].徐大建,译.上海:上海人民出版社,2011.
[②] 胡君进.革命的普罗米修斯:洛克《教育漫话》中的绅士及其教育[J].教育学报,2021,17(05):3-16.
[③] 朱镜人.英国教育思想演进的历史轨迹及特征[J].湖南师范大学教育科学学报,2015,14(01):89-95.
[④] 王晓华.纽曼的大学目的论和功能论[J].清华大学教育研究,2001(01):46.

2. 精英教育与绅士教育是英国教育的双翼

英国的牛津大学与剑桥大学,其精英教育甚至到了十分严苛的地步。有这么一个故事,讲的是在英国苏格兰北部一个边远地区,出了一位成绩十分优异的全 A 学生,这一成绩完全符合牛津大学的录取标准。另外,这也是近百年来该地区第一个达到牛津录取线的学生,无论出于公平的角度,还是开放的考虑,牛津都应该录取这位学生。然而,仅仅因为该学生来自一所一般公费学校(一般来说,这类学校是平民学校,培养的学生其综合素质很难达到贵族学校的标准),在面试时发挥不是很理想,故最终没有被牛津大学录取!

牛津大学的教授们认为,该学生不具备牛津大学要求的创造潜质以及数百年来牛津大学一以贯之所需的精神特质,故而不予录取。后来当地议会、中央议会、时任教育大臣、时任副首相与首相(当时首相为布莱尔)均采用各种途径和手段或求情或施压,均告失败。牛津大学拒绝的理由就是一个:在招生问题上,牛津大学有着自己严苛的选择标准,无论何人均无权更改学院教授作出的面试结论。

今天我们看到牛津大学拥有高度的办学(招生)自主权、学术自主权,这不仅是大学自治、学术自主的重要表现,而且是英国大学对几百年来所崇尚的精英教育理念的坚持。英国大学的录取对象,不仅需要学习成绩好,更需要具有贵族精神与气质。你可以批评牛津和剑桥大学保守,甚至从社会阶层理论来看,其招生标准是一种不利于社会流动,容易造成社会阶层固化的、违背社会公平与正义的"陋规",但是在牛津和剑桥看来,这就是他们的原则。

精英教育理念一直以来就被牛津和剑桥大学所秉持和延续,这是因为在公学设置了全面而灵活的课程,这些课程和通过这些课程所传授与培养的能力一直被他们所认可。这些课程主要从体能训练、性格陶冶、学术修养、礼仪风度的养成四个方面展开。其中尤其重视大力开展体育活动,重视砥砺学生的体格和毅力,培育学生坚强的意志、公平竞争和团结合作的精神。[①] 在

---

① 邓洁,刘昕昕.英国的精英教育对我国的启示[J].中国成人教育,2007(10):119-120.

英国人看来,社会的精英阶层应具备的核心素质就是以这四个组成部分形成。

3. 学院制与导师制是英国大学文化的制度土壤

英国的学院制和导师制被誉为英国高等教育"皇冠上的明珠"。导师制蕴含着丰富的大学教学理念,不仅是牛津大学的教学传统和核心特征,[①]也是始终保持牛津卓越教育质量的关键。学院制发轫于1249年的牛津大学,而被世人认可则始于1379年新学院(New College)的建立。金耀基先生曾在其所著《大学之理念》一书中谈到自己对学院制的观点:"讲牛桥(Oxbridge)而不谈学院,就像莎翁的《哈姆雷特》中漏了丹麦王子。"[②]牛津大学实现了大学和学院分工协作、共同培养人才。对于牛津大学的每一位师生来说,他们既是学院的一个成员,也是系的一个成员,他们都处在一个矩阵结构之中。关于大学与学院的分工,纽曼认为大学以教授制的方式来传授知识,而学院则是以导师制的方式来发展品格。学院制下的导师制在牛津大学得以传承、发展。追求博雅教育,促进学生全面发展;建构密切、融洽的师生关系,实现高品质的师生互动;培养学生独立思考、触类旁通的能力;保持权力自治的传统——这些特色为牛津大学的本科教育质量提供了坚实的保障。[③]

牛津大学的学院制因其卓越的效果产生了广泛而深远的影响,例如,哈佛大学本科生的"舍院"(House)制度即是对牛津学院制的借鉴。香港中文大学的书院与学院并行的制度,既参照了中国古代的书院制,又借鉴了牛津的学院制。汕头大学率先打破中国传统的"专业学院制",实行"住宿学院制"。

正是在学院制和导师制的制度土壤下,培育并形成了英国独特的大学文化。英国大学文化最为典型的特征就是对绅士文化与精英贵族文化的承继,大学的育人功能得到了最大程度的发扬。师生在一起的生活、学习和研讨,不同专业的学生们在一起的学习、生活和思考,一同碰撞和建立了新的

[①] 杜智萍.英国古典大学学院制传统的形成及早期特点[J].大学教育科学,2013,(6):79-82.

[②] 金耀基.大学之理念[M].北京:生活·读书·新知三联书店,2001:21.

[③] 黄茜.牛津大学学院制下的导师制[J].魅力中国,2010(3):24.

知识、观点、思想和理念。

(二)德国大学文化:科学研究与求真探索精神

德国的柏林大学在践行洪堡理念的过程中,将大学功能由人才培养延伸到科学研究。这一功能的拓展给德国大学文化带来了巨大的影响。在洪堡看来,教学与科研之间应该是相互促进的关系,首先,科学研究的最终目的就是培育出"有修养的人";其次,教师不应该仅仅传授各种具体技能,更应该传授全面的知识;[①]最后,要实现科学研究的真正目的,大学应该以自由作为最高原则。

1. 德国大学文化中一条核心的原则是精神的自由

德国大学文化对精神自由的崇尚,具体表现在师生追求学术的自由,并将"学术自由"作为办学原则。[②] 洪堡认为,首先要保证的是大学教师的自由。大学应该鼓励师生共同追求真理,而不是督促教师重复教条和官式法条。洪堡认为,不但要给教师教的自由、研究的自由,同样要给学生学习和研究的自由,只有这样,才能够发展学生独立思考的能力和独创精神。[③]

德国大学文化中还有另一种崇尚"寂寞(Einsamkeit,又译宁静)与自由"的文化基因。在德语中,"寂寞"具有较多的积极色彩,使人联想到创造及内在的坚强和力量等。洪堡曾明确提出寂寞和自由是大学的基本组织原则,这也许同时能解释何以德意志是世界上多产思想的国家和民族的奥秘。正如有学者在对德国人的"寂寞"研究中所指出的那样:"寂寞是德国古典大学观的重要组成部分。洪堡的寂寞观更为具体,认为大学应独立于一切国家的组织形式和社会经济生活;教师和学生应甘于寂寞,潜心研究。[④]"

2. 德国大学文化中还特别注重大学与国家关系的处理

在洪堡看来,需要处理好大学与国家之间的四层关系。首先,大学一般

[①] 熊华军,李伟.大学理念的解构与建构——读比尔·雷丁斯《废墟中的大学》[J].高教探索,2011(1):20-24.

[②] 孙成梦雪,赵聪环.美国学术自由制度研究——以美国大学教授协会"黑名单"制度为例[J].江苏高教,2019,(11):99-106.

[③] 陈洪捷.什么是洪堡的大学思想[J].中国大学教学.2003(3):24-26.

[④] 禹旭才.守护寂寞:学者一种必要的能力——源于德国古典大学寂寞观的启示[J].天津师范大学学报(社会科学版),2009(3):76-80.

反对国家对大学的控制。洪堡认为,科学研究是一项复杂的创造性劳动,研究者不应该受到外在的诸如国家的限制。[①] 其二,大学与国家利益理应一致。洪堡认为,大学在目标和利益上与国家是一致的,因为大学作为科学、学术机构本身就是国家事业的一部分。大学无须通过迎合社会的某项具体功能来证明它的意义,只需要按照科学的原则进行活动即可。[②] 其三,国家应该理性作为,应该积极为科学活动提供保护和支持。作为自由和纯粹的代表,大学不应该为经济的、社会的、国家的需求所左右。当然,大学也应该做到不损害国家的利益。最后,大学能超越时代和国家。关于大学与国家的关系,洪堡认为,大学不应该局限在直接服务于政府的眼前利益,而应该相信大学在学术上的不断提高能够促进人力物力效率的提高,其成效将远远超过政府的近期要求。在这一理念的指导下,德国的新型大学成为新知识的发源地,在科学发展与高水平人才培养上逐渐走在世界前列。

(三) 美国大学文化:服务社会与崇尚民主、自由、多元、开放的大学精神

美国大学文化与美国的民族精神息息相关。通过大学功能演变史可以发现,善于学习、长于借鉴的美国大学,追求民主与自由的大学文化。美国的民主文化观念和教育哲学深深地影响着大学文化的形成。教育不同于培训,教育不仅传授知识,更孕育着丰富的人文资源。[③]

1. 多元与开放的大学文化

美国高等教育制度善于在立足本土办学的基础上,博采众长。在初创之时,通过学习英国四年制本科生文理教育模式,通过对寄宿制与学院制的借鉴,创造性地建立了美国本科高等教育培养通才的典型模式;后来通过学习德国大学的经验,即重视科研和培养学者的传统,再次创造性地设计了美国研究生教育的模式。美国对任何一种外来大学文化的学习和借鉴都不是

---

① 张敏,韩文峰.洪堡的大学理念对我国高等教育的启示[J].教育教学论坛.2013(12):85-86.
② 骆四铭.洪堡理念与德国高等教育发展[J].高等工程教育研究.2010(5):107-132.
③ 薛涌.谁的大学[M].昆明:云南人民出版社,2005:114.

照抄,而是与美国政治、经济环境和历史文化传统相结合,形成了自己独立而富有个性的特点。这种开放和多元的特征,具体地反映了美国大学的创新意识、自治意识、竞争意识和开放意识。

2. 实用主义的大学文化

美国的大学文化不仅体现出崇尚民主、自由、多元、开放的特点,更核心的是,体现出美国文化的哲学思想——实用主义哲学,即海纳百川,一切皆为我所用。

早在1948年的时候,当时的美国高等教育委员会就向国会提交了《美国民主所需要的高等教育》,在这一报告书中:指出,美国的高等教育不能只考虑为少数精英服务,每一个公民都有权利接受教育;强调大学自由的后果是大学文化从理性文化哲学转向实用主义哲学;现在的大学不是让人更完善了,只是让人更舒适了。① 比如克拉克·克尔指出,当代大学越来越关注社会的需要,而对学生个体关注较少。但是社会的需要是多元的,因此现代高等教育系统功能不断分化。克尔认为,第二次世界大战以来不再有一个独一无二的历史性模式可以模仿,现在大学蜕变为一种多元的机构。这种"多元"指的是:大学不再只有一个目标,不再只有一个权力中心,也不再只为一个顾客服务。②

比尔·雷丁斯则认为这种多元巨型大学徒有一流的标准,且一流的意义依附于其他事物。这种多元巨型大学不应囿于一种信念或者一种模式,内涵小,外延大。③

三、西方大学文化的基本特征:追求五种核心精神

通过梳理西方大学发展史可以清晰地看出西方大学功能的演变史;同时,西方大学功能演变史也是西方大学文化传承与创新的历程。在近1 000年的大学发展史上,西方大学文化在不同时代、不同地区和国家都有着不同

---

① [美]约翰·S.布鲁贝克著.高等教育哲学[M].徐辉,等,译.杭州:浙江教育出版社.2002:92.
② [美]克拉克·克尔著.大学之用[M].高戈,等,译.北京:北京大学出版社.2008:77.
③ [加]比尔·雷丁斯著.废墟中的大学[M].郭军,陈毅平,等,译.北京:北京大学出版社,2008:56.

的传承与创新。但无论大学文化如何嬗变,作为文化内核的大学精神基本上是相对稳定的。近1 000年来西方大学文化所蕴含的价值观总和无外乎以下几个主要方面。

(一) 自由精神:大学文化是崇尚自治、自由、自主的文化

从西方大学发展历程来看,一个十分有趣的现象是大学经常搬家,一个地方待不下去就换一个地方。是什么精神和力量导致一所大学经常四处漂泊?这就是大学所需要的自由、独立、平等的大学文化。中世纪的大学往往受到外部的宗教、皇权等方面的干涉,为了学术自由、办学自主、交流平等,大学可以四海为家;尽管作为物理空间的大学校园迁移了,但是飘荡在大学人心灵空间的自由精神却永存着。

大学是教育的最高阶段,在追求真理的过程中,必须要有崇尚学术自由、独立、平等的文化。这是因为真理往往会受到很多大学之外的力量的制约,诸如宗教、意识形态、行政力量、政党、经济等方面的钳制。尽管很多人坚信,真理是至高无上的、是决定一切的,但在现实世界中往往并非如此;当真理遇上利益时,有时就会被利益扭曲,此时的真理显得苍白无力。

让真理得以照进现实、是非曲直得到明辨是大学的使命。因此,西方大学文化中突出的特征就是大学的自由精神。只有自由精神才能保证大学求真不受制约。

(二) 求真精神:大学文化是追求真理、严谨求实的文化

西方大学文化中,对真理的追求也是其灵魂之一。正如哈佛大学的校训:"以柏拉图为友,以亚里士多德为友,更要以真理为友。"[①]大学功能的演变历史告诉我们,无论是大学的人才培养、科学研究还是社会服务功能,其实现均离不开求真精神。

科学研究追求真理,自然不必赘述。人才培养过程中,同样需要高举真理的旗帜,这意味着思想胜于权威,精神重于物质,全人类的利益超越一切。

---

① 原文是拉丁文"Amicus Plato, Amicus Aristotle, sed Magis Amicus VERITAS";翻译成英文是"Let Plato be your friend, and Aristotle, but more let your friend be truth";汉语可以译为"以柏拉图为友,以亚里士多德为友,更要以真理为友"。

与真理为友,意味着坚信科学、坚信创造,远离迷信、远离从众、远离浮躁。为了实现真理,就必须要有为真理而奋斗、而献身的精神。

(三)求善精神:大学文化是崇尚道德教化的文化

大学作为传承、创新与运用知识的组织,在知识的传承、创新与利用的过程中,往往会遭遇道德的困境。什么样的知识要传承?什么样的知识要利用?特别是在科技高度发展的今天,人类创新出来的科学与技术知识可能造福当代,也可能贻害后世。比如,20世纪两次世界大战中所创造出来的"优秀科技成果",诸如原子弹、导弹、核武器、细菌武器等。即使核技术后来转为为民造福的核电,也存在着极大的风险,切尔诺贝利核电站泄漏与日本福岛核电站泄漏所造成的灾难,至今仍令世人心有余悸。

大学在传承、创新和运用知识的过程中,也在不断地反思大学的道德教化作用。在西方现代大学的发展史上,也是不断朝着崇尚善的道德文化前进,即大学文化理应蕴含着崇尚面向人类、面向未来的大善精神。

(四)求美精神:大学文化是崇尚自然美、艺术美、社会美的文化

在西方大学发展史上,一直十分重视审美教育(美感教育),特别是在纽曼的自由教育思想中,即蕴含着美育。就学生人格的培养与形成而言,美育占有重要地位。

蔡元培先生作为我国近现代教育史上最出色的教育家,也非常认同并践行大学的美育理念。他给美育做了一个很好的诠释:"人人都有感情,而并非都有伟大而高尚的行为,这由于感情推动力的薄弱。要转弱而为强,转薄而为厚,有待于陶养。陶养的工具,为美的对象,陶养的作用,叫做美育。"并进一步指出,"美育者,应用美学之理论于教育,以陶养感情为目的者也"[①]。

从西方大学近千年的发展历史事实来看,大学的确不仅是人生学习知识的场所,更是陶冶情操、提高审美水平的最佳环境。英国的导师制和学院制、美国的本科生学院制和研究生导师制,都很好地诠释了大学需要美育环

---

① 蔡元培著.蔡元培美育论集[M].长沙:湖南教育出版社,1987:266,208.

境。大学人可以不断提炼出对生命、自然、艺术和社会的感悟,形成独特而高雅的审美情操。因此,大学文化的基本特征之一是追求美的文化。

(五)求大爱精神:大学文化是一种崇尚大爱的文化

人类在几千年的历史长河中,什么文化最具魅力?那就是爱的文化。如果说"求真"只是大学文化起点的话,"求善""求美"则是一个大学文化熏陶的过程,"求大爱"则完全可以视为大学文化的终点。这种说法是基于大学是教育最高阶段的这一属性。教育的最高层次是爱,爱自己、爱身边的人、爱社会、爱国家乃至爱整个人类和地球。对此,我国著名院士、复旦大学原校长、英国诺丁汉大学原校监杨福家先生,在考察西方大学文化的基础上,特别是结合自己在美国的求学经历,曾经专门撰文阐述过大学文化的核心特征之一是大爱精神。① 故而,大学作为教育的最高阶段,必然要高擎教育最高层次的大旗——大爱文化。

第二节 我国大学文化研究的述评与展望

我国现代大学的发展历史不长,到今天也不过百年;对于大学与大学文化的研究,虽然起步较晚,也同样值得梳理和总结。在对我国大学文化梳理之前,同样有必要对我国现代大学的基本发展情况做一简要回顾。

自19世纪末20世纪初到今天,100多年来我国现代大学与西方大学一直存在着渊源关系:模仿与照搬、借鉴与改造,大致可分为3个阶段。第一阶段(19世纪末~1949年):主要是模仿欧美与日本,处于大学初创阶段;第二阶段(1950年~1978年):主要是照搬苏联模式,处于大学改造阶段;第三阶段(1978年~至今):主要是重新借鉴欧美,处于大学改革阶段。②

以上三分法较为粗略和简单,相对来说也比较好理解。当然也有学者

---

① 杨福家. 一流大学更要有大爱[J]. 视野,2010(19):1.
② 周益斌. 论我国现代大学的起源——从太学、书院和大学的关系说起[J]. 高等理科教育,2014(1):125.

将我国大学分为5个发展阶段,分别为:清末时期(1898年~1911年)、民国政府前期(1912年~1927年)、国民党政府时期(1928~1949)、新中国建立到改革开放前期(1949年~1977年)、改革开放时期(1978年~至今)。① 这一划分更为具体,时代感更强。鉴于本书的重点不在于历史研究,且我国大学历史分段分类研究与大学文化研究之间不具有明显的对应关系,故这里不准备对这些历史阶段划分法进行过多讨论。

一、大学文化研究的历史脉络梳理与研究轨迹描绘

我国大学在100多年的发展进程中,经历了复制、模仿、借鉴与改造的过程。在这100多年里,许多教育家、思想家都思考甚至研究过有关大学文化的问题。关于我国大学文化的研究,在改革开放之前鲜有文字资料研究;直到20世纪80年代,在中小学始兴起校园文化研究热潮。在后继的研究中,学校文化研究逐渐取代了校园文化研究。学校文化较之校园文化,具有更丰富的内涵和特质,更加重视学校文化精神品格以及对学校文化的整体关照。到了20世纪末21世纪初,关于学校文化的研究逐渐聚焦到了对大学文化的研究。截至2024年8月,以"大学文化"为关键词搜索,仅从中国知网(CNKI)检索到的标题中直接含有此关键词的文章即达31 723篇,可见数量之多。

通过阅读发现,关于大学文化的研究滥觞于"大学人"自己的文化自觉。就笔者知见所及,第一篇关于中国大学文化研究的文章为《东西方大学文化教育削弱的共同趋势及对策》(《高等教育研究》1992年第4期),作者是时任华中理工大学高等教育研究所所长文辅相教授。第一本关于大学文化研究的专著为王冀生先生的《现代大学文化学》(北京大学出版社2002年),第一篇关于大学文化研究的博士论文为复旦大学严峰的《中国大学文化研究》(2005年)。

总之,正如著名教育研究专家眭依凡教授所总结的那样,大学文化在我国作为一个独立的研究对象,专门的研究始于20世纪80年代,其背景是,20世纪80年代中后期,大学开始拨乱反正,恢复大学秩序,人文学者开始自觉、自发地开展大学文化的研究。时至今日,我们对大学文化的研究已有

---

① 房保俊.百年中国大学理念的变迁及启示[J].现代大学教育,2010(1):66.

30多年的积淀。① 在这些关于大学文化的研究中,尽管分析角度各异、研究方法各异,但是总的来说,这些研究主要是从以下三个角度切入并展开的。

二、大学文化研究的理论起点与框架构建

(一) 定义研究

对大学文化下一个完整而精准的定义,是开展大学文化研究的起点,但这也是一个难点。首先,我们对大学的认识是一个不断发展的过程;其次,"文化"更是一个难以进行准确界定的概念。据文化学家泰勒的总结,有关"文化"的定义至少有200多种,但至今仍无定论。

根据马克思、恩格斯对"文化"概念的界定,大学文化兼有"虚""实"两面。就大学文化来说,所谓"虚"的一面指的是,大学文化渗透在大学的办学理念、发展战略以及规章制度等方方面面的具体事务中,委实难以言传,更难量化;所谓"实"的一面指的是,大学文化外显于大学人的观念和行为之中,时时处处在大学日常管理、教学、科研等方面发挥着作用,虽"视而不见"却又"处处可察"。② 因此,我们无法回避对大学文化进行界定的问题。学界对"大学文化"的界定有过诸多的思考和研究,笔者略加梳理,如表2-1所示。

表2-1 大学文化界定与代表人物一览表

角度	定义	代表人物
文化学	大学文化是从属于社会主导文化的亚文化,它依附于主导文化,衍生于主导文化,具有不同于主导文化的异质性。③	陈勇江
	大学文化既是亚文化的一种,属青年文化的支脉,同时又具有学校文化综合性、教化性的鲜明特征,是围绕大学教育教学活动建立起来的一整套价值观念、行为方式、语言习惯、制度体系、知识符号、建筑风格的集合体。④	李国霖

---

① 眭依凡,俞婷婕,李鹏虎.关于大学文化学理性问题的再思考[J].清华大学教育研究,2015(6):1.
② 张建新,董云川.大学文化研究述评及探究思路[J].中国大学教学,2005(3):22.
③ 陈勇江.当代中国大学文化的特殊本质及其内容[J].南京航空航天大学学报,2003(2):47.
④ 李国霖.社会蜕变中的台湾学校文化[M].福州:福建教育出版社,1995.

续表

角度	定 义	代表人物
文化学	大学文化是相对所有社会成员必须参与其间的普遍文化而言的一种主要是大学成员参与的特殊文化，即一种针对大学特殊群体而言的区域文化。①	眭依凡
	由一个特殊的社会群体"大学人"在对知识进行传承、整理、交流和创新的过程中，形成的一种与大众文化或其他社会文化既相联系、又相区别的文化系统。②	谢和平
	大学文化在"信仰"层面以"教书育人"为天职，把社会中的价值观、伦理、知识的精髓系统地传递给学生，并转化为学生的人生追求和道德信念；在"规范"层面，大学有教师与学生两个群体，设立相应的组织制度，并倡导"心灵交流""尊重知识"等价值观念；在"语言活动器物"层面上，大学是由教学及配套用房、黑板、教材、网络、现代教学设备、图书等构成的独具一格的一套体系。③	丁钢
	大学的教育与教学过程，实质上是一个有目的、有计划的文化过程。所谓教书育人、管理育人、服务育人、环境育人，说到底都是文化育人。④	袁贵仁
	所谓大学文化，是指在大学历史发展过程中形成的，人们在价值取向、思维方式和行为规范上有别于其他社会群体的一种团体意识和精神氛围。大学文化是整个社会文化的主要组成部分之一，它以潜移默化的形式传递着社会文化的精神。⑤	王芳 王大伟
	大学文化的内涵意义亦是如此，所谓大学文化就是一所大学蕴含的内在的、本质的精神力量，是大学师生设想的在一个历史时期内大学所具有的价值、目的的对象化过程和结果，是大学师生的积极主动的创造性活动。⑥	李重 张浩瀚

---

① 眭依凡. 关于大学文化建设的理性思考[J]. 清华大学教育研究,2004(1):12.
② 谢和平. 大学文化、大学精神与川大精神[N]. 光明日报,2004-01-25.
③ 丁钢. 大学文化与内涵[M]. 合肥:合肥工业大学出版社,2006:2.
④ 袁贵仁. 加强大学文化研究,推进大学文化建设[J]. 中国大学教学,2002(10):4.
⑤ 王芳,王大伟. 论新经济时代的大学文化精神[J]. 交通高教研究,2001(4):5.
⑥ 李重,张浩瀚. 中国特色世界一流大学文化的生成逻辑、丰富内涵和实践路径[J/OL]. 西安交通大学学报(社会科学版). (2024-01-26)[2024-08-23]. http://kns.cnki.net/kcms/detail/61.1329.c.20240126.1645.004.html.

续　表

角度	定　义	代表人物
分类学	大学文化有两层含义，一个层次是指关于大学的文化，表明其产生于大学，与大学相互依存，虽然与社会有密切的联系，但只能生存并适用于大学这个活动的区间。大学文化所包含的所有内容都离不开大学这个主体，并依附于大学的概念之上。大学文化的另一个层次是指大学内的文化，是一个个体的概念，意指某一大学个体的文化，是大学文化的个性化的一面。因此，大学文化是一个共性与个性统一的概念。①	于留成 李爱民
	"大学文化在我国实际上指的是高教文化"，"是一种'区域性'或者说'行业性'文化，其存在范围仅限于大学校园之内，其涉及人群仅限于大学师生，其表现形式也仅仅体现在大学内的教育、教学和其他活动之中"。②	王长乐
	按照文化形态来分，大学文化可分为三个层次，即深层的精神文化、中层的制度文化和表层的环境文化。这三者之间相互关联、相辅相成，是一个辩证统一的有机整体，但又各有其独特的功能和目标指向。③	
	大学文化包括精神文化、制度文化、环境文化、三个维度，涵盖了办学理念、价值体系、精神风貌、学术成就、规章制度、行为模式、校园环境建设等多个方面。④	沈迪 张东阳
	根据文化要素的层次及其属性可以将大学文化归纳为三种类型。其一，涵盖大学的价值体系、理想信念、思维方式、道德持守、学术精神及传统等构成的精神文化。其二，对大学组织及权力构架及其运行机制做出规定的，包括大学章程等制度规范构成的制度文化。其三，以大学的物理和自然环境、物质设施及包括诸如各类学术讲座等组织活动所构成的环境文化。⑤	眭依凡 俞婷婕

---

① 于留成，李爱民.大学文化建构与高校可持续发展[J].中国高教研究，2004(4)：19.
② 王长乐.大学文化简论[J].天中学刊，2000(6)：70，73.
③ 高石磊.大学文化育人功能的实现路径[J].中国高等教育，2020，(5)：55.
④ 沈迪，张东阳.新时代中国大学文化的美学意蕴与其政治功用[J].文艺争鸣，2023，(9)：173.
⑤ 眭依凡，俞婷婕.大学文化及其思想演进：一种历时的观照[J].教育研究，2023(1)：119.

一般来说,概念应当有明确的内涵和外延。概念的内涵反映事物的本质属性和对象,概念的外延揭示所适用的范围。由于对大学文化的认识视角不同、理解角度不同,大学文化的内涵和外延比较多样化。

(二) 内涵研究

由于"文化"界定具有不确定性,对大学文化的界定存在诸多分歧也就是情理之中的事情;故学界对大学文化内涵的理解也不完全一致,概括来说,主要有以下 5 种说法(详见表 2-2)。

表 2-2 大学文化内涵主要说法一览表

说 法	主 要 观 点	评 述
"二分"说	在大学文化里包含着两个最重要的亚层次文化:一是"科学文化",一是"人文文化"。① (朴雪涛,2001)	这一说法仅仅根据大学的两大知识类型,即科学知识与人文知识的角度来分,稍显片面。
"三分"说	根据文化要素的层次及其属性可以将大学文化归纳为三种类型。其一,……精神文化。其二,……制度文化。其三,……环境文化。三类文化构成一个以精神文化为轴心、制度文化居中、环境文化处外,看似关系松散,但层次分明且彼此相互影响的文化同心圆结构即文化有机整体,并共同对大学的办学治校育人施加影响。② (眭依凡、俞婷婕,2023)	这一说法将大学文化等同于校园文化,实则窄化了大学文化的内涵。
"四分"说	大学文化"主要包括精神文化、物质文化、制度文化和环境文化四个方面"。并认为大学的学科、专业等内容也属于物质文化层面的范畴。③ (王冀生,2003) 大学文化通常是由大学的精神文化、制度文化、行为文化、环境文化四个层面构成的,其	王冀生的观点将环境文化单列为一种文化类型,有模糊前三者的嫌疑;环境中的硬环境和软环境问题是物质文化与制度文化相结合的问题。

---

① 朴雪涛.大学文化范式的转换与创新人才培养[J].教育研究,2001(5):48.
② 眭依凡,俞婷婕.大学文化及其思想演进:一种历时的观照[J].教育研究,2023(1):119.
③ 王冀生.文化是大学之魂[J].北京大学教育评论,2003(4):44.

续　表

说　法	主　要　观　点	评　述
"四分"说	中优秀的大学环境文化包括硬件和软件①（张慨、李长真，2003） 大学精神是人文、科学、创新、服务四种精神的融合。②（李琼、钟波，2001）	李琼、钟波的观点狭义地将大学文化等同于大学精神，且对其作了不全面的概括。
"五分"说	大学文化的核心，在于全面体现大学及其特殊群体的群体意识和文明气质，无不表现在价值关系、伦理关系、制度关系、目标关系等各种具体关系之内，具体包含着价值理念及其大学精神、大学形象、发展目标、规章制度与大学环境等基本内容。③（陈勇江，2003）	从大学与大学群体的独特社会关系分析入手，比较独到地从组织文化角度提炼了大学文化的内涵。
"多分"说	大学文化的基本内涵和要素：首先，大学应该有宽广美丽的校园……其次，大学应该是最富于批判精神的文化……第三，大学应该是以人为本的文化……第四，大学应该是以学术为中心的文化……第五，大学应该是一种多元的文化……第六，大学应该是一种开放的文化……第七，大学应该是一种超前性的文化……第八，大学应该是一种智慧的文化……最后，大学应该是一种深厚的文化。④（刘自匪，2003）	该观点从大学文化的物质、精神、理念、学术、特征等角度进行了全面的概括，其中很多说法应属于大学精神的内涵。

正如前文所述，"文化"概念的不确定性，使得学界对大学文化内涵的理解也有多种，同时必然导致对大学文化外延的理解也不一致。

(三) 类型研究

大学文化不仅在层次上具有多样性，在类型上也存在多元性。我国大学数量众多，据教育部公布的最新统计数据，截至 2024 年 6 月 20 日，全国

---

① 张慨，李长真. 试论新时期的大学文化建设[N]. 光明日报，2003-02-26.
② 李琼，钟波. 21 世纪大学文化精神的塑造与文化传统的积淀——"湖南省首届中青年学者高等教育论坛"综述[J]. 有色金属高教研究，2001(2)：49.
③ 陈勇江. 当代中国大学文化的特殊本质及其内容[J]. 南京航空航天大学学报，2003(6)：8.
④ 刘自匪. 大学的文化思考[J]. 哈尔滨学院学报，2002(4)：4-6.

高等学校共计3 117所,其中包括2 868所普通高等学校和249所成人高等学校。这些高校又分为不同的类型,在教育部的统计中细分为综合大学、理工院校、农业院校、林业院校、医药院校、师范院校、语文院校、财经院校、政法院校、体育院校、艺术院校、民族院校、民办高校等13个大类。在长期的办学实践和探索过程中,不同类型的大学必然形成不同的大学文化。以上是从知识静态的角度来分,如果从知识动态的角度,或者是从人们对知识的认知态度来看,大学文化又可以分为研究型大学文化、教学型大学文化、教学研究型大学文化、研究教学型大学文化等。① 不仅不同类型的大学具有不同的大学文化,即使同一所大学,也因院系、专业、学科和部门的不同而形成不同的大学亚文化。

(四) 功能研究

对大学文化的定义、内涵、外延、类型以及特点的研究,最终还需要落脚到大学文化的功能研究。大学在人类社会发展的众多功能中,文化功能尤为突出,有学者指出,大学的文化功能主要表现为:文化传承、文化创新、文化研究、文化融合;② 也有学者指出,大学的文化功能包括了教育渗透、凝聚激励、引领创新、协调融合等;③ 还有学者表示,大学文化具有育人④、记忆⑤、传承⑥、治理⑦等多样化、丰富性的功能。

有学者提出,既然大学文化有文化的特殊功能,因此需要从以下四个方面发挥其功能:首先,针对大学人文精神式微的现状,需要进一步发挥大学

---

① 以上对不同类型的大学文化分类,不一定具有理论上的逻辑性,但是从检索到的研究文献来看,也就是说从实践的角度来看,13个大类的大学文化类型几乎均有相关公开发表关于大学文化的研究文章。
② 王冀生.现代大学文化学[M].北京:北京大学出版社,2002:1.
③ 邱燕茹.大学文化的内涵、特征和功能[J].思想教育研究,2013,(4):62-64.
④ 薛绍聪,周菲.论大学文化育人功能的心理机制[J].当代教育科学,2011,(9):59-60.
⑤ 徐朝钦.高校档案馆文化记忆功能构建的问题与策略[J].档案管理,2021,(5):70-71.
⑥ 乐守红.高等教育国际化进程中的大学文化传承功能研究[J].江苏高教,2021,(11):77-80.
⑦ 张德祥,牛军明.论文化治理性与大学文化治理[J].现代教育管理,2021,(1):1-9.

的文化研究功能,重塑大学人文精神;其次,针对当前大学文化传承存在断裂的趋势,需要发挥大学的文化传承作用;再次,大学必须承担社会先进文化的践行者和引导者的使命;最后,当前大学面临文化重组的契机,大学应成为21世纪新文化的创建者。①

总之,关于大学文化功能的讨论甚多,概括起来有六大功能:价值导向、行为约束、情操陶冶、心理因素建构、集体凝聚力等。其作用机理主要是通过"环境创设"和"环境营造"来实现。这一过程是潜移默化的,呈一种不教之教的状态,使受教育者产生"蓬生麻中,不扶自直""入芝兰之室,久而不芳"的效果,最终起到示范、启迪、感化学生的作用。②

大学文化功能,在一定意义上又可称为大学文化作用。教育具有一定的政治、经济属性,但是就其本身而言,最本质的特征是文化属性。大学属于高等教育范畴,其文化属性不言而喻。就整体而言,文化属性是大学永恒的特征不变量。离开文化,大学就不再有教育的发生和学术的产生,也将失去尊严和神圣。③

相较于其他文化,大学文化具有自己独特的作用。正如有学者研究指出,大学文化具有以下作用:① 形成崇尚追求真理的导向;② 形成激励追求理想和人生抱负的导向;③ 形成崇尚学术的导向;④ 形成崇尚严谨求是的导向;⑤ 形成强烈的批判精神的导向。④ 这5个方面体现了大学文化的独特作用。

尽管对于大学文化的类型、功能及其作用的说法不一,但是大学文化应该,而且必须有自己独特的内涵、独特的作用和独特的地位。

三、大学文化研究的方式方法与实践归宿

大学文化的理论研究最终往往都是指向其实践研究。对大学文化基本理论研究的目的是希望在有了理论认识之后,对构建和指导现实中的大学

---

① 王宇.中西方文化背景下的大学文化定位[J].辽宁教育研究,2003(6):23.
② 眭依凡.大学文化的功能研究[Z].在清华大学召开的"大学文化研究与发展座谈会"上的讲话.2002年9月1日.
③ 眭依凡.大学者,有大学文化之谓也——兼谈大学新区的文化建设[J].教育发展研究,2004(4):11.
④ 谢和平.大学文化、大学精神与川大精神[N].光明日报,2004-01-25.

文化建设提供参考和借鉴。因此,在以往的研究过程中,如何建设或构建一所大学的大学文化成研究的归宿。概括而言,关于大学文化建设或构建的研究,主要有以下几种方法。

(一) 个案研究法

通过对一所学校的办学历史、主要校长的办学理念和思想等的梳理,找到符合本校办学特色的大学文化。这类研究在目前的大学文化研究中占有相当高的比例。就笔者知见所及,至少有以下大学开展过此类研究,并形成了一系列专著,如北京大学、清华大学、云南大学、湖南大学、上海交通大学等,全国至少有近100所大学。

(二) 借用组织文化理论

研究过程中,有的学者通过借用沙因的组织文化理论,对文化的本质、结构、要素、功能等进行探索;[1]在大学文化建设过程中,我国一些大学还导入了 UIS 形象设计与塑造工程(University Identity System)。比如,云南大学出版的理论成果《塑造大学之魂——云南大学形象设计与塑造》,实现了"形象设计与塑造工程"大部分成果的实物化、载体化。另有一些学者如田玲对组织文化理论对大学文化的作用展开研究。[2]

(三) 逻辑演绎法

有的学者从器物、制度、学术及思想等四个方面对西方大学文化逻辑进行了梳理;[3]也有的学者通过知识图谱对我国大学文化研究主题、热点演进及理论基础等进行了分析。[4] 还有学者在其本人构建的大学文化范畴内,对自己所在大学的文化建设提出相应的建议。比如,有学者认为,大学文化

---

[1] 胡文龙.重绘大学文化研究的全景地图——基于沙因的组织文化理论[J].江苏高教,2013,(6):30-33.

[2] 田玲.文化理论的分析与批判及其在大学文化研究中的应用[J].清华大学教育研究,2004(4).

[3] 王红颖.普及化时代英国精英高等教育发展的文化逻辑[J].化工高等教育,2023,40(6):27-32+39.

[4] 赵彩霞.我国大学文化研究主题、热点演进及理论基础的知识图谱分析[J].现代教育管理,2017,(8):18-23.

主要包括物质层面、精神层面以及制度层面的文化,因此大学文化的构建,也就是如何提出合乎其大学文化理论体系的对策建议和方案。①

(四) 党的文化理论演绎法

很多研究者,特别是高校党团建设研究者,大都从顺应社会主义或党的文化理论的角度,提出若干关于大学文化建设的建议和对策。比如,从党的近几届全国代表大会的指导思想(如"三个代表""科学发展观""和谐社会")等角度出发,对大学文化构建提出建议。比如有学者曾根据十八大精神撰文,认为把文化建设作为教育思想,有助于构筑全校师生员工的精神家园,有助于形成推动事业发展的思想动力。② 再如,有学者对民办高校治理和大学文化建设进行讨论分析,提出民办高校要加强党的领导和建设的建议。③

(五) 中西方大学比较法

众所周知,现代意义上的大学在我国是一个舶来品。因此,在探讨中国大学文化时,不可避免会涉及与西方大学文化的比较。有关这方面的研究很多,如《美国大学的文化特色及启示》④、《美国大学文化的特点及对我们的启示——对美国四所大学的考察分析》⑤、《西方大学文化对我国大学文化建设的启示》⑥、《东西方比较视角下我国大学文化建设问题的审思》⑦,等等。特别值得一提的是,有研究者运用 AHP(Analytical Hierarchy Process)层次分析法对大学文化结构进行科学分析后发现,办学理念、大学章程、大学传统和大学治理是大学文化子结构层的主要构成要素,应在中国特色大学

---

① 戴建兵,蔡辰梅主编.大学文化研究[M].北京:中国农业出版社,2012:6.
② 惠泱河.以十八大精神为指导,全力推进大学文化建设[J].中国高等教育,2012(24):10.
③ 李延保.民办高校如何加强党的领导和建设——兼谈民办高校治理和大学文化建设[J].河北师范大学学报(教育科学版),2024,26(2):1-11.
④ 张漪,赵玉娟.美国大学的文化特色及启示[J].文化学刊,2010(1):14-17.
⑤ 王杰,张鹏.美国大学文化的特点及对我们的启示——对美国四所大学的考察分析[J].广西高教研究,2001(6):2-7.
⑥ 吴丹.西方大学文化对我国大学文化建设的启示[J].理论观察,2011(3):61-62.
⑦ 张淑婷,喻聪舟.东西方比较视角下我国大学文化建设问题的审思[J].黑龙江高教研究,2022,40(7):21-26.

文化建设中给予格外重视。①

四、大学精神研究：中国大学文化研究的独特形态

大学文化在我国的研究还有一种特殊的形态,那就是对大学精神的研究。西方的大学文化研究聚焦于大学理念,中国大学文化研究最终则往往聚焦到了大学精神。关于大学精神的研究,主要从以下三个方面进行。

（一）定义研究

关于什么是大学精神,学界众说纷纭,陈平原、谢维和、储朝晖、韩延明、刘亚敏、张应强等人都曾撰文对其进行过界定;概括而言,主要有三种视角:

1. 抽象概括型

有研究者认为,大学精神与大学文化的定义非常接近,都是大学在长期实践中所形成的一系列价值观的总和,但大学精神更具灵魂和统领性质,是大学文化的内核,是校园文化的深层结构②。"大学精神是在大学的发展过程中,长期积淀而成的稳定的共同的追求、理想和信念,是为大学人所认同的价值观,是大学文化的核心,是大学的灵魂所在"③,也是"学校师生共同的意识形态"④。同时,大学精神还是一个哲学意义上的概念,是一个与物质性存在相对的术语。即"是一个哲学文化范畴,它是关于大学行为、大学作为一个整体所表现出来的一种非物质性存在,即气质、境界、规范、观念",⑤等等。这些抽象概括出来的共同的特质、风貌、追求、理性、信念、气质、境界、规范和观念就构成了大学精神的观测点。这些观测点有积极与消极之分,从这个角度上说,大学精神可以是积极向上的,也可以是消极萎靡的。⑥

---

① 李成恩,侯铁珊.基于AHP的大学文化结构组成分析与评价[J].国家教育行政学报,2014(11):16.
② 颜晓红,刘颖.以一流大学精神推进现代大学治理[J].中国高等教育,2019,(20):25-27.
③ 大学精神与教育创新课题组.21世纪的中国大学精神[J].吉林大学社会科学学报,2004(2):64.
④ 丁志山.理解大学精神内涵的四个维度[J].大学教育,2019,(10):126.
⑤ 王跃平.按"逻辑自洽"法则解构大学精神[J].现代教育科学,2003(4):28.
⑥ 刘亚敏.大学精神探论[D].武汉:华中科技大学,2004:20.

2. 内容或要素型

此类研究是通过分析构成大学精神的核心要素和内涵来解读大学精神。如有研究者认为，"一般的大学精神是指各类大学所普遍存在的优良校风、相对稳定的群体心理优势和精神状态，如求真求实精神、团结协作精神、开拓创新精神等"。[①] 再如有的研究者认为，大学精神应当包括自由精神、人文精神、道德精神、时代精神、创新精神。[②] 也有学者将大学精神分为自由精神、独立精神、科学精神、人文精神、创新精神、批判精神、宽容精神和启蒙精神等8个方面。[③] 还有学者认为，大学精神与文化特质的简洁表述，应突出引领地方高校的科学品格、时代关切、个性特色和创新精神等关键性要素。[④] 对大学精神类型的分析，一直以来都是大学精神凝练的主要方式，这种分析方法很大程度上构成了大学精神的全部。但是，由于大学精神随着时代和社会的发展，又有一定的创新性和超越性，故而，用穷举法的方式也存在一定的问题。但是无论时代与社会如何发展，大学精神中相通的部分、永恒的实质实际上是趋同的，那就是自由、通识及德性。[⑤] 以上自由精神、人文精神、时代精神、科学精神、民主精神、创新精神以及批判精神等精神即为自由、通识与德性的高度概括。

3. 素材描述型

有研究者认为，与其在抽象与穷举之间游离而难以找到具体与形象的大学精神的表述，还不如通过直接描述和搜集各种大学主体的生活状态、行为逸事等来反映大学精神。如通过各种名人逸事来反映和揭示当时大学及其主体的精神面貌，笔者手头就有《北大旧事》（陈平原等，1998）、《北大往事》（橡子等，1998）、《大学往事：一个世纪的追忆》（季羡林，2002）、《逝去的大学》（谢泳等，2005）图书。此外，通过研究大学校训，可以更直观地呈现大学及其主体的精神状态。[⑥] 大学精神貌似简单，实则内涵深刻，越是从理想

[①] 韩延明. 大学理念及其相近概念辨析[J]. 教育发展研究，2004(21)：11.
[②] 肖海涛. 大学的理想与文化素质教育[J]. 高等教育研究，1998(5)：19-23.
[③] 涂刚鹏. 论大学精神的基本内涵及特征[J]. 学理论，2017，(9)：200-201.
[④] 苏国辉. 大学精神与文化特质的凝练、创新与培育[J]. 中国高等教育，2019，(22)：36.
[⑤] 宋石男. 大学的三种精神[J]. 看历史，2012(6).
[⑥] 李云辉. 从大学校训现状论我国大学精神[J]. 黑龙江教育（高教研究与评估），2010(11)：17-18.

或规范的角度讨论大学精神,就越容易走向虚无,也就越没有可操作性可言了。

(二) 作用研究

大学精神对整个大学的健康持续发展、对大学功能的实现有着至关重要的作用。有研究者[①]对大学精神的作用做了如下深刻的揭示:

1. 支柱作用

大学精神,一般认为是一所大学得以长期生存与持续发展的精神支柱,是大学发展的精神引领,[②]潜移默化地影响着师生的精神面貌和大学的整体发展。[③] 大学的发展缺少了大学精神,等同于大学缺失了灵魂,也就丧失了大学生命力的源泉。大学精神一旦形成,必然会对一所大学的主体产生引领和规范作用,从而使生活于这个生态圈的人们形成某种特有的"精神气质"。

2. 引领作用

大学精神是一定历史时期一个民族的想象力与创造力的最高表现。这种想象力与创造力通过批判精神、超越精神、追求真理的执着精神影响社会生活。真理在一个看不见的地方、在一个需要探索的地方,每一个人都可以通过自己的理性去分享真理,老师并不一定有真理。真理高于一切,所以亚里士多德说:"我爱我师,但我更爱真理。"《礼记·大学》曰:"大学之道,在明明德,在亲民,在止于至善。"这说明大学精神在"发扬人性之善,培养健全人格,修己立人,推己及人,化民成俗,改良社会风气"方面起着不可替代的作用。大学精神在传承人类文明与文化的同时,也承载着教化人民、引领社会的重要作用。

3. 推动作用

大学精神是大学师生胸怀国计民生、探索真理、勇于实践、致力于促进国家发展的力量源泉,是服务人民和国家的不竭动力。这说明大学精神对

---

① 王冀生.现代大学文化学[M].北京:北京大学出版社,2002.
② 刘庆昌.新时代中国大学精神的重构[J].内蒙古社会科学(汉文版),2018,39(3):161-170.
③ 于晓凤.大学精神的形成、表述与作用[J].北京教育(高教),2016,(5):18-21.

国家发展、民族振兴起着重要的推动作用,成为精神灯塔和引领,①对于铸牢中华民族共同体意识具有重要意义。②

(三) 对策研究

许多研究者从大学内涵式发展、大学校训③等角度对培育和构建大学精神提出了建议和对策。有研究者认为,在我国高等教育经过初期的转型与改革实践的背景之下,大学精神的培育应该与大学的内涵式发展统一起来。内涵式发展的概念不断变化,重心不断发生位移,当下的关注点应是制度建设和文化建设。④ 因此,基于本体价值重塑大学精神是我国大学内涵式发展的核心基础。

基于大学的本体价值重塑大学精神,现阶段首要任务是恢复大学的基本精神。其次,推动内涵式发展的重要途径就是重建大学精神、抵御传统大学精神的没落。最后,培养学生、求是问道是大学的职责所在,也是大学的追求,大学精神的重建必须立足于此,即围绕人的培养和学术发展这两个基点展开。促进学生发展、学术发展才是建设大学精神的务实路径,⑤才是推动现代大学发展的必经之途。⑥

第三节 中西方大学文化的比较研究与启示

通过前两章对有关大学文化研究的梳理发现,无论是国内还是西方,对

---

① 迟慧,杨亚庚.让思政教育成为大学精神的灯塔[J].人民论坛,2018,(12):130-131.
② 陈媛.铸牢中华民族共同体意识视阈下民族院校大学精神的阐释与建构[J].广西民族大学学报(哲学社会科学版),2023,45(2):137-143.
③ 王磊.高校校训蕴含的大学精神研究[J].思想理论教育,2013(19):88-91.
④ 山鸣峰,李灵莉.基于本体价值构筑大学精神:大学内涵式发展的核心议题[J].教育发展研究,2014(9):52.
⑤ 山鸣峰,李灵莉.基于本体价值构筑大学精神:大学内涵式发展的核心议题[J].教育发展研究,2014(9):56.
⑥ 颜晓红,刘颖.以一流大学精神推进现代大学治理[J].中国高等教育,2019,(20):25-27.

大学文化的研究均已相当丰富,这是大学发展史上宝贵的精神财富,也是关于大学文化研究弥足珍贵的资料。本节将对中西方大学文化研究过程中的一些共同规律,以及中西方大学文化差异做比较研究,在此基础上对大学文化研究中可能出现的突破点进行梳理。

一、共同规律:大学出现大发展时大学文化的内涵得到极大丰富

通过研究发现,关于大学文化,中西方都有一个共同的规律:社会出现大变革、大学出现大发展时,大学文化的内涵必得到极大丰富。在西方,每当社会出现大变革、大学发展进入一个新转折时,大学文化(以大学功能与大学理念为显性特征)的研究必受到重视和关注,并取得新的进展,呈现出极为活跃的状态。这从大学功能的演变转折点、大学理念的经典思想的产生情况就可以看出。大学功能、大学理念的不断拓展和延伸,是对大学文化新内涵的不断丰富。与此同时,每一次大学转折期实际上也蕴含着当时社会的大变革(见表2-3)。

表2-3 大学文化与大学转折期、社会大变革之间的对应关系

比较项 \ 转折期	起源期 (中世纪晚期)	传播期 (19世纪中后期)	发展期 (19世纪早中期)	成熟期 (19世纪末期20世纪初期)
大学功能	知识传授	人才培养	人才培养 科学研究	人才培养 科学研究 社会服务
大学理念	知识自由传授、交易之所	自由教育	洪堡教育思想	威斯康星大学思想
社会大变革	文艺复兴前夜	英国产业革命前夕	德、美第二次产业革命前夕	美国第三次产业革命前夕
典型国家	意大利	英国	德国	美国
代表大学	博洛尼亚大学	牛津大学	柏林大学	威斯康星大学

比如,从现代西方大学的起源来看,大学的诞生就是基于意大利文艺复

兴的前夜①——中世纪晚期这一背景。再到后来英国纽曼的《大学理念》、德国洪堡的柏林大学理念、美国的"大学应为社会服务"理念的形成与实践，均与社会大变革密切相关。

我国的大学也是在社会的变革中风起云涌，从清末民初的早期现代大学到中华人民共和国成立后的仿苏联模式的大学，再到后来的学习西方的大学等历程，所反映的大学文化内涵差异均十分明显。特别是在民族危亡的重大历史时期，大学文化更多地被赋予了救亡图存等新的内涵。

二、中西差异：西方的研究集中在大学理念，而我国则聚焦于大学精神

虽然关于大学文化的研究有着一些共同的规律，但是仔细比较，中西方对大学文化的研究存在重要区别：西方关于大学文化的研究侧重于对大学功能（应用）、大学理念层面的思考和探究，而我国则侧重于对大学更为内在的思考，比如对大学文化与大学精神的研究。正如储朝晖研究员在《大学精神与大学理念——中西大学的心灵差异》一文中所说："中国话语中的大学精神不同于西方话语中的大学理念，这两个概念之间不具有通约性，不能简单相互引用或转换，这两个词语的差异折射出的是两种不同文化中大学的心灵差异，精神和理念在大学结构中的位置不同，发生的作用、功能也不同。"②

他还进一步指出，产生这一差异的原因是缘于中西方大学心灵的差异。由于中西方价值取向的不同，中国称为大学精神，在西方文化中则称为大学

---

① "文艺复兴"（意大利语：Rinascimento）是一场发生于14世纪至16世纪的思想解放文化运动，在中世纪晚期发源于意大利佛罗伦萨，后扩展至欧洲各国。这场文化运动囊括了对古典文献的重新学习、在绘画方面对直线透视法的发展，以及逐步而广泛开展的教育变革。传统观点认为，这种知识上的转变让文艺复兴发挥了衔接中世纪和近代的作用。"文艺复兴前夜"实际上指的就是中世纪时期。这一时期的宗教力量与世俗政权力量一直存在着矛盾，形成了欧洲历史上战乱纷争、群雄割据的时代。作为在西欧"黑暗时代"土壤上生长出来的现代西方大学，被称为人类文明史上的"娇艳之花"。现代西方大学在皇权、王权、教权纷争的夹缝中得以生存，是当时社会大变革前夜的产物。

② 储朝晖.大学精神与大学理念——中西大学的心灵差异[J].清华大学教育研究，2006(1)：101.

理念。① 在我国的大学文化研究中,由于对这两个概念没有很好地厘清,故不少研究者将这两者简单等同,互换引用。事实上,历史与现实都并非如此,需要加以辨明。储先生从两个角度分析了中西方关于大学理念与大学精神之间的差异与关联:一是从语义的角度,一是从文化的角度。

(一)语义的角度

就语义来说,两者的异同及关联情况如下:

1. 就其相近的角度来说

二者都属于意识层面,是综合性而非具体的形而上的概念。正由于两者是抽象的概念,故而有关这两个词的释义,无论中西都显得众说纷纭。

2. 就其相异的角度来说

两者至少在以下 6 个方面存在不同:一是大学精神比大学理念内涵要丰富广博。二是大学精神的相对概念是大学物质,所涉及的面非常广泛;相对于大学的现实而言,大学理念含有对大学应然的追求,所涉及的面相对较窄。三是理念相对于精神更具有理性色彩,故西方大学理念更多地带有大学理性,对"大学的功用"讨论尤多;而精神相对于理念更具有价值色彩,故我国的大学强调"大学之道",对大学的精神价值探讨深入。四是大学精神包括意识状态和潜意识状态的内容,而大学理念仅涉及意识状态的内容。五是理念的内涵相对活跃,发展与变化也比较快,而精神则相对稳定。六是理念所对应的是较为具体的"事",而精神对应的则是更为抽象的"原则",甚至也包括理念在内。无论是潜在或是外显,精神是比理念更高位的概念,精神在多数情况下都统摄着理念,理念为精神的丰富提供素材。

3. 就其内在关联的角度来说

大学理念是大学精神在具体时空和环境中的体现,大学精神则是大学理念发展变化的主要依据与背景。②

---

① 储朝晖.大学精神与大学理念——中西大学的心灵差异[J].清华大学教育研究,2006(1):103.

② 储朝晖.大学精神与大学理念——中西大学的心灵差异[J].清华大学教育研究,2006(1):102.

(二) 文化的角度

以上是从语义的角度分析大学精神与大学理念两者的联系,从文化的角度看更可见其本质:

1. 西方对大学文化的研究侧重于大学理念

在西方,人们对精神的理解超出了个人或基层群体的范畴;西方文化传统中比较重视个人的作用、价值和地位,崇尚个性和理性,因此,个人或基层群体更注重理念,这一特征同样适用于大学精神。相反,在我国文化传统中,对精神的追求往往高于理念,"穷则独善其身,达则兼济天下"的自省、自觉和自强意识普遍存在于士大夫和知识分子中间,强调精神的作用和价值较多。

2. 我国文人靠自身修为构筑完整精神世界

西方文化往往求助于宗教来构建自己的精神世界,无论是涂尔干、韦伯,还是马克思等西方学者,均不约而同地从宗教研究中归纳和演绎自己的理论体系和学术思想。而我国的传统文化则从"士"的精神开始,中国古代学人一直靠自身修为建立起一个完整的精神世界。因此,中国大学精神是把"士"的精神转化为社会的责任感,而西方文化则是把对社会的责任感发展为宗教精神。

此外,储朝晖先生还从经济社会发展水平、大学精神的核心等角度分析了中西方关于大学文化研究的焦点不同。

三、研究趋势:未来研究方向的展望与可能的突破路径

通过以上对有关大学文化的文献梳理发现,从数量上说已有不少研究,甚至可以说相当丰富。据储朝晖先生的总结,目前关于大学文化与大学精神的研究主要存在"四多四少"的问题:一是从研究重点来看,局部研究较多,整体研究较少;二是从研究对象来看,研究大学精神和文化现象的较多,对于大学精神和大学文化建设的深层理论问题研究较少;三是从研究方法来看,单纯做文本研究或单纯进行经验总结的较多,理论与实践相结合的研究较少;四是从研究方向来看,单纯做历史研究或单纯做现实研究的较多,将两者结合起来进行研究的较少。[①] 显然,上述四个"少"即意味着大学文

---

① 储朝晖. 中国近代大学精神发展与大学文化建设研究总报告[R]. 中央教育学研究院内部资料,2008(12).

化研究的可能取得的新突破点。笔者经过梳理,认为目前关于大学文化研究,存在着以下三个方面的盲点。

(一)研究内容:关于大学文化危机研究,鲜有人做大文章

综观中西方大学文化研究的成果,不难发现几乎还没有完整地对大学文化危机进行研究的专著或学位论文。需要说明的是,对大学理念与大学精神的探讨虽不乏其人,但这些研究与大学文化危机的研究其实仍有一定的距离。因此,如果将大学文化作为一个整体来看,对其危机的研究是当前的一个盲点;消除这一盲点,对于今后我国建设健康、理性、富有特色的大学文化来说,具有重要的现实意义和理论价值。

(二)研究方法:几乎无人用社会学实证方法研究大学文化

大学文化是"大学"与"文化"的合成,一般认为,大学文化是文化的亚文化,或者说是文化的一种亚型,故而对大学文化的探讨,大都遵循文化学的研究范式。也就是说,研究大学文化,往往从大学文化的定义、内涵、外延、类型、层次、功能、作用、意义以及价值等角度切入。这样的思考和研究,虽然有其理论演绎依据以及演绎逻辑,但是往往由于比较虚幻、空泛、抽象、模糊,以至于不易被人们理解和接受。于是,很多大学文化研究者转而从大学文化之现象入手,将之作为一种客观存在——社会现实进行研究,于是出现了针对不同个体的大学文化的研究系列,如有研究者对北京大学、清华大学、云南大学、上海交通大学、湖南大学等的大学文化进行了个案研究;但是,鲜有将大学文化作为一种社会现实并以社会学视角加以研究。

(三)研究视角:无人运用社会学因果解释理论视角进行研究

以社会学视角对大学文化加以研究的学术文章零星存在,虽然不多但也有所涉及。比如,董泽芳教授以社会学视域中的功能论视角、冲突论视角与互动论视角分析了大学文化与这三者之间的关系。他指出,我们可以从功能论的视角得到启示,大学文化是社会文化的核心,因此,通过大学文化促进大学主体的和谐发展,进而实现社会的和谐与稳定,故大学文化建设的目标是构建和谐的大学文化;接着他从冲突论的视角认识到大学文化冲突

是不可避免的,同时大学文化冲突具有复杂性,并认为大学文化冲突是大学文化建设的内在动力;最后他认为,大学的精神交往过程是加强大学文化建设的关键。① 另有研究者运用社会学的合理化视角、祛魅化视角对大学文化进行研究。但是总的来说,还没有研究者运用社会学的实证主义因果解释模式进行过大学文化研究。

---

① 董泽芳.社会学视域中的大学文化[J].现代大学教育,2013(1):1-9.

第三章

大学文化危机的表征：
五种典型现象

　　根据文化危机产生的原理可知，大学文化不可避免地受到政治、经济、文化以及大学自身等各种内外部因素的影响和干预。大学文化在自身文化的传承与发展过程中，如果外在的力量和因素干预不足以使大学文化发生嬗变、裂变或巨变，那么大学文化还是以自己的文化模式存在，仍可称之为原有的大学文化；如果大学文化受外来力量和因素的冲击或渗透达到一定的程度，足以有向一种新的形态转变的趋势，那么这一状态可以称之为大学文化危机。

　　当前我国大学在发展过程中所产生的诸多问题（本书的第一章第一节中，全面阐述了大学在人才培养、科学研究、社会服务、文化传承与创新等方面遭遇的困境），实际上是大学文化危机在校园的折射。本章运用典型现象分析法，力图从纷繁复杂的问题与现象中，梳理出能代表大学文化危机的典型现象，并进行高度的概括与抽象，以揭示大学文化危机现象的客观存在。

　　根据政治、经济、文化以及大学自身的转向等内外部因素，本章将我国大学文化危机的典型现象归纳为五类，即：行政权力对大学的过度干预、市场经济对大学的整体渗透、世俗文化在大学的蔓延侵蚀、学术生产日益趋向功利化、办学理念与行为日益趋同。

第一节 行政权力对大学的过度干预

大学文化危机的第一个典型现象,表现为行政权力对大学的过度干预。这种现象也被部分学者称为"大学行政化现象"。大学行政化色彩浓厚,直接反映在大学管理方式及其运作机制上。具体表现为政府统管大学教育,行政权力干预学术,将大学作为实现国家即时目标的工具,将大学视为政府的下属部门进行管理,在资源分配、校长任命、书记选派、资金调配、职称评审、人员编制等方方面面,都用行政权力进行干预,把大学置于政府的从属地位。用行政思维管理大学的方式渗透到了大学的方方面面,行政权力的广泛渗透对大学构成了过度干预,甚至助长了大学教师们"学而优则长"的做官追求,从而演化出一种新型的"大学行政文化"或"大学做官文化"的非主流倾向。

一、什么是大学的行政化?

(一)"大学行政化"始于何时?

"大学行政化"这一概念的来历,已经很难考证最早是如何出现的。有研究者推测,"大学行政化"一词可能是从20世纪90年代法学界所谓的"法律行政化"那里借来的。该学者还进一步分析了大学行政化的可能来源与西方话语体系中的官僚制化的区别。"'行政化'这个词及其表达的概念大致相当于韦伯的'官僚制化',如果本土化的学术还要与国际接轨的话,倒不如直截使用今天欧美学者正在使用的'官僚制化'。"[①]大学行政化这一表述首次出现在什么时候,从目前的文献看来,很难有定论。近年来,无论是在坊间还是在学界,大学行政化确实已经成为批评当前中国大学所存在问题的高频用语。

---

① 孙传钊.也说大学行政化——从韦伯的"官僚制"谈起[J].北京大学教育评论,2012,10(4):174.

（二）与"官僚制化""官场化"有何区别？

上述学者看到了大学"行政化"与西方学者正在使用的"官僚制化"的联系，但是将两者等同为一回事却有待商榷。我国"大学行政化"产生的原因与我国的国情社情、政体国体、历史积淀、文化背景以及社会惯性等有着密切的关系，而与西方"官僚制化"以及大学"官场化"之间存在诸多区别，从大的方面来说，至少有以下两点：

一是大学行政化与我国大学"官场化"在价值体系上具有一致性。即大学的运行与经营逻辑是官本位，就是说大学在运营与管理过程中，过分强调行政级别、行政所属等。具体表现为大学可分为国家级、部属级、省市级大学，校长也对应地分为副部长级、厅局级等级别，并赋予其相应级别的待遇。总之，从大学到大学校长都带有强烈官方色彩和长官意志的逻辑，这显然与西方社会学家和思想家马克斯·韦伯所讲的"官僚制化"有着明显的区别。尽管两者在对待权威的诸多方面是一致的，比如遵从权威、服从领导、恪守层级，但是从根本上说，两者在理论基础上有着截然的不同：西方的科层制是在价值理性基础上建立起来的一整套管理制度和文化，认同的是合法性与价值理性，遵从的是规则和制度；而我国的官僚体制的逻辑出发点是官本位，官即权力，文化上认同的是官。

二是大学行政化与西方"官僚制化"在实践操作过程中具有一定的相似性。即大学内部各级教学管理很大程度上遵从一级管理一级，大体形成了系（所）服从院级、院级服从校级领导的三级管理模式；大学外部管理则主要是大学各个行政职能部门服从对应级别的教育行政主管部门，大体形成了教育部各职能司（室）、省市教育厅各职能处（室）对应高校职能处室的管理模式。这种对应关系与科层制的主要特征①很类似，但是正如之前分析的那样，西方"官僚制化"所遵从的逻辑体系是价值理性，其核心是合理性与合法性；而我国的行政化体现出来的则是工具理性，其核心是围绕行政意志与官方意志进行服务。

---

① 官僚制化（亦可称科层制）其主要特征有：① 内部分工，且每一成员的权力和责任都有明确规定。② 职位分等，下级接受上级指挥。③ 管理人员是专职的公职人员，而不是该企业的所有者。④ 组织内部有严格的规定、纪律，并毫无例外地普遍适用。⑤ 组织内部排除私人感情，成员间关系只是工作关系。

二、行政权力干预大学的典型方式

当前我国行政权力对大学的过度干预,集中体现在两大方面:一是从大学外部来看,大学遵从教育行政主管部门的意志;从大学内部来看,大学以行政为中心的趋势明显,表现为管理部门的权力集中,大学教学与科研机构的自主权受到行政权力的制约和限制太多。具体而论,行政权力对大学的干预(或谓"大学行政化现象")表现在诸多方面,主要包括:

(一) 大学校长由行政命令决定

大学校长是一所大学的最高行政长官,对治校具有决定性的作用。[①]因此,选好一名校长对一所大学来说,意义重大。但是,我国的大学校长不是由大学教授们以及大学学术共同体民主选举或遴选出来的。在"985"高校和"211工程"大学里,大学校长等主要领导往往来自上级教育行政部门的任命(或以教育行政部门主导的公开遴选),校长的任命权成为教育主管部门的垄断资源。我国大学校长的产生方式与党政领导的产生方式基本上一致,甚至部分知名高校的校长还由中组部直接管理,而派遣教育部的司局级官员到相应级别的大学做校长更是司空见惯之事(见表3-1)。

表3-1 教育部司局级官员任部属大学校长(部分)一览表

姓 名	原教育部司局长	曾任校长的部属高校
张尧学	高等教育司	中南大学
杨玉良	学位管理与研究生教育司	复旦大学
许宁生	学位管理与研究生教育司	复旦大学
纪宝成	高等教育司	中国人民大学
钟秉林	高等教育司	北京师范大学
杨 卫	高等教育司	浙江大学

---

① 眭依凡.大学校长的教育理念与治校[M].北京:人民教育出版社,2001.

续 表

姓　名	原教育部司局长	曾任校长的部属高校
周其凤	高等教育司	北京大学
刘道玉	高等教育司	武汉大学

随着"985"和"211"高校建设工作的深入,形成了一批副部级大学,即中管高校,其党委书记、校长职务均列入《中共中央管理的干部职务名称表》,为副部长级。据新华网公布,目前有31所副部长级大学[①],这些大学的校长、书记由中共中央、国务院联合任命,中央组织部传达。当然这里并非完全否定官员转行做校长,问题的关键是,大学校长不能完全由行政任命这一单一的渠道产生。

(二) 大学行政岗位权力过大

当前大学行政部门和行政领导的显性权力和隐性权力都不小,这已经是公认的事实。显性的权力通过相应的制度和流程得到保证,隐性的权力则往往通过错综复杂的信息资源、关系资源、课题资源、学术资源等得到体现。

大学校长助理岗位的设置,在一定程度上也是行政权力过大的一种表现。在大学日常管理工作中,校长助理常常被统称为"校领导";关键在于有些大学校长助理的数量之多令人咋舌。在一则题为《北大校长拥有11名助理　远超国务院各部部长》的报道中,作者指出之前北京大学官方网页上曾经出现过11名校长助理的现象,这一现象比本身为行政机构的中央部委(比如,出现部长助理最多的商务部和财政部,也仅仅均为4人)要多出近3

---

① 这31所副部长级大学分别是:清华大学、北京大学、中国人民大学、北京航空航天大学、北京理工大学、北京师范大学、中国农业大学、南开大学、天津大学、哈尔滨工业大学、吉林大学、大连理工大学、西安交通大学、西北工业大学、西北农林科技大学、复旦大学、上海交通大学、同济大学、南京大学、东南大学、武汉大学、华中科技大学、中南大学、中国科技大学、厦门大学、中山大学、浙江大学、四川大学、重庆大学、山东大学、兰州大学。

倍,被记者调侃为"校长牛过部长"。①

尽管此后北大校方专门在《北大新闻网》上发布公告,回应这些助理实际上是"虚职""虚衔",不占用专门的行政资源和岗位级别,并非所谓的"校级领导"。但是,校长助理到底有没有实权、实惠,明眼人和圈内人都心知肚明。

正如有人分析指出,北大方面的这种辩解是徒劳的;关于校长助理到底有哪些实权,稍加分析可知好处多多:

首先,一旦有了"校长助理"的头衔,其所在的职能部门的主管领导的言行实际上就可以代表北大。在外人看来,他们就是北大领导班子成员。

其次,校长助理这一头衔是有实惠的。这种实惠至少有三个方面的实实在在的利益:一是发言权,二是决策权,三是表决权。具体来说,如果没有校长助理这个头衔,比如,北大某个普通职能部门的主管,是无法参加校行政领导班子的决策性会议的,不能参会也就对学校的行政决策无发言权;而一旦有了校长助理的头衔,便有资格参加校行政领导班子的会议,也就有了话语权或表决权,从而能为自己部门的利益、评估成绩及获取信息等带来许多好处。

第三是这一头衔还可能对实际行政级别产生效应。例如,一般高校的院系领导,其级别为处级,加衔为校长助理后,像北大这样的副部级大学,就可能取得了厅局级或副厅局级的行政级别。众所周知,一旦有了这副厅局、正厅局的级别,其所享受的待遇可是比处级实惠多了,例如薪酬、医保、疗休养,等等。②

这一事件也被称为"北京大学11名校长助理事件",引发了大量的讨论。尽管北大方面一直试图辩解,但据2017年中纪委公布的11所中管高校巡视整改情况,针对违规提拔任用干部的问题,北大已免去8位校长助理和10位"三长"(教务长、总务长、秘书长)副职的相关职务③,明确了事件的

---

① 李华,何涛.北大校长拥有11名助理远超国务院各部部长[N].广州日报,2012-07-04.
② 陈云发.北大校长助理扎堆是社会病[EB/OL].(2012-07-06). http://pinglun.eastday.com/p/20120706/u1a6683057.html.
③ 中纪委公布11所中管高校巡视整改情况[EB/OL].(2017-08-31). http://edu.people.com.cn/GB/n1/2017/0831/c1006-29507912.html.

"违规"性质。

(三) 资源分配受制于行政权力

大学拥有多种多样的资源,包括物质资源、政策资源、信息资源以及评审资源等各种有形与无形的资源。但是,这些资源的分配常常并非按照教学、科研或社会服务的实际需求进行分配,而往往是按照行政权力的大小、与行政领导的亲疏程度等方式进行再分配,导致资源分配呈现出行政化倾向。

大学的行政化导致大学资源分配出现不均和不公,在高校以职称评审尤为典型。以北京大学政府管理学院袁刚教授亲历的教授评级经历为例,揭示了大学行政化的严重程度。这个案例在某种程度上说明了我国985高校中大学行政化的普遍现象。袁刚教授公开发表了一篇题为《北大教授评级和学术官僚化》的文章,在该文中,指出教授评级过程中出现以下几件怪事:

其一,程序和评审过程处于秘密状态,没有公开透明的机制。袁教授认为,作为一项严肃的工作,教授评级过程应该遵循公开评议的原则,而他所在的单位却恰恰与之相反,评级过程是在十分秘密的状态下进行的。定级工作结束之后,院领导只是在教工会上说明评级工作已经完成,却并没有结果公示这一环节。每位老师只能到学校人事部门询问自己的级别,却被禁止询问其他老师的级别。

其二,由院党委书记主导,教师和院学术委员会没有学术评审权。在整个评级过程中,处于主导地位的是院党委书记,既不存在教师评议环节,也不存在学术委员会投票环节。每位老师"秘密"填表,在没有鉴定所填内容的真实性、权威性的情况下,就上交到学校人事部门。对于评级结果,校人事部门也否认是由其决定,表示是经过了院系投票的。

其三,党政领导个人抱团获得最大化的利益,院党委书记职称评级连升三级。院党委书记把自己和前党委书记破格提为三级,却并没有经过教师及学术委员会评审。他们自立标准、自作主张,根据自己的标准,把所获奖项列为破格提拔的标准。[1]

---

[1] 袁刚.北大教授评级和学术官僚化[EB/OL].(2009-08-29).http://www.aisixiang.com/data/29828.html.

三、行政权力干预大学的重点范围

大学行政权力的核心领域表现为行政管理权、资源分配权、学术奖惩权、职称评定权等。因而,行政权力对大学的干预重点集中于 3 个方面:

其一,体现在政府对大学的干部和人才的管理与控制。教师和学生很难有权利表达并选择学校领导成员以及有关学校发展与自身利益相关的重大事项。

其二,体现在政府对大学的工程项目和经费的管控。教育部和地方教育行政部门对大学的办学资源、科研资源以及各项评奖具有高度的控制权。几乎所有重要科研课题的发起者都是政府部门,不是政府项目就不算科研,也就是被称为"纵向课题"的科研项目。有学者研究发现,"已知道的人类重大原创性科研成果几乎都不是计划的产物"。①

其三,更为具体地体现在政府管理着大学的招生、学科和专业,以及教材的使用。具有中国特色的高考选拔制度、招生制度以及对高校的专业审批、学位点设置等,均掌握在行政部门手中。

行政权力对大学的过度干预,给大学发展构成了严重制约,这种制约所导致的问题则是大学功能的畸形与异化,这是大学文化危机的核心表现之一。

第二节 市场经济对大学的整体渗透

大学不仅受行政权力的干预,而且还受市场经济的影响。特别是在我国由计划经济向市场经济转型的阶段,伴随着高校成本分担、市场经济的冲击,大学被市场机制所渗透的现象尤为突出。概言之,市场经济对大学形成了直接渗透。在市场经济阶段,效率和金钱成为主导时代的潮流,一切以能不能带来经济利益和经济价值作为衡量的标准。大学作为一种社会组织,在时代潮流下有朝着商业化方向发展的倾向。本节将对我国大学的商业化现象进行梳理,这也是大学文化危机的典型现象之一。

---

① 陈学飞.高校去行政化:关键在政府[J].探索与争鸣,2010(9):63.

一、什么是大学商业化？

（一）何为"商业化"？

在回答什么是"大学商业化"之前，很显然必须回答什么是"商业化"的问题。所谓"商业化"，一般是指通过产品交换以获得利润的活动，其主要目的在于赢利，这与产业化、市场化存在着明显的区别。作为一种服务，人们逐渐意识到教育可以通过市场交换来获得，但是如果对教育市场化不加控制，任其过度发展，则非常容易导致其商业化的倾向，使得教育从业者把教育作为一种赢利的手段，通过教育追求利益最大化，以实现获取最大利润的目的。但同时也不能简单化地认为教育商业化的种种弊端就是由教育产业化带来的。

（二）大学商业化是指将大学教育当作一种商业行为，当作一种投资行为

从两个角度看，一方面是商业化办学，一方面是商业化求学。前者意味着办大学是为了发展经济，后者隐含着有钱就可以上大学。对这两种现象均需要明确加以反对，因为大学商业化无论是理论还是实践都是有害的。

自2004年以后教育部多次呼吁教育不能"产业化"，也不提倡"产业化"[①]。严格意义上说，应该防止教育被"商业化"。

二、大学商业化表现形式

（一）大学办学过程充满了商业化氛围

从招生环节开始，到教学、课程开设、后勤管理等，直到最后学生的毕业

---

① 自2004年开始，关于教育产业化问题，教育主管部门多次表态。先是教育部原部长周济在国务院新闻办召开的新闻发布会上答记者问时，表示中国政府从来没有提过教育要产业化（2004年1月6日）。随后是教育部原副部长张保庆在新华网回答问题时说，教育部历来是坚决反对教育产业化的（2004年9月2日）。一年以后的12月22日，教育部新闻发言人王旭明在新华网与网友交流时明确表示：对于"教育产业化"这个提法，从它产生之日起，教育部就旗帜鲜明地反对，因为教育产业化会毁掉中国的教育；紧接着原国务委员陈至立于12月25日出席教育部2006年度工作会议时在讲话中强调坚持教育的公益性，不能搞"教育产业化"（《中国教育报》）。与此同时，一些媒体也是不遗余力地批判"教育产业化"。直到2007年的十七大首场记者招待会上，周济在回答澳门澳亚卫视记者有关教育产业化和恢复高考30年的有关问题时，又一次提到坚决反对教育产业化。

环节,大学的运营过程中存在着商业化、市场化的氛围,具体表现如:

其一,有钱才能上大学。每年的招生时节,往往是各个高校大力宣传自己学生就业形势如何好、学校在培养毕业生的"创业技能"方面如何有成效、学校与产业的合作多么成功、学校为国家输送了多少优秀人才,等等。诚然,大学在实施教育教学的过程中培养了不少精英,但是目前高昂的大学学费如同大山一样横亘在家长和学生面前也是客观事实。自从我国大学从免费制走向双轨制,再到目前的收费制,学生的学费成为很多大学的主要经济来源,没有生源就意味着学校难以为继。高昂的学费成为很多老、少、边、穷地区的学生进入大学的障碍。2009年1月初,时任国务院总理温家宝曾说:"过去我们上大学的时候,班里农村的孩子几乎占到80%,甚至还要高,现在不同了,农村学生的比重下降了。这是我常想的一件事情。"①

北京大学教育学院刘云杉教授曾经做过一项调查:在北京大学的学生中,家庭出身为农民的学生和居住地在农村的学生比例,在20世纪80年代约占三成左右,而"两套数据在20世纪90年代中后期以后均有下降……2000年以后,农村户籍新生的比例在10%~15%之间"。② 这组数据的变化表明,北京大学的农村生源呈现下滑趋势,农村学生在最高学府的比例越来越低,一度低至10%。农村学子占比不超过10%成为一些重点高校的"开学痛点",与此比照,这一数字在20世纪80年代和90年代初期达到30%。截取前几年的数据分析可知,③虽然近年来清华、北大农村生源学生所占比例在逐年递增,但这也证实温家宝的担心不无道理,农村生源所占比例实在太少,"寒门再难出贵子"现象引起社会关注。尽管农村生源所占比例小的原因错综复杂,其中涉及各种社会文化资本和资源的分配,但这与近年来大学商业化渐重、学费节节攀升还是有着密切的关系,这在一些地方院校和热门院校表现尤为突出。

---

① 温家宝.百年大计,教育为本 教育大计,教师为本[EB/OL].(2009-10-12).http://learning.sohu.com/20091012/n267281561.shtml.

② 刘云杉等.精英的选拔:身份、地域与资本的视角——跨入北京大学的农家子弟(1978—2005)[J].清华大学教育研究,2009(5):45.

③ 2017年的数据显示,国家、地方和高校3个专项计划共录取农村和贫困地区学生9万余人,较2015年增长20%以上;2020年,来自全国28个省份268所中学的317名农村学子获得了清华大学自强计划降分录取优惠认定,最终共有197人成功考入清华大学,认定人数及录取人数均创历史新高。

其二,热衷于开设要开赚钱的课程。现在的大学热衷于开设与市场紧密相关的课程,一些基础性的、理论性的传统课程受到冷落甚至削减,有些创业课程甚至成了某些大学的必修课,连清华大学也难免随波逐流。如果大部分大学,特别是"985"高校和"211"大学都在竞相开设与市场和经济有关的专业和课程,这难道不足以说明大学出了问题吗?

其三,花钱买后勤服务。后勤社会化是伴随着高校扩招而产生的,当时的背景是大学由于扩招导致后勤资源严重匮乏,服务和管理严重滞后,很多高校就开始引进社会企业和商家进驻校园,开展从食堂到超市、从物业到车队、从宿舍到机房等后勤服务。不可否认,这些社会机构的进入的确给学校的师生带来较为优质的服务和管理,但是,很多学校由于缺乏有效的监管措施,使得驻校企业和商家的很多商品和服务的价格远远高于市场,使学生的利益受到损害。校园商业味道太重成了大学师生共同的感慨,垄断学生消费市场是大学市场化走得太偏及过度商业化的表现。

其四,花钱才能找到工作。扩招带来的种种问题不仅仅反映在校园里,更直接的后果是使得大学生就业十分困难。在指导就业环节,很多大学运用商业手段推销自己的学生,如与企业合作安排实习、组织招聘会、联合办学等。这些措施如果是站在学生的角度、以保障学生的利益为出发点而实施,那么本无可厚非的;问题在于不少高校仍然出于营利目的,则是变相损害了学生的利益。

由于在办学过程中采用了商业化的思维,正如安东尼·史密斯所说,随着这样的转变,大学运营中出现了"Management"(大学管理)这一名词。这一词语意指大学里有专门负责管理的校长,主要是对大学进行筹款、创收以及投资等方面的管理。他们的职务往往是常务校长或副校长,他们拥有六位数的薪金,具有很强的策划和市场推广才能;但是,他们(很少有女性)自身却没有什么高水平的学术成就。[①] 与以往的大学校长(一般由学者担任,由学术委员会选任)相比,选用专职的管理人经营大学,人们难免产生担忧:大学有可能滑向商业化的境地。

---

① [美]安东尼·史密斯,弗兰克·韦伯斯特主编.后现代大学来临?[M].侯定凯,赵叶珠,译.北京:北京大学出版社,2010:3.

(二) 大学教育过程带有明显商业化的痕迹

大学的教育过程是学生受到熏陶和逐渐感悟的过程,这一过程实际上不仅包含着教育的直接过程——教师的教、学生的学以及教师和学生的互动过程,而且也包含着教育的间接过程,比如校园文化、社团文化等的浸润与潜移默化的影响。

1. 直接的教学过程

现在的大学教育过程中多地印上了商业化的痕迹,在许多院校,教师和学生的亲密关系几乎荡然无存。当教师无法组织小班化教学时,师生间的对话也很难开展,取而代之的是"大班上课""自主学习""远程学习"等方式,练习册代替了师生面对面的交流。教师们视创收为当务之急,课堂教学有时流于敷衍塞责。教师将大量的时间和精力用于开展以赚钱为目的的咨询服务、举办有利可图的会议、寻找和争取科研课题——目的是获取资源而不是增进知识。教育的功利化、商业化到了如此之地步,难怪学生对教师冷漠、对大学失望!

2. 校园文化建设过程

一提到校园文化,总会使我们想到校园的物质文化、精神文化和制度文化。制度文化和精神文化建设很难在一朝一夕成就,于是物质文化建设成了很多大学急功近利的用力点。校园的雕塑、建筑、草木、景观等成了校园物质文化建设的载体,这些载体在当前我国大学校园,往往又是商业化和市场化的实践场所。小到校友墙、草地、树苗的认捐,大到大学的楼堂馆所都贴上了经济名人和企业名称的标签,连清华大学都不能免俗。这些固化的建筑物,无时不在告诉受教育者:只有富豪、有钱人,才能在学校显亲扬名,被人尊重。这实际上是对大学精神的玷污和亵渎。真正的大学精神就是尊重每个个体,只有尊重每一个学生,学生才会发自内心地尊重母校、回报母校、感恩母校,产生强烈的母校归属感。用命名权来换取金钱捐赠,这是典型的商业化思维。对于这样的做法,不仅一般大学蠢蠢欲动,连清华大学等985高校也是敞开怀抱欢迎,如清华大学出现"真维斯楼"、暨南大学将教学楼更名为"富力教学大楼",等等。

3. 商业气息过浓的社团文化

在大学生的校园生活中,参加各种各样的社团活动是一项重要内容。曾有教育记者对沪上某知名高校的社团情况进行了一番调查,发现该校共有53个经过登记的社团;其中,有10个社团向社团联合会提出申请,获得学校批准与商家合作,占该校社团总数的18%;未提出过申请,但是与商家保持合作的有37个,占总数的69%;还有6个社团完全远离"商业操作",依靠学校提供的资金与社员个人缴纳的会费维持日常运作,而这个比例仅仅为13%。据社团联合会的同学介绍,完全由学校支持的社团不会超过总数的5%,其余的社团就需要依靠自己的力量筹措活动经费,生存相当艰难。

当前的大学在人才培养过程中,紧跟市场经济的时代步伐——无论是办学的指导思想还是教学活动,大学商业化的味道日益浓重。学生从入学伊始就感受到了明显的经济压力(如学费等),感觉到了专业与学科的商业气息。更令人忧虑的是在教师的教学中、就业讲座中、创业培训中,甚至在学校安排的实习中,也弥漫着浓郁的商业化味道。在市场经济时代,大学几乎已经被商业气息整体渗透。

第三节 世俗文化在大学的蔓延侵蚀

行政权力与市场经济对大学的干预,使得大学的功能受到严重侵蚀;与此同时,大学还受到世俗文化的侵蚀。当前我国大学危机中的典型现象,除了行政化与商业化之外,还出现了世俗化倾向。大学的文化传承与创新功能,其实现前提是大学本身所具有的文化引领性、先进性和创新性,这种引领与创新是对古今中外优秀历史文化的传承与创新;而世俗文化在大学的蔓延,严重妨碍了大学文化传承与创新功能的实现。

一、大学世俗化何所指?

(一)世俗文化的概念

世俗文化,通常也称大众文化,简单地说,"就是指在现代工业社会中产生的,与市场经济发展相适应的一种市民文化",[①]具有消费性、娱乐性、喜

---

① 刘衡宇.大众文化内涵理解的三个关键问题及反思[J].辽宁工学院学报(社会科学版),2007(3):70.

剧性等特征,与普通大众的联系最为紧密,是"大众"进行文化消费的主要对象。尽管有学者认为,对于僵化的官方文化以及高高在上的精英文化来说,世俗文化具有和它们对冲的平衡作用,在一定意义上让文化重返民间、走向大众成为一种可能。[①] 但是,随着市场经济的快速发展,世俗文化的弊端日益显露,社会上对于金钱、物质的追逐越来越严重,人们的价值取向出现了迷乱。

(二) 大学世俗化何所指?

大学作为人类社会的最高教育形态,作为高深知识的学习与探究场所、优秀历史文化传承与创新之所,是精英文化的代表,必然不能与世俗文化(大众文化)等量齐观。然而,当前我国的大学却有被世俗文化侵蚀的趋势,世俗文化正在不断地蔓延和传播,深刻地影响着大学文化。这一现象可以称之为大学的世俗化现象。

二、大学世俗化的表现

(一) 滋生了享乐主义

世俗化的核心特征之一就是对享乐的追求,认为人生在世,最重要的就是享乐。享乐主义(Hedonism)又称伊壁鸠鲁主义(Epicureanism),来源于希腊语的"pleasure"。伊壁鸠鲁的哲学思想被后人称为"享乐主义"。从享乐主义的原始定义来看,比较接近快乐主义。在西方思想史上,快乐主义是一种以追求快乐为人生目的的伦理学说,认为道德的根源就在于趋乐避苦,判定道德的标准就在于快乐的多寡。

在当前我国大学中,享乐主义思想正在不断滋生,是大学世俗化的重要表现之一。享乐主义具体表现为放纵欲望、贪婪无度、骄奢淫逸,是一种腐朽的人生观和价值观,无论是对于国家、社会的和谐还是对个人的发展,都具有严重的阻碍作用。享乐主义的问题并不在于享乐本身,在一定意义上,对感官享受的追求是人的本能,不能加以道德评判;但是,如果把享乐作为

---

① 孙秀昌. 世俗文化的成因、特征及历史合法性[J]. 河北师范大学学报(哲学社会科学版),2002(5):109-110.

人生的唯一追求,把享乐作为一种"主义",便成为一种错误的价值取向。大学中享乐主义的蔓延对于高校师生、对于大学本身、对于社会风气乃至国家发展都产生了严重的负面影响。

1. 大学生享乐主义情绪在滋生

现在的大学生大多都是独生子女,经过多年的寒窗苦读,一旦考进大学,很容易产生松懈享乐的思想。大学生在学校不愿意自己动手洗衣服、不愿吃苦的新闻经常见诸报端。有研究者对大学生的享乐主义表现进行过研究,认为主要有以下几种:一是沉湎于吃喝玩乐,唯钱是图;二是一些女大学生缺乏正确的道德认识和观念,在金钱的诱惑下,出现诸如"傍大款""做二奶"等现象;三是"急嫁族"群体渐趋庞大;四是毕业生就业功利色彩浓重,个人主义突出。①

2. 大学教师的享乐主义在蔓延

沉迷物欲、追求享乐,不仅给高校和学术生态带来种种弊端,而且也给国家与社会以及教师自身造成极大的危害。首先是浪费财富,害国害民。二是腐化高校教师,腐蚀学术殿堂。三是懈怠精神,消沉意志。同时,享乐主义还是其他一些恶劣作风的土壤,是产生腐败现象的温床。② 当前不少高校教师,包括个别教授和博导,以及高校管理者与领导者中存在着严重的享乐主义,其主要表现形式有:

一是公款吃喝。曾经在官场上屡禁不止的公款吃喝歪风,一度也刮进了校园,校园里的公款吃喝同样有着众多的名目。比如,上级主管部门的莅临检查与视察、兄弟学校的访问参观与学习、学校的重大节庆活动,乃至外出交流、培训学习等,都存在不同程度的公款吃喝现象。不仅如此,公款吃喝时往往选择比较高档的消费场所,不仅消费数额惊人,而且造成了大量的浪费。

二是公款旅游。高校中的考察、学习、参观、经验交流等,都可作为出游的理由。每年一到寒暑假,各地的热门景区往往被选为各类培训会议、学术会议的举办地,借着开会研讨、学习交流的时机,遍游各大景区,有时候游玩

---

① 何燕辉. 当前高校学生享乐主义思潮流行现象简析[J]. 广东教育学院学报,2009(4):80-84.

② 费迅. 坚决抵制和克服享乐主义[N]. 扬州日报,2014-02-27.

时间甚至超过了开会的时间。借着这种形式,大量公款被消耗掉,参与人员也的的确确在"大享其乐"。

三是公款娱乐。虽然近些年来,全国开展"三严三实"的主题活动,狠抓"四风",动用公款进行高消费娱乐活动的风气有所收敛,但是仍有不少高校教师和领导时时出入KTV、按摩房等高档娱乐场所,感官得到了实实在在的享受,身体得到了舒舒服服的"锻炼"。总之,存在变着法儿用公款或科研经费进行娱乐消费的现象,损害了国家利益。

3. 部分大学校园弥漫着享乐氛围

有学者指出①,在部分高校中,学校领导不去关注本校的教学和科研工作,却把时间、精力和学校经费主要用在扩建校区、修建豪门、装修豪华的现代化办公室,甚至建造洋房别墅(美其名曰专家楼或院士楼),整个校园风气变得以享乐为导向,各种大型活动都讲排场摆阔气,以此显示出大学之"大",而置追求真理、培养人才、服务社会等于不顾,失去了大学的灵魂。

(二) 蔓延了私利主义

1. 部分大学生沦为绝对的、精致的利己主义者

对于私利主义者,北京大学中文系退休教授钱理群发明了一个描述当下不少大学生类型的术语:精致的利己主义者。目前,这个术语已经成为流行语。当时钱理群先生的原话是这样说的:"我现在恰好对这些尖子学生非常担心——当然不是全体——但是相当一部分尖子学生,也包括北大的尖子,让我感到忧虑。……我觉得我们现在的教育,特别是我刚才说的,实用主义、实利主义、虚无主义的教育,正在培养出一批我所概括的'绝对的、精致的利己主义者'。"②

这番话十分形象,也很深刻。精致的利己主义者,主要有两个关键性特征:一是绝对性,还有一个是精致性。所谓"绝对性",就是指对利益的绝对追求,即一切为了一己之利益,其言行唯一的、绝对的、直接驱动力均指向自己的利益;在此过程中所表现出来的行为,看似为他人做事,其实都是一种

---

① 姚国华. 大学重建[M]. 深圳:海天出版社,2002.
② 钱理群. 大学里绝对精致的利己主义者[EB/OL]. (2015 - 05 - 20). http://edu.qq.com/a/20150520/041737.htm.

投资。所谓"精致性",指的是用极高的智商和教养去实现自己的一己之利,表现出极为高超的巧妙性和精致性。也就是说他们所做的一切都合理合法,甚至无可挑剔;他们所表现出来的种种行为,十分世故、老到、老成;做出的忠诚姿态、配合等行为,表现得极为惊人和得体,十分隐蔽,难以让人察觉;更为重要的是,他们还十分懂得利用体制的力量来达成自己的目的。

钱先生还举了一个十分有趣的例子加以证明:在他的一门课程里,有一位学生坐在第一排,上课时对他点头微笑很有礼貌,然后他开始讲课并很快就注意到,这个学生总能够及时地做出反应,点头、微笑,等等。也就是说明他听懂钱先生的课了,自然也受到钱先生的关注。下课后,该学生还迫不及待地跑到钱先生的面前来,说:"钱老师,今天的课讲得真好啊!"如此恭维钱先生肯定有所警惕,因为钱先生经常受到此类赞扬,但他总是有些怀疑学生究竟是真懂了,还是只不过是吹捧而已。然而此生不同,他能把钱先生讲得好的地方点评到位,也就是说能讲到点子上,说明他真听懂了。于是,钱先生也就放心,不再警惕了,故而对这个学生有了好感。一来二去,钱先生对他的好感与日俱增,到第四次他来了:"钱先生,我要到美国去留学,请您给我写封推荐信。"自然钱先生欣然同意!但是自此之后,该生再也没出现在钱先生的课堂上了。此时钱先生恍然大悟:他以前那些点头微笑等等,全是投资!这就是鲁迅所说的"精神的资本家",他投资收获了钱先生的推荐信,然后就"拜拜"了,因为自此之后钱先生对他已经没用了。

这就是一种绝对的利己主义者的行为,处处都从利益出发,而且是精心设计,由此也可见其高智商、高水平。这就是当前北大等一流大学培养出来的一部分尖子学生。更为可怕的是,由于这样的学生很能迎合体制的需要,是精致的利己主义者,故而这样的学生,这样的"人才",是我们的体制所欢迎的,可怕就在这里;相反,那些只会笨拙露骨地吹牛拍马之人,体制其实并不需要,只有这种精致的、高水平的利己主义者,才能左右逢源,迎合体制的需要。

2. 部分大学教师越来越自私庸俗

大学教师作为高级知识分子和社会良心的代表,理应具有鲜明的批判精神与引领作用。但是,当下很多大学教师却存在自私与庸俗的倾向。《北京晨报》记者曾经撰文,对当前大学教师的自私与庸俗现象进行了揭露,并剖析了产生这一现象的原因。具体来说，大学教师的自私庸俗有以下表现：

首先，拜金主义盛行，不专心本职教学工作。在高校里，部分教师因为觉得自己的职业无钱无权，十分"寒酸"，而对奢华的生活充满向往。因此置本职教学和科研工作于不顾，或者敷衍了事，却把主要的时间和精力放在了挣钱上。他们利用高校教师的优越资源，或者编写考试资料，或者频频办讲座，或者直接兼职经商，等等。总之，高校教师中存在不少为谋私利而不专心教学的人，这是大学教师自私行为的表现。①

其次，教师之间、师生之间的关系变味，形成利益交换共同体。教师与教师之间不再是纯粹的学术共同体，更像是利益交换共同体。在发文章、评职称、审课题以及招学生等事情，教师之间进行评定时往往不再以学术水平的高低作为衡量标准，而是以利益和亲疏关系作为依据。师生之间也存在着许多不良风气，正如武汉大学前校长刘道玉先生所批评的那样，大学中的师生关系不纯，有些人纯属利益交换关系，给人感觉是大学真"脏"。②

最后，个别教师为了个人私利甚至诉诸暴力。近年来，涉及大学教师暴力行为的事件时有曝光，让人对大学教师的暴力行为，比如骂战和动武等见怪不怪。知识分子的骂战甚至上演全武行，从古至今并非稀罕之事，甚至许多都成趣闻。但是，以往大学教师的此类行为基本都缘于学术争端，如民国期间的大学者黄侃、陈独秀、熊十力等，辩论不过便赤膊上阵的逸事成为学林掌故。

而当今时代的知识分子，其动粗的原因则有所不同，许多时候并非因为理念相左、思想争锋，而是利益使然。正如中国政法大学一教授所说："大学教师之间的辱骂、殴打行为并非孤立事件，许多学校都曾经发生过，其中原因，很多都是为了分房子、评职称等这些和生存有关的条件所激发的。"③

3. 大学整体氛围的私利主义

用刘道玉先生的话来说，当前的大学不仅"脏"，而且"臭"。这个"臭"就

---

① 徐永生. 警惕！教师的道德精神正在走向世俗化[EB/OL].（2009-01-07）. http://www.fjzzjy.gov.cn/newsInfo.aspx?pkId=43231.
② 胡赳赳. 武大原校长刘道玉呼吁教育改革称当代大学乱脏臭[N]. 新周刊，2010-06-22.
③ 周怀宗. 教授谈大学老师打架：大学世俗化的情况值得关注[N]. 北京晨报，2016-01-12.

是大学整体氛围中弥漫着腐败的味道、铜臭的味道,比如大学中屡屡出现的经济腐败、学术腐败、学术不端等现象。这些现象产生的原因有很多,有利益抱团的原因,也有高校整体机制体制的原因。在刘道玉看来,学术界也存在着类似官场"官官相护"的现象,盘根错节的人事关系、各种保护伞的存在是滋生学术腐败、学术不端的温床,这与现行的学术体制以及政策导向具有必然的联系。[①] 他认为教育行政主管部门对学术腐败应负直接领导责任。

第四节 学术生产的功利化选择

大学与其他社会组织最为明显的区别也许就是大学的学术性。大学的学术性特征,本质上源于大学对高深知识的传播、继承、创新与运用。大学对高深知识的理性态度和求真务实是保证大学区别于其他社会组织的关键性特征。当前我国大学在学术方面出现的一个典型现象是极具功利性。按照洪堡的大学理念,大学对待科学研究不能以现实的有用与无用来处理,而应遵循"为科学而科学"的价值理性。当前我国大学的学术生态中,学术功利化的倾向日益突出。

一、何谓大学学术功利化?

(一) 功利、功利化与功利主义的区别

1. 定义

"功利"是个中性词,表示"眼前的功效和利益"的意思。任何人或者理性的动物都有追求功利的本能。"功利化"是指将既定利益的追求视为行为的参照标准和驱动力,可以解释为功利主义。比如,世界杯足球赛上所谓的"功利化",某队的打法从全攻全守变成防守反击,或者将华丽的个人技术转变为更为实用的传切配合,虽然这降低了比赛的观赏性,但却获得了胜利的实惠。

2. 形式

"功利化"一般来说,有两种表现形式:一种是注重"投入—产出"的比

---

① 刘道玉.大学之美在哪里[J].上海采风,2012(12):90-92.

较;一种是"数据化"的比较。前者是一种工业化的模式,以利益最大化为短期内的直接目标,注重利害得失。如果产出大于投入,那就意味着获得了利益,反之,则意味着折本。后者将"功利化"进行"数据化"处理,即把前期投入、中期可能产生的损耗、后期所得等全部量化,从而进一步加强对整个投入产出过程的控制,以最大程度地降低成本和损耗,提高生产效率,实现利益最大化的最终目的。

3. 关于两者之间的关系

在笔者博士学位论文开题会上,陆有铨教授曾有这么一段精彩论述:"一只猫去抓老鼠,不会因为跑起来好看些,而故意走花样路线去追老鼠。同样,文章[①]写出来是为了发表的,没人说写文章是为了自己看的。这样的行为属于功利行为,无可厚非;但是,采用不正当的方式和手段发表论文就显得有点功利化。因此,我们不反对功利,而是要反对功利化。"[②]

4. 核心观点

在18世纪末,边沁系统阐述了功利主义思想,经过密尔(Mill)等人的发展逐渐成熟起来,并在政治、经济、伦理等方面对西方社会产生了重要影响。"功利主义"(Utilitarianism)后来发展成为伦理学研究的一个范畴,并成为道德哲学(伦理学)中的一个理论——效益主义。该理论的核心原则是,提倡追求"最大幸福"(Maximum Happiness)。在这一原则中提出,"一种行为如有助于增进幸福,则为正确的;若导致产生和幸福相反的东西,则为错误的。幸福不仅涉及行为的当事人,也涉及受该行为影响的每一个人。"[③]其核心观点主要有:

(1) 达到最大善观点

功利主义认为人应该做出能"达到最大善"的行为,其最大善的计算方式是:依据该行为所涉及的每个个体的苦乐感觉的总和,虽然这很难量化,但可以进行简单化处理。即将其中每个个体都视为具相同分量,且快乐与

---

① 此处指学术文章——笔者注。
② 此段文字系陆有铨教授在笔者博士论文开题会上的发言,根据录音整理而成——笔者注。
③ 刘亚明.边沁及其功利主义[EB/OL].(2012-06-03). http://www.aisixiang.com/data/54023.html.

痛苦是能够换算的,痛苦仅是"负的快乐"。

(2) 能增加最大快乐值即为善

对善的理解我们往往依据伦理学的观点进行判断,然而在功利主义看来,一个人行为的动机与手段,仅需要考虑其行为的结果对最大快乐值的影响。简而言之,能增加最大快乐值的即是善,反之即为恶。

(3) 快乐与痛苦即为行为动机的判断依据

功利主义观点认为,应该完全以快乐和痛苦作为人类的行为动机。代表人物米尔就曾指出:"人类行为的唯一目的是求得幸福,所以对幸福的促进就成为判断人的一切行为的标准。"①

从功利、功利性到功利主义,三者之间实际上是有很多联系和区别的,联系就是三者都是从功利出发开始讨论的,功利实际上是一个中性词,不带有主观感受;而功利性则往往带有负面的、贬义的色彩,与一件事情的出发点是相悖的;而功利主义则完全演变成为一个学术体系,有着自己的理论基础与实验实践范畴,其中也包括话语范式。本节仅就功利化这一现象在大学学术领域的表现进行探讨,无涉功利主义的学术讨论。

(二) 学术腐败与学术功利化

在谈学术功利化的同时,往往会与学术腐败联系在一起。的确,学术功利化与学术腐败之间存在着密切的关系,但是两者之间还是有着明显的区别。

1. 从定义来看,两者有着明显不同

到目前为止,对学术腐败还没有一个系统而明确的界定,无论是社会还是学界,对此有多种不同的提法。从社会现象层面看,有称"泡沫学术""学术造假""学术垃圾"或"假学术"的;从学术研究层面看,有称"学术失范现象",也有称"学术不端行为"。一般来说,无论是学界还是大众,对"学术腐败"这种提法的认同占主流。有学者认为,学术腐败"是指学界一些集体和个人为谋求个人和小团体私利,在学术研究(包括课题申报、科研活动、成果

---

① 简析边沁功利主义[EB/OL]. (2016-02-03). http://www.doc88.com/p-9701508041522.html.

报告、学术出版等)和学术评价(包括学术评奖与认定、学术评价、学术争鸣和其他学术交流活动等)活动中采取的种种非理性和不规范的行为表现"。①

学术功利化则指的是学术目的指向功利、手段指向用金钱或者变相用金钱以及拉人际关系等寻求学术利益的行为。下文将对学术功利化进行进一步探讨。

2. 从两者表现来看,学术腐败的表现形式多种多样

有学者认为,当前学术腐败主要表现在以下 8 个方面:一是低水平重复,其中以高校教材、教参最为突出,这是低层次的学术腐败,浪费了社会有限的物质资源。二是粗制滥造,这以形形色色的工具书、辞典最具代表性,与第一种情况性质类似。三是制造学术泡沫。现在文章发表的数量之多、书出版的数量之多、刊物编辑出版的数量之多,都是空前的,这类学术腐败比前两种更加多了伪学术性。四是假冒伪劣。包括用别人的名义、假冒别人的名义来发表自己的著述,这是比较恶劣的学术腐败。五是学位注水,这是劣币驱逐良币的学术腐败,严重恶化了学术土壤。六是沽名钓誉。主要指的是一些当了高官、赚了大钱的人,用行政权力跟金钱关系到各大学买教授。七是抄袭剽窃。这是当前学术底层最常见的一种学术腐败。八是评审立项上的腐败。这一学术腐败的源头在上级和教育行政主管部门,需要引起高度重视。② 大学学术功利化的表现与学术腐败的表现很多是相似的,正如学者总结的那样,学术功利化主要表现在以下 4 个方面:"第一,学术成果缺乏创新,低水平重复研究泛滥。""第二,学术失范严重,学术不端行为频频发生。""第三,学术研究和评价活动中存在利益抱团现象。""第四,部分学术期刊商业化运作,以利润最大化为目的。"③笔者认为可以从 4 个角度说明学术功利化的表现,详见本节第二部分《学术功利化的四种表现形式》。

---

① 郑良勤,赵燕. 论学术腐败的表现及其危害[J]. 华北水利水电学院学报(社科版),2001(4):87.
② 转引自:张建华. 学术腐败研究综述及经济学分析[J]. 北京社会科学,2006(3):105.
③ 李石勇. 我国高校学术研究功利化之表现及其治理探析[J]. 湖南科技大学学报(社会科学版),2011(4):98-99.

3. 从两者的逻辑来看,学术功利化是造成学术腐败的根本原因

学术腐败的动机往往是出于对学术功利化的追求。不合理的学术评价制度和学术管理制度,是造成学术腐败的直接原因。

(三)大学学术功利化的界定

有学者认为,学术功利化是一种把学术研究当作获取个人利益的手段,是通过学术研究实现个人利益最大化的一种学术不端行为。所谓学术功利化,核心的表现是不顾学术研究的原创性,不顾教育发展的一般规律,片面追求学术成果的"快、多、新、大、用"的一种违背学术宗旨与学术规律的不端行为。比如,在科研选题上浮于表面、避难求易、盲目跟风;在科研目的上,面对名利的诱惑,一些大学人不惜浪费学术资源,制造大量学术垃圾;在研究成果发表上,丧失了学术理想和道德操守,大肆抄袭和公然造假成为速成学术的奠基石。①

综上所述,大学学术功利化是一种违背大学学术精神、过度注重个人利益以及采用非学术手段达到功利目的的行为,主要表现在学术动机、学术呈现形式、学术结果以及学术手段等方面。

二、学术功利化的表现形式

根据以上对学术功利化的定义,其表现形式可以从以下 4 个方面予以阐述。

(一)学术动机功利化

学术动机指的是"为了什么而做学问"的问题。当前学术功利化的原因是对学术追求的动机功利化。也就是说做学问不是为了纯粹的学术,不是为了对真、善、美的追求,这也就异化了学术,从而导致畸形的学术动机。当学术评价等同于论文数量、课题数量、著作数量以及专利数量时,学术功利化就成了必然。这种重数量而不重质量的直接恶果,是促使学术人为了追求多出、快出、乱出、大出成果,不得不寻求"非常"之道,这是导致学术腐败

---

① 李娜.大学学术功利化的制度治理研究[D].武汉:中南民族大学,2012:10.

的根本原因。学术动机功利化的具体表现为：为了又快又多又"高"地取得学术研究的成果，研究者不惜学术腐败，以实现功利性的目的。

（二）学术呈现形式功利化

这可以从学术论文、课题、著作等角度予以说明。对学术论文的水平区分，国际上比较得到认可的是三大索引，即在自然科学领域建立的世界著名的科学引文索引（简称 SCI）数据库，以及在人文社会科学领域建立的社会科学引文索引（简称 SSCI）和艺术与人文引文索引（简称 A&HCI）。SCI 以美英的学术期刊为索引主要来源，收录的国内源期刊数量非常有限，只占我国所有源期刊的1%。学科倾斜、地域倾斜、语种倾斜是 SCI 的三大缺陷。我国学者由于语言隔阂与学术交流的缺乏，很难在这些索引的源期刊上发表文章。近些年随着我国自然科学领域越来越多的年轻学者访学或留学国外，能够在 SCI 期刊上发表文章的人也越来越多，但是总体来说，人文与社会科学领域的研究者仍难以在其他两大索引的源期刊上发表文章。于是，对人文社会科学研究水平的评价，我国就主要依赖两大索引，一是由中国社会科学研究评价中心开发研制的中文社会科学引文索引（简称 CSSCI），又称南大核心；一是北京大学的《中文核心期刊要目总览》，该索引自 1992 年首次公布以来，已经连续发布了 10 版，又称之为北大核心。目前列入这两大索引的期刊，稿源充足，对作者的职务和职称很挑剔。一般来说，非教授与博士的稿件不用，非名家与名作者不用。而有的刊物甚至出现学术质量严重下降的情况，特别是一些核心期刊对投稿者收取较高的版面费，与学术本来的宗旨相去甚远。

（三）学术手段功利化

学术手段是为达到某种学术结果所采取的措施和方法。当学术功利化倾向越来越严重的时候，学术手段也会呈现出越来越功利化的趋势，突出表现为不是老老实实、扎扎实实地做实验、调研与思考，而是东拼西凑、捏造数据、浮在表面地进行所谓的"研究"。说到底就是没有实事求是的学术态度和精神，以虚假、重复、劣质的所谓科研成果，用于发表论文和课题结项，甚至出版为所谓的专著或工具书。

学术手段功利化的表现主要有以下几种形式。

1. 学术失范

学术失范是相对学术规范而言的。学术规范指的是"学术共同体成员必须遵循的准则,它从学术活动中约定俗成地产生,成为相对独立的规范系统"。[①] 正如北京大学社会学系张静教授所言,"学术规范是一套'做活'的规矩,是通过专业认可的'入场券'。"[②]学术失范可以说是学术功利化中技术手段最为低劣的一种,多由自身学术水平和学术训练不扎实导致。这是一种为了达到功利目的,很多没有经过专业训练或者没有严格掌握学术专业技能的"学术人"进行所谓学术研究所运用的低级学术手段。

总体来说,学术规范一般可以从学术道德规范、学术写作规范和学术研究方法规范三个方面来理解。学术道德规范主要是从伦理道德层面对学术研究提出的要求,是作为学术研究者业已取得共识的且必须认同并遵守的一些道德规范和准则;学术写作规范主要是从学术成果的表现形式方面对具体的写作做出的要求,已经形成一套明确的具有较强操作性的规范体系,对不同形式的学术成果的基本要素、行文格式、引文规范等多个方面都有具体规定;学术研究方法规范是指研究所采用的方法须符合研究主题、研究目的以及学科的相关要求。

一般所谓的学术失范,指的是学者有意或无意违背学术规范所犯下的技术性过失。其中无意为之者居多,具体可以分为以下6种情况(见表3-2):

表3-2 学术失范的类型与表现一览表

失范类型	失 范 表 现
行文失范	学术论文缺乏必要构件,行文中太多的口语而非学术语言,引用过度等
引注失范	常出现引而不注、少引少注或引注格式不规范,因疏忽造成伪注等
演讲失范	不遵守规则、超出演讲时间等

---

① 狄国忠.学术道德与学术规范[EB/OL].(2013-02-12).http://wenku.baidu.com/link?url=LIk44J5k_ONbd9R7GVpzuJN779r2Y93S7rgvpWvcDo5ZquZ8gQqdLaFVoV8KKosR4sJCWhXkTsfkPWSbCicQsZUetmp6TRv_pwkhLoULzdG.

② 张静.规范化与专业化[J].中国书评,1994(1):1.

续表

失范类型	失范表现
会议失范	学术会议不组织论文报告、不组织论文评议、不允许发表不同意见等
批评失范	故意歪曲对方的观点,进行人身攻击等
发表失范	非恶意的一稿多投等

注:以上6种学术失范类型和表现的归纳,采用了北京大学社会学系张静教授的观点。

2. 学术不端

学术手段功利化的第二种表现是学术不端。学术不端与学术失范行为相比,最大区别在于学术失范是因知识缺乏或态度不严谨而引起失误,学术不端则是故意为之,可以说是明知故犯,企图不劳而获,或少劳多获,使自己利益最大化。最重要的是,学术不端是一种侵占他人知识产权、触犯《中华人民共和国著作权法》的行为,理应受到法律的制裁。此外,学术腐败与学术不端的最大区别,在于前者完全是权力运作的产物,是利用手中的行政或学术权力获取私利,而后者不涉及权力关系。

学术不端主要指的是,在学术事务与学术活动中,从事学术工作或学术管理的有关人员和组织,作出的一系列违反科学规范、学术制度和背离科学精神的行为。有研究者认为,"学术不端行为指学术研究过程中危害科学性、真实性、可信性的行为。这是一类违反基本学术道德的行为,包括:伪造、篡改、剽窃、抄袭等。"[1]其中"伪造"主要指伪造数据、资料或结果;"篡改"则是在科研材料、设备或过程中作假,或者篡改、缺漏资料或结果,使科研记录不能准确地反映研究;"剽窃"主要指剽窃者将被剽窃者的文字或学术观点,稍加改造移入自己的论著中,并当作自己的成果予以发表,形式相对隐蔽;"抄袭"主要指抄袭者将被抄袭者的文字,直接窃为己有,不加任何修改和加工地移入自己的论著,并不做任何资料说明和注释,直接当作自己的成果予以发表,形式相对显露。总的来说,学术不端是一种与科研和学术的求真、求实、求新精神相悖的不规范、不诚实、不道

---

[1] 钟梅.学术道德与科研管理[J].中华医学科研管理杂志,2005,(2):67.

德的行为①。

国际上曾将"学术不端"(misconduct in science)定义为:"在申请课题、实施研究或报告结果的过程中出现的伪造、篡改或剽窃行为"。② 之所以这样定义,是因为国外学术界存在的学术不端问题,主要集中在学术研究中个体的抄袭、剽窃、捏造、篡改行为等方面。比如,日本美女科学家小保方晴子的数据造假行为就属于学术不端。学术不端虽然仅是个别现象,但是一旦出现,其后果是十分严重的。据悉,上述那位日本女科学家的早稻田大学博士学位被取消,其导师也以自杀谢罪。在世界范围内,学术管理、学术权力的腐败虽然存在,但为数不多,"权学交易""钱学交易""学术贿赂"等现象毕竟是少数。

3. 学术腐败

学术腐败是学术手段功利化性质最为恶劣的行径。从本质上说,"学术腐败"属于腐败的范畴,是腐败现象在学术领域的反映。根据有关学者对"学术腐败"行为的归纳,其具有以下5个基本特征:

(1) 实施主体是掌权者

一般来说,学术领域掌握学术权力与行政权力的个人和集体,往往是学术腐败的实施主体;无权无势的学术研究者个体是很难有机会学术腐败的。

(2) 实施目的是个人利益

一般来说,在学术领域掌握学术权力与行政权力的个人和集体,其实施学术腐败行为的目的是谋取个人或小团体的利益,而非公共利益。

(3) 实现手段是权力滥用

一旦拥有学术权力与行政权力,实施腐败行为的主体,往往通过滥用手中权力以达到个人和组织的目的。

(4) 实质是滥用学术权力谋取私利

之前所概括的学术功利化的表现形式,如,失范、不端、剽窃、抄袭、造假

---

① 何跃,袁楠.学术腐败与学术不端的区别及其区分意义[J].科技进步与对策,2008,(3):124-127.
② 刘幼昕.高校学术不端评价指标体系及评价机制研究[J].佳木斯大学社会科学,2011(6):179.

等均只是个人违反通常的学术规范,这些违反一般的道德准则的行为不属于学术腐败;只有通过滥用学术权力以达到个人或小团体利益的行为才属于学术腐败,其实质是滥用学术权力谋取私利。

(5) 后果相当严重

学术腐败最大的后果就是对学术生态的破坏,对大学文化的侵蚀。学术腐败行为在整体上严重影响了学界的纯洁形象,玷污了这一片净土,严重打击了那些真正具有实力和水平的学者,学术腐败的蔓延甚至对整个社会进步都产生巨大的阻碍作用。①

(四) 学术结果功利化

学术结果可以理解为学术所带来的"功利"。学术本来的功利应该是为人类社会创造"真、善、美"的创新性成果,然而现实的情况是,有些学术成果不仅未能为社会做出贡献,相反却浪费了大量的经费,耗费了大量的资源,同时还消耗了大量的人力,形成了一批批华而不实、粗制滥造的学术垃圾②。具体来说,主要有以下几种形式的功利化的学术结果。

1. 功利化的论文

论文用来挣钱、用来评职称、用来沽名钓誉、用来评奖、用来拿课题、用来完成课题结项,却很少用来真正地交流、争鸣和促进知识的创新、技术的进步与文明的提升,这就是论文功利化,或者说是功利化的论文。

2. 功利化的课题

目前,我国的大学教师和科研人员有很多机会去争取各类课题,包括纵向和横向的课题。对于横向课题,此不议评,仅就纵向课题而言,经过多年的积累,无论是人文科学、哲学社会科学还是自然科学,都积累了大量的各学科与交叉学科的课题成果。然而,这些课题成果有多少用于实践、多少产生了效用,不得而知。如果这些课题成果仅仅是做结题之用,那么年复一年的课题结项之后束之高阁,仅仅作为课题主持人提供科研能力证明

---

① 转引自:史孝强.高校学术腐败问题研究[D].武汉:华中科技大学,2007:10-13.
② 葛晨虹.学术道德建设必须加强[J].高校理论战线,2002(4):43.

之用、仅仅成为主持人获得经费支持之用,那么这样的课题就是功利化的课题。

3. 功利化的专著

学术专著很少有含金量、或者说含金量偏低已经成为学术界一大顽疾。含金量意味着凝结了学术人对问题的精心思考、对实验的勤奋坚持、对学术的长期积累。现在的学术专著,有不少都是为了某种非学术的目的(如挣钱、评职称、沽名钓誉、评奖励、拿课题、结题)而进行"短、平、快"的拼凑与应景之作。这样的专著,其学术质量可想而知,学术价值不言而喻。这样的学术专著,当然可称之为功利化的学术专著。

4. 功利化的奖励

对学术做得好的人和团队给予奖励本来是一件好事,但是近些年来,学术评奖却演变成一场场的闹剧。在前些年的全国政协会议上,政协委员尹卓曾经提交了"废止国家科技进步奖"的提案。这一国字头的评奖,在一般人看来具有十足的含金量,其公平公正性不容置疑。然而,尹委员却痛批此奖有泛滥的趋势,实质上对我国的科技发展产生了负面影响。在国家设立的三大科技奖项中,与自然科学奖、技术发明奖相比,科技进步奖的数量过多,这就形成了一个导向:谁都不想搞基础研究,因为做基础研究需要花费几年甚至十几年、几十年的时间,才有可能获得自然科学奖或技术发明奖,而争取科技进步奖则不需要太长的时间。这些奖项如果和个人的晋级挂钩,很明显拿科技进步奖,更容易获得晋升。更为关键的是,"如果评审都没有自律性,评审就没有意义了,都是游戏。"①

以上对学术功利化的表现从动机、形式、手段和结果等层面进行了比较全面的梳理,其危害当然是不言而喻的。如果任其发展和蔓延下去,毁掉的不仅仅是学术,而是整个学术共同体的尊严和未来。大学作为学术活动的重要阵地和研究重镇,需要对学术功利化和学术腐败坚决地说不,需要责无旁贷地肩负起整肃、净化和重塑学术规范、维护学术尊严的重任。

---

① 原春琳,张国.委员痛批项目公关为人格侮辱建议取消奖项评审[N].中国青年报,2011-03-13.

第五节　办学理念与行为的趋同化

由于当前大学面临着行政权力、市场经济和世俗文化的三重挤压，加之大学自身的学术研究呈现出功利化趋势，故而当前高校最为突出的特征就是大学趋同化现象，这也是本书所提炼的关于当前大学的第五个典型现象。本节对大学趋同化是什么，以及有什么特征进行实证研究。大学的整体趋同实际上反映出当前我国大学办学思想的匮乏与无奈，表现为办学理念与办学行为的整体趋同。

一、何谓大学趋同化？

"趋同"在英语中被译为 convergence，原来是一生物学名词，后来词义衍化为"向着同样或相同的方向发展"的意思。《辞海》对趋同的解释是："亲缘关系较远的生物，因所处的生活环境相同，呈现相似的形态特征。"[①]正如有研究者对组织趋同下的定义那样，"组织趋同是指某一类组织在一定的时期内，在组织目标、组织结构、组织行为等方面模仿、接近以及同形的发展趋势。"[②]"趋同"本来无所谓好与坏、褒与贬，以企业为例，所有的企业在基本形态、基本组织形式、基本精神和基本文化上都具有一定的相似性。但是，"趋同化"则走向了另外一个极端，意味着企业的产品、服务以及管理等各方面趋同，这与企业组织的多样化、产品多元化、服务个性化等相悖，是一种不正常、不利于企业发展与社会进步的趋势。

"大学趋同化"是指："在大学发展进程中所表现出来的相互间平均化或一致化的动态行为过程，以及在形式上表现为越来越相似的现象。"[③]我国大学在办学理念、学校定位、学校规划、学校组织、课程专业设置、教学方式、教师和学生管理等多个方面，都有趋同化的表现。

---

① 陈至立主编.辞海[M].6版.上海：上海辞书出版社，2009：1853.
② 陈文娇.我国大学组织趋同现象研究[D].武汉：华中师范大学，2009.
③ 王宾齐.我国高校趋同化现象的理论解释——新制度主义的视角[J].南京师大学报（社会科学版）.2010(1)：90.

二、大学趋同化表现形式

大学趋同化最集中的体现是大学办学理念的趋同。大学办学理念对于一所高校、一个地区乃至一个国家和民族的影响深远。因此,大学办学理念在不同的层面有不同的理解。"办学理念就是办学者在办学实践中,依据对实践对象的充分认识和深入研究而形成的对学校发展的理性认识、理想追求和独特的办学观念。"①

需要进一步说明的是,大学理念不同于办学理念。潘懋元先生曾指出,前者作为理论探析的部分,其反映的规律是一般的和普遍意义的,而后者作为指导实践则是个性化和具体化的。因此,无论是奉为经典的传统大学理念,还是带有时代特征的流行的新兴大学理念,均以不同的角度和侧面反映大学教育的性质、功能与规律。然而具体到每所大学,基于不同大学各有其不同的文化背景与社会地位,办学的主体又有其不同的教育价值观。②

因此从这个角度来说,大学趋同化实际上包括办学理念与办学行动的趋同。而办学理念涵盖大学办学思想、办学目标以及办学定位等"大学培养什么样的人、做什么事"这样的命题,办学行为则是对办学理念具体的落实与行动。本书从大学办学目标、课程专业、大学教师与学生管理以及大学组织等角度对大学趋同化的表现形式进行梳理。

(一) 大学办学目标趋同:求高、求大、求全

从20世纪末到21世纪初,我国的大学进入一个狂热的"大同时代",大学在短短10年间,掀起了一股"合并、改名、升格"浪潮。大学的这一行为在学界被称为"中国新大学运动"③。据统计,在20世纪末的8年时间里(自1992年到2000年),全国31个省市自治区、60多个部委共同推动了大学的大调整、大合并,一共有900多所大学受到这次浪潮的冲击。据武汉大学原校长刘道玉先生的观察,大学合并始于1992年(当时的江西大学和江西工

---

① 和飞.地方大学办学理念研究[D].武汉:华中科技大学,2005:20.
② 韩延明著.大学理念论纲[M].北京:人民教育出版社,2003:2-3.
③ 秦国柱著.中国新大学运动:广东中心城市新办院校研究[M].福州:福建教育出版社,1996:3.

业大学合并为南昌大学,目的是要挤进"211"工程大学,打造全国的名校)。1998年掀起了全国大学合并的浪潮(最为典型的是把浙江农业大学、浙江医科大学、杭州大学与浙江大学合并),2000年达到了高峰,大有"合并则兴,不合并则亡"之势。由各部委和各省政府出面,强行进行合并,甚至搞"拉郎配"式的合并。①

合并往往还会衍生出一个副产品——"大学城",一时间大学城在全国如雨后春笋般矗立起来。较早建设的上海松江大学城面积并不大,而后来几年大学城的面积则呈现出明显的增长趋势。大学办学思维趋同是最大的特点,这个趋同就是盲目地追求"高、大、全"。最新数据显示,大量高校对于扩大校园面积非常积极,如浙江大学,1998年重组多所高校,共有7个校区,除位于杭州的紫金港校区、玉泉校区、华家池校区、西溪校区和之江校区外,还在舟山和海宁各建了2个异地校区,成为横跨三市的"航空母舰",占地面积高达110 859亩;吉林大学也是类似,2000年前后整合了6所位于吉林省的高校,导致当前的吉林大学拥有6个校区,包括前卫校区、南岭校区、新民校区、朝阳校区、南湖校区和和平校区,占地面积约为11 019亩②。

1. 求高意味着大学一定要是高层次

武汉大学原校长刘道玉先生曾批评当前我国大学之所以有"高大全"的问题,根源在于国人的习惯性思维出了问题。在国人的惯式思维模式中,"高"居于首位,它在我国高等教育发展中所起的副作用是非常明显的③。

20世纪末至21世纪初近10年的大学扩招,最明显的特征莫过于发展过程中出现的追求"高层次"现象。高层次意味着一定要办成研究型大学、拥有硕(博)士点、升格为本科院校。为此,有些学校宁可负债经营、弄虚造假也要在名分上获得一个高层次的称号。2010年的数据显示,全国1 164所地方所属高校负债2 634亿。④ 针对这种问题,国家出台了《关于减轻地

---

① 刘道玉.高教发展与"好大狂"惯式思维模式[J].学习月刊,2009(1):22.
② 数据来源于浙江大学、吉林大学官方网站。
③ 指在发展高等教育过程中所表现出来的高速度、高指标、高跨越等,以及在办学过程中不少人所追求的"高级"(级别)、"高攀"(高攀名校)、"高峰"(高峰论坛)、"高规格"(建筑和装修)、"高职称""高学历""高学位",等等。刘道玉.论"高、大、全"思维对我国高教发展的影响[J].科学文化评论,2009(1):91.
④ 苏楠.审计署:全国1 164所地方所属高校负债2 634亿[N].济南日报,2011-07-14-A10.

方高校债务负担化解高校债务风险的意见》,要求各省市各高校积极采取措施解决债务危机问题。但近几年,我国部分省份的高校债务规模再度反弹。贵州、广东、河北等省相继由政府牵头,采用多种方式置换、化解高校债务问题①。

2. 求大意味着大学一定要校园大、学生多

在追求"高大全"的思想指导下,办大学城、办分校(区)成了大学扩张的不二选择。大学城少则几千亩,多则十几万亩,分校到处都是。万人高校早已经不是一所学校大的标志了,目前浙江大学是国内办学规模最大、学科门类最齐全的大学,囊括了哲学、经济学、法学、教育学等 12 个学科门类。② 但就学生人数而言,还不是最多的,国内学生人数最多的大学首推吉林大学,学生人数多达 7.4 万人;其次是山东大学,学生人数 7 万余人。

3. 求全即盲目追求学科齐全、专业齐备

清华大学作为以工科为主的综合性大学,也跟风办起了教育学,似乎只有囊括 12 个门类的学科齐全的综合性大学,才算得上世界一流大学。事实上,国外的一流大学往往是小而精的大学,如美国的普林斯顿大学,其学生人数并不多,在校学生约 8 000 人,其中本科生约 5 700 人,研究生约 2 200 人,学校拥有教师 620 余人。③ 甚至有些一流大学连学校名称都不是"University",而是"Institute",如麻省理工学院。相反,中国很多大学在求高、求全、求大方面陷入一种近乎失去理智的"趋同思维";有的即使无法在"求高、求全、求大"等方面取得效果,就挖空心思在改校名、盖校门等方面下功夫,甚至以不恰当的方式对地方政府、教育部等政府部门展开游说,力图达到求全、求大和求高的目的。

(二) 大学课程与专业设置趋同:求热门、求实用、求速效

当前我国大学课程与专业设置的趋同,主要体现在设置的理念上出了

---

① 谢宝峰,刘金林. 高等院校债务风险的成因及其防范对策研究——以广西壮族自治区为例[J]. 南宁师范大学学报(哲学社会科学版),2019,40(6):61-72.
② 根据浙江大学官网"学校概况"中提供的信息整理而成,参阅:浙江大学官网. http://www.zju.edu.cn/c2032628/catalog.html.
③ 根据 2016 年普林斯顿大学官网的最新数据整理而成。参阅:普林斯顿大学官网. http://www.princeton.edu/main/.

问题,一味地求热门、求实用和求速效。大学课程与专业的设置以工具理性为出发点,缺乏价值理性的思考。据《中国普通高等学校本科专业设置大全》统计[①],大学的专业布局超过了社会发展"度"的状况;特别是近几年,国内一些热门专业的布点数所占比例呈直线上升趋势。然而,很多大学在一窝蜂地设置很多热门专业的时候,根本没有考虑到本校的实际,也没有考虑到社会对于该专业的需求,更看不到社会长期发展对专业的要求。从根本上说,大学专业和课程设置的一味贪多求大导致设置趋同,是对学生、对社会的不负责任。

高校设置热门专业,从根本上说是为了其自身的利益,是从自身角度出发而设置的,并没有经过严谨的社会调研和专家论证,是一种短视的做法。这种做法所引发的负面影响也是非常严重的,一方面,新设专业缺乏基础,在师资配置、设备供给等方面与专业需求相差较大,既导致新设专业教学质量差,又使得大学教育资源的配置得不到优化;另一方面,热门专业的集中大量招生使得大学里各个专业失去结构的平衡,也使得这些专业的人才供过于求,从而导致严重的结构性失业问题。

为什么会设置如此雷同的课程与专业呢?这就要回到设置雷同专业和课程的动机上加以说明。一方面从办学成本角度考虑,诸如哲学、语言及人文社科等相关专业并不需要大量的实验设备及经费投入,只要有师资,便可以开课,具有较高的"性价比";另一方面从教师角度考虑,为了给部分"无课可上"的教师提供教学岗位而开设相关课程。

因此,课程与专业设置的雷同,不仅造成"热门不热""短用不实用",更为直接的后果就是导致毕业生就业难上加难。最为关键的是,专业和课程设置的雷同使得大学的人文精神、文化底蕴、价值理性在大学无法得到张扬,留下诸多的后遗症。

---

① 《中国普通高等学校本科专业设置大全》一书收录了教育部颁布的包括哲学、经济学、法学、教育学、文学、历史学、理学、工学、农学、医学、管理学等 11 个门类下设的 71 个二级类、249 种专业的普通高等学校本科专业目录及新旧专业对照表,着重介绍了按学校本科专业的设置情况和按专业的布点情况,同时增列了经教育部批准设置的高等学校本科专业目录外专业情况和第二学士学位布点情况。《中国普通高等学校本科专业设置大全》内容与前已出版的《普通高等学校本科专业目录和专业介绍》相配套,是一部系统介绍我国高等学校本科专业设置情况的比较实用的综合性资料工具书。

(三) 大学教师管理机制趋同

在大学里,从事一线教学和科研的教师是大学最为重要的群体。可以说,没有高水平的大学教师,就不存在高水平的大学。正如清华大学老校长梅贻琦所说,"所谓大学者,非谓有大楼之谓也,有大师之谓也。"[①]一所大学的实力,很大程度上归功于这所大学教师的整体水平与实力,因此,对大学教师的管理就显得至关重要。

大学教师的积极性和创造性能否被激发出来,不外乎两个基本因素:即内部需求和外部激励,这两个方面是紧密相联,缺一不可的。更重要的是,两者须紧密结合,才能充分激发教师的积极性和创造性;内部需求是否能够被充分激发,极大地受到外部奖励的影响。[②] 因此,对大学教师如何合理科学地进行管理与服务,直接关系到教师工作积极性与创造性的激发。一般来说,对大学教师的管理和服务主要包括教师聘任管理、教师培养、教师晋升与考核评价管理等三大方面。在当前我国大学中,对高校教师的管理日趋相似,主要表现在以下几个方面。

1. 教师聘任方式趋同

当前我国大学对专业教师的招聘和任用越来越趋向于科层制化。以清华大学招聘各学院教师的制度为例,《清华大学公开招聘人员暂行规定》说明,这一制度的基本思路和实施办法。该办法的基本思想是学校的招聘必须有一套科学化、制度化和规范化的程序,这套程序的基本逻辑是:学校对每个学院的招聘计划、招聘条件以及招聘办法等都有管理权,具体由代表学校的人事处负责进行组织和管理。这套办法在其他大学几乎毫无二致,也是大同小异。北京大学在2003年进行大学教师晋升制度改革时,更是将这套制度细化到了极致。虽然不可否认,这套机制放在大学之外的公务员队伍或者其他行政事业单位是很好的制度,是行政事业单位在人事制度方面走向规范化和制度化的必由之路,但是作为大学机构,尽管确实存在进人与用人方面的随意或"任人唯亲"、近亲繁殖现象,但若一味

---

① 阿尔法互动教育. 梅贻琦:所谓大学者,非谓有大楼之谓也,有大师之谓也[EB/OL]. (2011-04-17). http://www.edu.cn/slogan_11439/20110417/t20110417_602032.shtml

② 周彬. 教师职务晋升政策:演变、异化与优化[J]. 教师教育研究,2012(2):1.

机械地追求制度化、规范化,其结果便是很难挑选到与学科和专业发展相适应的人才,大学各个学院的用人、招人、聘人和淘汰人的自主性很难体现出来。

2. 教师的培养方式趋同

可以说,在大部分高校中,对大学教师的有计划、有目的和制度性的培养很难落实,往往呈现出"重引进、轻培养""重产出、轻投入"的状况。这些年随着大学教育经费的增长,大学教师走出校门、国门进行继续教育、进修与深造的机会越来越多;但是,在培养的过程中也出现了很多与初衷不一致的现象。比如,进修的计划性、目的性和选择性都不是很明显,往往是一窝蜂地前往美国等西方发达国家去培训和进修,实际效果还不是很理想。实际上,理想的大学教师培养方式应随着终身教育思想的发展而发展,教师的培养与成长应由注重职前的"师范教育"向职前、职中与职后的一体化教育方向发展。于是,"教师教育"已经取代"师范教育",成为现代教师培养与成长的新概念、新理念与新制度。有学者主张,大学教师培养与成长应分3个阶段:学科专业主导型的职前培养—教学技能和学校文化主导的入职教育—内容与形式市场化取向的职后培训。[①]

3. 教师的晋升与考核机制趋同

在我国,教师的晋升机制是由国家和教育行政主管部门制定的,每个高校基本上都是根据这套制度的框架进行教师职称的评定与晋升;这套晋升机制,往往还是与"聘用制度"紧密结合在一起的。从20世纪90年代开始,终身制的专业技术职务被逐渐打破,用指标来控制职务名额的做法慢慢被取消;同时,为了激发专业技术人员的主动性和创造性,国家和教育行政主管部门提出要实行"评聘分离制度",即根据教师的成绩表现,使他们的职务和待遇能上能下。但在实际运行过程中,"评聘分离制度"并没有得到很好地落实,同时也没有很好地反映不同类型的高校、不同特色的高校在晋升教师职称时所具有的特殊性、特色性和专业性。

在进行大学教师考核的过程中,也呈现出趋同性,突出表现为"重科研,轻教学""重结果,轻过程",正如易中天教授针对我国教师评价机制所作的

[①] 付八军.大学教师的培养与成长[M].北京:中国社会科学出版社,2010:52-53.

"大学成为养鸡场"的比喻,他是这么解读这种现象的:评判教师(喻为养鸡场的"鸡")的优劣往往是根据他的学术成果(比喻为养鸡场的"蛋")的多寡而定,而非根据质量而定。他首先指出了当前高校教师评价机制的现状:"(高校)……规定在什么时间、什么级别的刊物发表多少篇论文,无异于在养鸡场里天天数鸡下几个蛋,出来的成果就像大炼钢铁时的'渣滓钢'"[①]。在他看来,之所以会这样完全是大学"逼良为娼"的结果,他认为学术研究应该"无为而治":"应该先有心得再写论文,没有心得就不写。学术应该'无为而治',宽松的环境自然能出成果。"而面对记者"宽松的环境会否让大量的人混日子"的疑问,易中天犀利地指出:"就应该不怕养些懒人、闲人!一个高等院校的教师,上课是基本的工作,课后不做研究就不做嘛。真正的学者,你不让他做研究他就受不了,用不着通过行政管理做工作。孔夫子有科研成果吗?有核心刊物论文吗?有国家级课题吗?他连讲义也没有。蔡元培给老师定过量吗?数过鸡蛋吗?留过洋的'海归',没留过洋的'土鳖',兼收并容。高校需要养护,不是管理,不是监督。真正的学术人才不是靠机制打造出来的。"[②]

总体上说,我国大学对教师的考评机制、晋升机制大抵如此。过分注重对教师科研和成果的管理,很少在学术环境、学术自由和学术风气上进行正面引导并按规律治理。大学教师的晋升与考核机制简单化、机械化和功利化,表现出一种急功近利、急于求成的心态,使得很多教师一旦到达职称晋升之路的终点,就很难再迸发出以往的学术热情和持续动力。

(四)大学学生管理机制趋同

我国对大学生的管理,长期以来形成了如下模式:思想意识形态领域由学生党支部书记和学生辅导员负责管理;日常的学生社团、公益事务则由学校的学生处(亦可称学工处、学工部)负责管理;任课教师和专业导师负责学生的学业辅导和专业知识教育;后勤部门则负责学生的日常生活等相关事项。总之,围绕学生的成长与发展,大学的诸多部门和教育教学实体均参与进来。相对来说,不像西方大学的管理模式,比如英国牛津大学的"导师

[①②] 易中天.学者不是下蛋的鸡[N].北京晨报,2009-04-25.

制",导师在大学生的成长与发展过程中起着关键性的作用。我国对大学生的管理呈现出多头管理和分散管理的状态,看似全方位育人、全过程育人和全员在育人,也构建起了一道道促进学生成长的立体培养机制,实际上在学生的成长过程中,很难激发出稳定而可靠的"榜样力量"。

(五) 大学组织与教育行政机构趋同

根据徐波关于大学组织趋同于教育行政组织的研究,当前我国大学组织与教育行政机构趋同,主要体现在两个方面:一是大学在基本组织设置上与政府趋同,另一方面是其基本运行方式与政府——教育行政机构趋同[①]。

1. 大学基本组织设置与政府趋同

大学里所设置的很多组织机构,如书记室、校长室、秘书处、人事处、财务处等机构,与政府部门的设置,特别是教育行政部门的设置尤其相似;其所具体负责的工作,承担的任务也与政府部门体现出对应关系。

在大学里,最能体现出大学本质的组织是学术组织,这也是大学与其他社会组织最大的区别。但是,大学学术组织在机构设置和组织运行两方面,也愈发表现出行政化的趋向。大学组织设置结构与教育部、教育厅(直辖市称为教委)的职能处室有着高度的相似性,在当前我国大学中已经是不争的事实。正如中国人民大学张鸣教授所说:"现在的大学,不,全国的学校,其实只有一所,那就是教育部大学,所有的学校,无论大小,都是分部、支部、支支部。"[②]

从党政机构的关系来看,与政府部门一样,大学里的机构设置大体上也可以分为"权力机关"和"执行机关"两部分:大学的党委及各个支部代表党组织在大学中的领导,属于"权力机关";校务委员会及各个职能部门履行具体的职务,属于"执行机关"。这一设置方式与现代西方大学的董事会制度、教授评议会以及学术委员会制度等迥然不同。

---

① 徐波.我国大学组织结构趋同政府现象分析[J].黑龙江高教研究,2010(1):40-42.

② 张鸣.大学的病在哪儿?[EB/OL].(2009-03-26). https://www.douban.com/group/topic/5814727/.

2. 两者均采取官僚制的组织运行方式

在马克斯·韦伯看来,现代政府的官僚科层制具有以下3个明显特征:等级分明、命令—服从的工作模式和崇尚以效率为主要内容的理性。① 在大学中,也极为突出地体现了以上3个特征:

(1) 等级分明

大学内部治理结构是一个复杂而精细的系统,其中学术机构、行政机构以及党委组织机构共同构成了大学内部治理的三大支柱。这三者之间相互协作、相互支持,共同推动着大学的发展。大学作为学术组织,其核心价值在于学术研究和人才培养,而党政机构则在学校的管理和运营中发挥着重要作用,为学术活动提供必要的支持和保障。然而,在实际运作中,我们确实观察到学术组织有时可能过于依赖党政机构,这在一定程度上影响了学术组织的独立性和自主性。同时,我们也应看到,政学互通并非全然负面。合理的政学互通可以促进学术研究与政策制定的有机结合,推动学术成果的有效转化和应用。但关键在于,我们需要确保学术组织在决策过程中保持足够的独立性和影响力,以确保学术研究的纯粹性和创新性不受损害。

(2) 模式清晰

通过会议发动、动员、布置任务,以文件的形式下达命令,形成"命令—服从"的工作模式(也即人们经常诟病的现象——文山会海),从而使得各式各样的行政发文与无所不包的会议,已经渗透到每一个高校师生的生活与工作之中,成为大学治理的常见模式。

(3) 效率理性

官僚制的鼻祖马克斯·韦伯曾经对"效率"有过这样的描述:"经验普遍证明行政的纯粹官僚形式……从纯粹技术角度看,能够取得最高的效率,在这个意义上它是人所共知的,它是完成对人的指令控制的最理性的方式。"②

---

① 马克斯·韦伯在其《经济与社会》一书的第11章,分14节对官僚科层制的理论作了系统详尽的阐述;主要从现代官僚制的特征、官僚制内外的官员地位、行政任务、行政手段以及存在的基础等角度进行了全面说明。

详见:[德]马克斯·韦伯著.经济与社会:第2卷[M].阎克文,译.上海:上海人民出版社,2010.

② 转引自:徐波.我国大学组织结构趋同政府现象分析[J].黑龙江高教研究,2010(1):41.

事实上,从大学的行政管理来看,追求行政效率当然是必要的,这样才能够专业地管理大学事务,因此也需要组建相应的专业化分工所要求的职能机构、安排各类管理人员等;但随着行政权力的扩张,行政领域的效率原则被带入学术领域,大到国家出现了"计划"学术,小到一个大学也实行急功近利的各类考核。

通过以上对当前大学办学目标、课程与专业设置、大学教师与学生管理以及大学组织等存在的趋同现象的全面梳理,呈现了当前我国大学趋同化现象的全景图。这一典型现象是前四种典型现象的合体。由于行政权力的过度干预导致的大学行政化,市场经济对大学的整体渗透、世俗文化对大学的蔓延侵蚀以及学术生产功利化的选择,大学逐渐丧失自己本应该的追求,迷失了自己的办学方向和办学目标,在整体上出现了办学理念和办学行为的趋同。这一典型现象可视为在当前我国的政治、经济和文化背景下,大学自身趋利的选择,同时也是大学集体无意识的趋同行为。

第四章

大学文化危机形成之因：机制分析

通过对大学文化危机典型现象的梳理可知，当前我国大学文化在政治、经济和文化的外在因素影响下，逐渐出现学术功利化倾向和办学趋同化等现象。这些现象正在加速大学文化的嬗变和断裂，使得大学文化面临危机。大学文化危机形成的原因是什么？这是本章着力解决的核心问题。

本章运用社会学的因果解释方法，力图阐明当前我国大学文化危机的产生有其间接和直接的原因。间接原因是现代化、国际化和国家主导当前大学变革的这一宏观社会背景；直接原因是大学办学指导思想和办学理念的偏差。尤其是在现代化和国际化双重裹挟下的"国际一流""指标考核"的办学方向，科层化与官本位糅合后的"行政管理""效率取向"的办学机制，应对市场需求和国家政策的"规模办学""不出错"的办学措施，回应产业化、社会服务、就业需求等各种应急性的办学对策等。大学在上述貌似"合理化"或"理性化"的办学思路指引下，缺失了大学的办学理念，丧失了大学的灵魂，导致大学文化陷入失序的乱象，呈现出大学文化危机状态。

本章借助于"共变法"研究方法，通过对当前大学发展中诸种现象的梳理，力图厘清大学的办学思路和运行机制，剖析大学文化危机产生的原因。

第一节　现代化与国际化双重裹挟下办学方向的迷失

我国大学的起源、发展与变革都与西方大学的发展密不可分。当前我国大学的变革,更是在大学现代化和国际化的背景下展开的。由于与西方大学本身存在着较大的差距,且自身在近 100 多年的发展过程中历经曲折,因而当前我国大学在变革的过程中难免出现急于求成、迫切想追赶成为世界一流大学的倾向,这就导致了我国大学在现代化和国际化的双重裹挟下,容易迷失办学方向。

一、当前我国大学变革的两大背景

(一) 在模仿、移植与变革中对现代化大学的追求

1. 我国现代化进程的简要回顾

现代化是指现代社会和文化变迁的过程,不仅是技术的发展,亦包括了经济、社会、政治等多个层面的跨越式发展。中国人对"现代化"这一理想的追求由来已久。早在 100 多年前,由康有为、梁启超提倡的维新变法,其本意就是为了能够早日实现中国的现代化。当时的学者对现代化道路的探讨发轫于文化层面,在对中西文化进行比较时,也大多集中在政治文化等领域,而对经济这一发展的重要领域却难以涉猎。因此,一直到 20 世纪 30 年代前后,"现代化"一词才开始出现在中国的报刊上。由此看来,中国提出"现代化"这一概念竟比西方还要早上 20 年。到后来日本侵华、抗日战争爆发的时候,中华民族的主要力量被迫投入救亡图存战争之中,注意力不得不转移,因而现代化这一大主题在动荡的时局中便沉寂了。

中华人民共和国成立后,1965 年 1 月 4 日第三届全国人民代表大会第一次会议闭幕时,周恩来总理首次提出"四个现代化"[①],之后现代化进程在

---

① 顾海良.全面建成小康社会的战略进程与决胜纲领[J].思想理论教育导刊,2015(12):13-18.

曲折中艰难前行,直到改革开放、以经济建设为中心的现代化建设与分"三步走"的发展战略确立后,现代化才在我国从文化层面走向经济领域,并且进入法律层面。自《中华人民共和国宪法》的序言中明确提出要集中力量进行社会主义现代化建设后,这一进程就得到了大大加快;特别是到了21世纪,我国的现代化事业更是进入新的发展阶段。

2. 现代化对大学的影响

随着人们对现代化的认同并以此作为国家和政府的追求目标,因此在20世纪60年代左右,当全球大部分国家和地区兴起"社会指标运动"时,这些国家和地区便为后来有关现代化的指标体系建设打下了基础。有研究指出[①],美国著名社会学家雷蒙德·鲍尔(Raymond Bauer)在1966年时最早对现代化进行量化和指标化讨论,在他的《社会指标》一书中出现了"社会指标"一词,这是最早提出该概念的专著。鲍尔之后,许多美国学者纷纷著书,一时之间,有关此方面的著作影响至全球大多数地区。与此同时,愈来愈多的学者从不同方面就社会发展构建种种指标体系,尤其是极具代表性的有关现代化的指标体系影响巨大。对"现代化"的追求,一度成了一个国家和政府的核心目标。

"现代化"一方面包括具体的经济、政治、生态和文化等领域的现代化,另一方面还包括对这些具体领域的指标进行衡量。我国自改革开放以来,国家将工作重点转移到经济建设上来,提出了要以经济建设为中心,至少一百年不动摇,将发展作为执政兴国的第一要务。但是,在发展的过程中,一度过于关注经济发展,而经济发展过程中又过于注重GDP的增长,将GDP视为国家经济发展的决定性指标,使得成为考核各级地方政府和官员政绩的关键性指标。片面追求经济发展和GDP的增长,给现代化事业带来了一系列问题;特别是用这一思维指导教育"现代化",导致大学办学方向出现了偏差,具体表现在以下几个方面:

首先,用类似经济现代化的"GDP思维"来衡量大学现代化。"GDP思维"就是用发展经济的思维和模式,对大学的建设和改革进行量化衡量,如对一些重点工作或项目,往往冠以"工程""计划""基地""重点实验室"等名

---

① 陆学艺,朱庆芳,吴寒光. 社会指标体系[M]. 北京:中国社会科学出版社,2011.

义,并通过投入数额巨大的经费、划拨面积可观的场地、给予相当大的行政权力等方式予以实施。诸如"985工程""211工程""千人计划""知识创新工程""教育部人文社科基地""国家重点建设实验室"等。以"985工程"为例,处于世纪之交的中国为了早日实现现代化,在教育领域做出重点建设一批具有世界先进水平大学的决定。为此,教育部提出从资金到政策各个层面,重点支持北京大学、清华大学、上海交通大学、复旦大学等一部分高等学校创建世界一流大学和高水平大学。① 全国共有39所高校被列入"985工程",国家从资金、政策等各方面给予重点扶植。以北京大学和清华大学为例,"1999年起,为了早日达成北京大学和清华大学建成世界一流大学的目标,国家三年内分批次给这两所学校各单独拨款累计达到18亿人民币。在科研经费中,作为同在'211''985'当中的领头军——清华大学,2013年其科研总经费同比最多,达到了39.31亿元人民币,而其财政拨款为27.75亿元人民币,比例为70.6%。"② 此外"知识创新工程"的"GDP思维"更为明显——这项工程的总目标中,包括了对创新机制的各类标准以及对科学类相关专利与论文总数的排名要求等。在这种理念的引导下,用经济现代化的思维方式来衡量大学现代化就"合理化"了,至于其是否符合大学发展、人才培养、科学研究的规律,则被大家忽略。

其次,将大学的现代化片面地向着"高等教育普及化"方向发展。美国学者马丁·特罗以大学的毛入学率作为划分高等教育发展阶段的标准,他认为,当一个国家高等教育所接纳学生数与适龄青年的比率在15%以下时,属于"精英化"阶段;15%—50%为"大众化"阶段;突破50%时,"普及化"的时代便来临了。③ 我国的大学长期以来一直属于精英化教育,大学生的选拔一直遵循着严格筛选和循序渐进的培养规律进行。然而,到了20世纪末21世纪初,在现代化浪潮的裹挟下,高等教育领域公认为似乎只有"大众化"才能实现"现代化",于是大学开始全面扩招。这一时期大学进入快速发展阶段,短短10余年时间,大学数量激增,由1998年的1 022所增加到

---

① 杨福玲,刘金兰,董粤章,徐锐.中国大学国际化发展的政策与战略趋势初探[J].天津大学学报(社会科学版),2011(5):279-283.
② "211""985"高校拿走全国七成政府科研经费[N].长沙晚报,2014-11-19.
③ 张洪亚.马丁·特罗高等教育大众化理论研究[D].厦门:厦门大学,2002:10.

2011年的2 429所,数量增加了一倍多;大学招生人数由1998年的108万,激增到2011年的657万,是1998年的6倍多①。同时,我国高等教育的毛入学率,也从1998年的9.07%,到2011年时跃升超过24%。并且国家认为高等教育毛入学率还应提高,如《国家中长期教育改革和发展规划纲要(2010—2020年)》即明确提出,到2020年,基本实现教育现代化,高等教育毛入学率达40%。由此可见,我国高等教育的发展速度和规模是跨越式的、"大跃进"式的,将大学现代化片面地搞成了"高等教育大众化",并向着"高等教育普及化"方向发展。结果呢,使得大学人满为患、教学质量堪忧、就业率大大降低。

第三,经济现代化思想催生出高等教育产业化的理论与实践。自20世纪80年代中后期至90年代初,我国社会逐渐由社会主义计划经济向市场经济转型;在这个转型时期,大学也面临着艰难抉择:高等教育是否需要产业化?围绕这一问题,形成了激烈的争论,产生了3种不同的观点。一种观点主张教育必须产业化,理由主要有以下几方面:一是社会转型论,由于社会从计划经济转向市场经济,因此大学也应该按照市场经济的规律办事;二是教育第三产业论,即教育本来就属于第三产业,提倡教育产业化实际上是恢复教育本来的产业面目;三是提倡教育产业论可以更好地解决当时"上大学难""教育投资多元化"的问题,因为一方面由于老百姓子女要求上大学的愿望十分强烈且经济条件得到了很大改善,即"想上大学"和"上得起大学"催生了高等教育的巨大需求,另一方面虽然国家和中央财政难以完全满足举办大规模高等教育的需求,但部分地方政府和民间资本却愿意投资办学,即具备了"想办大学"和"办得起大学"的条件,因此教育产业化条件具足,特别是高等教育不属于义务教育范畴,其理所应当成为教育产业化的急先锋。在此背景下,当时教育产业化的主张风头甚健,最典型的代表恐怕属张铁民教授,他曾于1998年撰著《教育产业论》一书,专门就此展开论证②。

另一种观点则认为,教育有着自身的特殊性,教育在本质上是一种公益

---

① 数据来源于中国教育统计年鉴。
② 张铁民.教育产业论[M].2版.广州:广东高教出版社,2002.

性质的公共产品,不能使之产业化,持这一观点的人还比较多。他们的理由也很充分:其一,社会虽处于转型期,但是并不意味着教育也必须跟着转型,正如市场经济只是手段而不是目的,不能简单地由社会转型推导出教育产业化。其二,尽管教育属于第三产业,但是也不能说教育必须产业化。产业与产业化之间有着巨大的区别,首先应当明确产业化是需要对产品的生产、经营、销售等一系列环节进行成本的管理,并进行精确的计算的,是一个对投入产出进行严格计算的过程,其目的就是追求利润的最大化,这是商品经济的法则。而教育是一项"百年树人"的潜移默化的过程,学生与产品不能画等号,其产出更是无法衡量,至少是无法用货币直接衡量。因此,教育产业化的提法在逻辑上就说不通。其三,从本质上来说,教育是培养人的过程,是公益事业,学校是非营利性机构,教育是不能被当作商品来买卖的,教育不应该以营利为目的。如果教育产业化,将会使得各级各类学校的入学标准、收费标准、教学组织等因为追求短期效益而畸形发展,这是与我国的基本国情和基本制度相背离的,因而教育不能产业化,大学亦然。

第三种观点认为教育可以部分产业化,理由是教育属于一种准公共产品,具有一定的产业属性,对于教育产业化,关键是应该分清哪些可以产业化、哪些则不可以产业化。义务教育属于公共产品,因此,在义务教育阶段不宜实行产业化运作;而对于非义务教育,则可以尝试进行产业化运作。这样做的好处是不仅可以使更多的人能够接受教育、提高国民素质,同时也有利于扩大内需、延缓社会就业压力。大学作为一种非义务教育类型,按照市场经济"谁受益,谁投资"的原则,就个人和国家均受益的实际结果而言,大学的运营经费应该由国家和个人共同承担,因此大学理应实现部分产业化。[①]

对于到底该不该实施教育产业化的政策,本篇不作探讨。需要指出的是,由于大学的产业化所带来的过分商业化和市场化,至少导致以下两方面的后果:

---

① 关于大学产业化的观点,湖南省社科院研究员田夫的文章对此有详细梳理,本文借用其中主要的3种观点。具体参阅:田夫.关于中国教育产业化问题的讨论综述[J].教学与研究,2000(6):75-76.

首先，过分的商业化导致学费上涨，使得经济困难家庭的孩子上不起大学，形成新的教育不公平和教育不平等。随着我国大学收费制的确定，高昂的学费成了很多老、少、边、穷地区学生接受高等教育的主要障碍。一个明显的事实是，大学生中农村生源所占的比例越来越小。2008年12月时任国务院总理温家宝在国家科技教育领导小组会议上的讲话《百年大计教育为本》中提到："过去我们上大学的时候，班里农村的孩子几乎占到80%，甚至还要高，现在不同了，农村学生的比重下降了。"有研究显示，扩招后的大学生中，来自农村的学生人数逐年下降，个别班级甚至是清一色的城市学生。①

其次，过分的商业化和市场化导致很多家庭因教育返贫。近些年来，持续低迷的大学生就业率，使得很多大学生一毕业就失业，使得那些经济原本就较困难的家庭所抱有的"读书改变命运"的信念受到严重冲击；即使能够顺利就业，但是就业层次与就业结果远远低于这些家庭和学生的预期，也就是说他们对大学教育的投入并没有带来预期的回报，"读书无用论"的思想开始泛滥。

3. 办学现代化成为大学办学的"自觉追求"

在大学的办学过程中，大学的管理者和主导者在现代化思维的影响下，自觉或不自觉地进行着一场"现代化"的建设和改革。无论是物质层面的基础设施建设还是教学层面、管理层面、学术层面的具体设置和规划，都片面地追求"高、大、全"，指导思想存在过于急切的"现代化"思维。

人们在对现代化的追求中，往往容易出现急功近利、急于求成的心态和行动。比如，在工业现代化过程中，为了追求经济效益，很容易出现在发展经济的同时破坏人类与自然、生态、人居环境的现象，而更为深层次的是影响了人们原来的价值观念。比如，人们为了金钱、为了发展经济可能做出违背道德、违背伦理以及违反自然规律与社会规律的事情。大学在现代化运动中也未能幸免，于是，人们对大学的批评随之而来。②

---

① 法治周末. 北大清华仅一两成学生来自农村李克强决定提高重点高校招收农村学生比例[EB/OL]. (2013 - 06 - 06). http://www.guancha.cn/Education/2013_06_06_149709.shtml.

② 温儒敏. 大学教授撰文揭中国大学的五种"重病"[N]. 羊城晚报, 2011 - 01 - 08.

(二) 追赶、对话与赶超中的国际化办学方向

1. 我国大学办学国际化的发展历程

相较于欧美大学,我国大学的发展起步较晚。直到今天,我国现代大学也就走过100多年的道路,与现代大学史相比差距甚远,但是我们却在100年的时间里加速迈进;究其原因,不难发现,在我国高等教育国际化之路上,国家的引导与推动作用巨大。

自1895年北洋大学堂起,我国便开始仿照当时的美国模式建设所谓的现代大学。[①] 据史料记载,自1906年至1914年的9年间,当时的北洋大学堂便先后派遣了4批留学生,共计57人,而其中多人被当时的世界著名大学哈佛、耶鲁、布朗、康奈尔、麻省理工等名校录取。[②] 不难看出,中国现代高等教育从一开始就是借鉴国际标准在建设并管理的。1908年前后,美国政府声明将美国在辛丑年间所得的"庚子赔款"之一半退还中国,以作为资助中国派遣留美学生之用。在美国措施的吸引、中美两国派遣留美学生的章程指引下,为了便利选派学生,1911年,清政府在游美肄业馆的基础上设立了清华学堂,以供留美学生的预备学习。在其影响下,留美中国学生愈发增多,一度达到全美留学生比例的三分之一(约2 500人)。英法等国的"庚款"退款也大部分用于教育事业,因而掀起国人的留学热潮。[③] 到20世纪20年代,新文化运动和各类教育思潮兴起,加之"留法俭学会""华法教育会"的吸引,有志青年以勤工俭学方式赴法留学,全国各地青年学生又兴起赴法留学之热。此外随着俄国十月革命的胜利和我国第一次国民革命失败,孙中山意识到国民党只有与共产党合作才能统一中国为真正的民主共和国,就决心向苏俄学习,使得众多学子纷纷赴苏联求学。[④] 在中华人民共和国成立后鉴于当时的世界格局,"留苏热"仍旧不衰;即使今天,中国很多大学的管理模式仍然有"苏联模式"的影子。

---

① 天津大学校史编辑室.北洋大学-天津大学校史:第1卷[M].天津:天津大学出版社,1990:21.
② 天津大学校史编辑室.北洋大学-天津大学校史:第1卷[M].天津:天津大学出版社,1990:37-38.
③ 李喜所.我国当代三次留学潮:纪念邓小平"6·23"留学讲话30周年[N].天津日报,2008-06-23.
④ 杨福玲,刘金兰,董粤章,徐锐.中国大学国际化发展的政策与战略趋势初探[J].天津大学学报(社会科学版),2011(5):279-283.

"文革"期间,中国的高等教育受到前所未有的破坏,大学也中断了与国际的交流。"文革"一结束,国家即开启教育领域的拨乱反正。自1978年拉开大规模派遣留学生的序幕后,我国留学史进入了一个全新的时代,推动了中国高等教育事业重新面向世界,大学在国际舞台上逐渐活跃起来,同时也为我国新时期的教育改革和发展指明了方向,也对高等教育提出了新要求——高等教育作为科教先锋必须迈向国际化。

1986年,我国出台了中国历史上第一个全面、系统的留学工作文件——《国家教育委员会关于出国留学人员工作的若干暂行规定》,这份文件也标志着我国中断长达10余年之久的国际教育交流工作逐渐回到正轨。20世纪90年代初,国家分别提出建设重点学科以及重点大学的规划,并于1995年开启了中外合作办学的先河,同年又启动"211工程"。这是中华人民共和国成立以来由国家主导的高等教育领域规模最大、层次最高的重大举措,在《中国教育改革和发展纲要》及科教兴国战略的指引下,我国100所大学在世纪之交接受专项资金、承接发展任务,开始加速国际化进程。紧接着,公派留学和自费留学也分别进入了规范化、法治化的轨道。1996年,原国家教委为方便管理越来越多的留学生,成立了国家留学基金管理委员会;两年后,为适应越来越多的自费出国留学,国家又成立了专门的留学监管部门,对自费出国留学中介服务加强规范管理。1999年,我国启动了"985工程"建设。

2001年,中国如愿加入世界贸易组织,并意识到国际化对高等教育的重要性,于是根据世贸组织的有关要求和我国高等教育的发展需要,重新制定并完善了有关中外合作办学的法律法规及实施办法等。与此同时,从国家战略层面认识到教育国际化不仅要"引进来",还要"走出去";为了加强文化交流、扩大汉语在世界的影响力,我国开始在不同国家和地区成立孔子学院并建设孔子课堂。[①] 2010年5月,《国家中长期教育改革和发展规划纲要(2010—2020年)》中提到,要"引进优质教育资源","提高交流合作水平","推动我国高水平教育机构海外办学,加强教育国际交流","创新和完善公

[①] 陈至立. 对外汉语推广和中外文化交流的成功实践——写在孔子学院创建10周年之际[EB/OL]. (2014-12-19). http://www.hanban.edu.cn/article/2014-12/19/content_567181.htm.

派出国留学机制等"。① 这是在正式文件中第一次提出要提高教育国际化水平,也大大促进了各大学开展国际化交流与合作的步伐。

2. 大学国际化的原因

关于高等教育国际化的原因,国内学者汪旭晖从经济全球化的推动、母国教育市场竞争压力的驱使、科学技术快速发展的推动、文化交流的冲击、经济因素的推动和高等教育自身发展的需求等方面对其进行了讨论。② 另有学者从政治力量、经济因素、学术动因和"榜样"的力量4个方面探讨了大学国际化背后的深刻原因。③ 总体而言,经济与文化是促进高等教育国际化的重要原因。

综观大学国际化的发展,政治、经济、文化和科学技术等只是外在推动力量,高等教育自身发展的需要才是大学大力推进国际化的直接原因,也是其内因。而从高等教育自身发展的规律这一角度来看,其本身发展的要求则是国际化。大学作为知识的殿堂,从其诞生起就天然具有心系文化的热忱和开放的品格精神。随着世纪之交开始的全球化潮流,人类交互式的活动不仅仅局限于政治与经济,并逐渐向文化、生活等各个领域扩散。无可避免地,学生作为学习的主体,其对知识的渴求逐渐超越了国界、种群等的限制。怀揣种种抱负的莘莘学子正利用一切可用的媒介工具了解其他国家、民族的信息。在市场竞争领域,要想获胜,必须掌握必胜的技能,这技能当然包括学术创新,以及交流与合作、先进的科学技术和终身学习的毅力等。

作为培养高层次人才的大学,要培养能满足社会需要的高素质人才,自然须提升自己的办学水平,当然也需要不断地学习和借鉴他人的经验,只有这样,才能不断实现超越、壮大自己。

3. 办学国际化是大学的必然选择

中国高等教育起步较晚,先天因素导致在发展过程中落后于欧美高等教育,大学的办学水平和国际地位相较欧美高水平大学差距较大。在国际

---

① 国家中长期教育改革和发展规划纲要(2010—2020年)[N]. 人民日报,2010-07-30.
② 汪旭晖. 高等教育国际化的动因与模式——兼论中国大学国际化的路径选择[J]. 辽宁教育研究,2007(8):90-93.
③ 常永胜. 大学国际化:背景、内容与评价指标体系[J]. 广东外语外贸大学学报,2008(1):101-104.

竞争愈益激烈的今天,中国大学要实现跨越式发展,仅靠自身努力是不够的,必须加强国际交流与合作,以借鉴他人长处、弥补自身不足,正所谓"知己知彼,百战不殆"。

因此,大学特别是著名大学,基本都走上了国际化办学道路。以985高校为例,目前39所高校于《大学章程·办学目标》中,明确要"创办世界一流大学"的有26所,占66.7%;要办成"国际知名"大学的有7所,占17.9%;《大学章程·办学目标》中含"国际化"的有5所,占12.8%。① 可见,我国高水平大学大都将国际化作为办学目标。也就是说,大学办学国际化已是大势所趋。

二、在现代化和国际化双重裹挟下办学方向的迷失

改革开放40多年来,特别是经历1998—2000年的高校合并、扩招潮以来,我国大学改革的步伐越走越快。为了实现现代化和追求国际化,大学在办学过程中急于求成,逐渐淡忘了作为大学的本来使命,导致办学目标偏移:重视物质条件的建设,而忽视了大学精神的坚守;重视指标考核,而忽视了人文关怀;注重外在的评价,而忽视了应有的内涵建设。

(一)以指标考核回应现代大学的办学要求

在现代化和国际化背景下,我国大学出现了一种急于求成的焦虑心态,为了尽快达到"世界一流""世界知名",实现现代化、国际化,于是采用了一系列的指标来对大学进行考核,以回应其办学要求。

1. 办学实力的指标化

在办学过程中,各大学需要实现现代化,急需跻身国内一流、世界一流,于是乎,迎合这种心态的"大学排行榜"应运而生;而为了能"上榜"或者"名

---

① 《大学章程·办学目标》中含"创办世界一流大学"的有:清华大学、北京大学、南京大学、上海交通大学、西安交通大学、南开大学、天津大学、山东大学、华中科技大学、吉林大学、武汉大学、东南大学、中国海洋大学、中山大学、华南理工大学、同济大学、北京师范大学、中国人民大学、中国科学技术大学、哈尔滨工业大学、北京理工大学、北京航空航天大学、西北工业大学、中国农业大学、西北农林科技大学、国防科技大学(共26所);含"国际知名"的有:湖南大学、中南大学、大连理工大学、华南理工大学、兰州大学、中央民族大学、华东师范大学(共7所);含"国际化"的有:南京大学、天津大学、山东大学、湖南大学、中山大学(共5所)。

列前茅",每年一度的各类排行榜出台后,也是几家欢喜几家愁。各大学使出浑身解数,依照指标要求来发展,把各种指标进行量化处理。例如,各高校的简介有一个基本固定的模式:占地多大,拥有多少平方米的建筑面积,有多少个校区、院士、教授、博士点、硕士点、国家或省级重点学科以及国家级和省部级重点实验室、国家级工程研究中心、国家级文科基地,如此等等。

2. 师资队伍建设的指标化

首先,对师资队伍的指标化主要体现在对新进教师的学历、学位提出高要求。各高校为了提升实力,对教师的要求均比较高,一般本科院校教师都要求具有博士学位,"211""985"高校基本要求"海外博士"或者具有海外工作经历的博士。反观西方高校,对教师的要求十分理性,比如有研究者指出:"前些时候翻阅美国大学办学状况数据资料,在各项指标中发现教师中具有博士学位的人数比例,哈佛大学之名赫然列于榜末,而许多社区大学居然都达到100%。这使我先是一怔,后则一叹:'不愧为名校!'"[①]

教师出身"贵族化"。很多学校在招聘教师时动辄要求毕业于国内"985"高校、国内重点科研机构、国外著名高校或研究机构。我国知名大学教师招聘有4把利剑:一是名校(海内外高水平大学);二是高学历(博士学位或从事博士后研究);三是优绩(取得学术成果);四是低龄(在30到40岁之间)。试问当一名大学教师不看教学水平,片面追求显性量化指标意义何在?

片面追求教授比例。教授在全校教师中所占的比例,成为衡量一所高校师资的关键性指标之一,由此导致教授成为一般大学竞相争夺的资源。浏览高校的招聘公告,如果没有教授职称,就很难有挑选与被挑选的权力。教授似乎成了大学招聘的香饽饽,给人的印象就是大学似乎只想拥有现成的教授而不是努力培养教授。这一做法其实引起了十分严重的后果,至少存在以下几个方面的负面效应:

一是引进的教授往往比本校教授的待遇和薪酬高,这容易导致原本校教授的心理不平衡,产生新的矛盾。

二是高薪引进的教授由于存在很多方面的问题和矛盾,最终往往落得

---

① 王义遒. 博士是衡量大学教师的标准吗? [N]. 中国青年报,2002-09-16.

再次人走他乡的结局;这对于大学来说,往往是"赔了夫人又折兵",同时还伤害了原来的本土教授。

三是对于既有潜力、也对本校有感情的"准教授"来说,不重视对他们的培养和扶持,对他们也造成实实在在的伤害。相反如果对这些本土教授给予高薪支持与培养,往往更容易产生"留得住,用得上"的大师。

过度重视学者比例。近年来,拥有各类头衔的学者成为衡量一所高校高水平师资的特色指标。目前全国除"长江学者""千人计划"之外,据不完全统计,地方上还有30多个学者名目,约见表4-1所示。

表4-1 以山川地名等命名的学者一览表(部分)

学者名称	地域	命名单位	备注
长江学者	全国	教育部与香港李嘉诚基金会	国内最高学者称谓
协和学者	全国	中国医学科学院等	医疗卫生系统最高学者称谓
香江学者	香港	全国博士后管委会和香港学者协会	与香港联合培养博士后研究人员
东方学者、浦江学者、阳光学者、紫江学者	上海	上海市、上海市教卫党委、上海市教委与上海市教育发展基金会、华东师范大学	前两者由上海市出资;"阳光学者"由上海市教育发展基金会出资;"紫江学者"由华东师范大学出资
长城学者、东风学者	北京	北京市政府、中国矿业大学	
芙蓉学者、湘江学者、会龙学者	湖南	湖南省政府、湖南科技大学、湖南城市学院	
闽江学者、桐江学者、武夷学者	福建	福建省、泉州市、武夷学院	
天山学者、绿洲学者	新疆	新疆大学、石河子大学	
楚天学者、枝江学者、三峡学者、东楚学者	湖北	湖北省政府、枝江市政府、三峡大学、湖北理工学院	

续表

学者名称	地域	命名单位	备注
两江学者、巴渝学者	重庆	重庆市政府	
皖江学者、黄山学者	安徽	安徽省政府、合肥工业大学	
东吴学者、钟山学者、紫金学者	江苏	苏州市、南京农业大学、南京理工大学	
钱江学者、求是学者、广济学者	浙江	浙江省政府、浙江大学	广济学者由浙大医学院附二医院和杭州市滨江医院出资
龙江学者	黑龙江	黑龙江省政府	
中原学者、黄河学者、应天学者	河南	河南省政府、河南大学、商丘师范学院	
泰山学者、泉城学者、黄河口学者、齐鲁青年学者	山东	山东省政府、济南市政府、东营市政府、山东大学	
井冈学者、赣江学者	江西	江西省政府、江西财经大学	
三秦学者、西外学者	陕西	陕西省政府、陕西外国语大学	
攀登学者、首山学者、天柱山学者	辽宁	辽宁省政府、辽宁工程技术大学、沈阳农业大学	
燕赵学者	河北	河北省政府	
松江学者	吉林	吉林省政府	
琼州学者	海南	海南省政府	
黔灵学者	贵州	贵州省政府	
漓江学者	广西	桂林市政府	
珠峰学者	西藏	西藏大学	
北洋学者	天津	天津大学	

续　表

学者名称	地域	命名单位	备　注
三晋学者	山西	山西省政府	
昆仑学者	青海	青海省政府	
珠江学者	广东	广东省政府	

通过表 4-1 可以看出，各类学者的资金来源主要有以下 3 种渠道：

一是由省级政府设立。如，北京市、上海市、重庆市、香港特别行政区、河北省、黑龙江省等，有近 30 个省市自治区出重金引进学者。

二是地级市政府出资设立。如，枝江市、济南市、桂林市、泉州市、东营市等，有近 10 个地级市出资引进学者。

三是高校自行设立。如，浙江大学、天津大学、中国矿业大学、南京理工大学、河南大学、山东大学、浙江大学医学院附属第二医院和杭州市滨江医院等，可以说数不胜数。

除"长江学者""协和学者"外，其他均为省市级学者；由此来看，地方学者成为当前我国高校人才引进的主力军。

两院院士被神化。为了体现一所大学的办学实力和师资实力，院士的数量成了各大学比拼的重要指标，也成为外界判断一所大学影响力的关键指标。国内 985 高校的校长大部分是院士，一些学校的副校长也是院士。众所周知，院士的评选是以科研能力作为最重要的依据，院士对于大学来说，其最重要的作用也应该是科研攻关，帮助学校提升科研实力。不知这些院士校长是否真的管理才能突出？担任校长之后其科研工作有否耽误？如果一名院士担任校长之后荒废了其科研，是否是得不偿失呢？在院士数量这一重要指标上，还有更乱的现象。近年来，国内许多名牌高校为了装潢门面，聘请了大量的"挂名"院士和"双聘"院士。还有一些学校为了"充实"自家的学术"家底"和师资实力，聘请了一些挂名的海外院士，或与别的单位"共享"一些院士。一些高龄知名院士被多家高校同时聘为教授已是"见怪不怪"的现象了，被人们讥为"多栖院士"。当然，这些"双聘院士""共享院士""多栖院士"本身并没有什么过错，因为聘请他们当"挂名教授"的，都是名牌高校,而且可能还是母校或合作进行过科研项目的"关系户",要拒绝实在很为难。问题是,名牌高校聘请院士当挂名教授的动机是什么？答案只有一个：为了扯虎皮作大旗,"提高"自身的知名度。如原国防科工委下属的7所院校,据正式报告披露共有院士47名,但各校自己公布的院士总数却达到79人；许多普通名牌高校,包括一些知名985高校在内,拥有的院士数量也存在很大的"水分",这一奇怪现象引起了社会的关注[①]。

3. 科研考核的指标化

近年层出不穷的各类大学排行榜中,大学教师的科研成果和论文数量成了评价的重要指标。各大学为了提升自己的影响力,为了"榜上有名"甚至"名列前茅",大力支持科学研究,强化科研考核。大学对科研指标的追求主要体现在三个方面：科研经费总量、科研项目数量、科研成果数量特别是高水平科研成果数量。在这一指导思想下,大学大力支持教师开展科学研究,给予大量经费支持,对于教师科研成果给予重奖。而大学对教师科研的考核主要包括年度科研指标考核和职称晋升对科研的考核。

在大学重科研的导向下,大部分教师为了完成科研工作量、获得科研奖励,以实现"名利双收",不得不埋头搞科研,变得"越来越不重视教学"。甚至一些教师为了完成科研考核任务和职务晋升而不惜铤而走险,出现学术不端、学术腐败行为。

(二)急于跻身国际一流大学的迫切诉求

不知从何时起,是否拥有世界一流大学似乎成了一个国家综合国力的标志之一。在国家和社会需求的导引下,在大学建设的过程中,各学校跻身国际一流大学的诉求越来越强烈,同时也采取相当多的举措来帮助他们尽快实现"国际一流梦",甚至做一些表面文章。

1. 过度重视国际交流与合作

各大学纷纷建立中外合作办学机构,与更多的国外大学建立战略伙伴关系、签订学术交流与合作协议；开办更多的中外合作项目；吸引更多的国外教师任教,鼓励教师参与国际交流；吸收和送出更多的留学生,等等。似

---

① 张国.高校院士名单之谜[J].共产党员：下半月,2008(10):28.

乎在这些学校管理者眼里,中外合作办学项目少了就不够"国际化",具有海外经历的教师少了就不够"国际化",留学生少了也不够"国际化"。一些学校因无法满足"留学生比例的要求",不得不开设一些留学生班,专门录取中亚、西亚和非洲一些发展中国家的留学生,甚至不惜全奖支持这些国家和地区的学生来华"求学"。于是乎,各学校国际化的各种数据越来越"漂亮",至于"国际化"的内涵程度是否越来越高则不得而知。

2. 科研考核时盲目崇拜五大索引(SCI、EI、ISTP、ISR与A&HCI)

诚然,由于我国科技水平整体上落后于欧美,科学研究也是在追赶过程中,国外顶级期刊上发表的文章的含金量确实很高,我们必须鼓励教师努力做好科研,争取产出更多高质量的科研成果,在国际上发出我们的声音,以提升国际影响力。然而,在残酷的现实面前,大学管理者们发现,要想在短期内实现建成"国际一流大学"的目标相当困难,于是他们想出了很多捷径:聘请国际知名专家、学者担任客座教授、兼职教授,给予高额报酬,条件是为本校完成一定的科研工作量;鼓励教师参与国际科研合作,通过国际合作的手段来产生"国际有影响力的科研成果"。短期来看,这些学校的指标上去了,排名也上去了,可是他们的科研实力、学校实力却未必有提升。反过来,如果不急于求成,把相关资金好好利用起来,做好各项基础工作,给教师营造一个良好的科研工作环境,遵循规律,合理考核科研工作量,相信一段时间后肯定会有回报。只是在当前整个社会相对比较浮躁的氛围中,我们的大学管理者、我们的教师无法安静下来。

3. 教师招聘的"国际化"

一些知名大学为了尽快提升其国际化水平及国际影响力,在招聘教师时过度追求"国际背景"。不难发现,目前985高校的教师招聘条件,绝大多数都包括"在国外知名高校取得博士学位""在国内取得博士学位的,应在海外从事教学或研究工作×年以上"之类的要求。表面上看,这些高校有实力这样做,也无可厚非。但是,这是否也间接承认我们自己培养的人才就不如国外学校培养的呢?那么,即使在国际大学排行榜上榜上有名,甚至名列前茅又能怎么样?其实我们仔细追究,国内大学的一些"大家",特别是社会科学和人文科学领域的"大家",又有多少是"海归博士"?

再者,国内的许多名牌大学都有一种错觉,认为聘请了一些海外知名院士或大学者当教授,就是"国际"排名前列的著名大学了;其实这只是高校领导的一厢情愿而已。清华大学聘了杨振宁、北京大学聘了李政道,有谁相信清华、北大的现有科研水平就拥有了"荣获"诺贝尔奖的实力?李政道先生是全职的美国哥伦比亚大学教授,我国的北大、清华、中科大、南开等15所高校都把他聘为名誉教授,他对这15所大学的教学、科研水平的提高,究竟起了多大作用?

有更多大学跻身国际一流大学是国家和人民对大学的要求,也是大学自身的诉求。但是我们必须清楚地认识到:"罗马不是一天建成的"。毕竟我们的基础相对较薄弱,起步也较晚,在建设国际一流大学的过程中,不能急功近利、急于求成,须避免短期行为,克服浮躁心理,要心平气和、客观理性地看问题。在建设世界一流大学的问题上,没有什么可投机取巧的捷径可走,只能认认真真去做应该做而且必须做的事情。只有扎扎实实地一步一个脚印埋头走下去,也许有一天,当我们已经淡忘了要建设世界一流大学的时候,可能会突然发现,我们已经是世界一流大学了。

总的来说,现代化与国际化是把双刃剑,在引领大学快速发展的同时,也带给大学办学理念的迷失和办学行动的盲动,从而导致大学出现了行政化、商业化、功利化倾向,最终使得大学趋同化越来越严重。

第二节 科层化与官本位糅合的办学管理乱象

大学行政化与大学世俗化,这两种典型现象产生的直接原因是政治与世俗对大学文化的侵蚀,更为深刻的原因和形成机制是我国传统中的官本位思想和西方科层制实践相互糅合所致,这两者在中国式的大学管理和运行机制中均有反映。

一、中国式的大学管理与运行机制

(一)官本位文化渗透于大学管理

近代中国从创办大学开始,基本上都实行"官办官管"制度,在这一制度下,管理和运营大学的主导权在很长一段时间内都为行政权力所掌控。历经百余年的传承与发展,当前我国的高等教育不可避免地形成了"行政化"的现状。① 这可以从以下两个角度得到说明:

其一,从办学方针的角度出发,自中国创办大学开始的 100 多年中里,高等教育领域出现多种力量的更替,体现出行政力量在大学办学过程中的干预作用:"中体西用"是晚清政府为挽救危局而自保的举措;"党化教育"是国民党为加强思想意识的统一而采取的强制措施,强调"信仰及服从领袖";中华人民共和国成立后,1958 年提出"教育必须为无产阶级政治服务"教育工作方针……

其二,从权力基础的角度看,大学"行政化"的基础是主办者具备官员身份且对学校资源具有控制力,因而在此背景下,我国大学制度的核心特点为"官办官管"也就无可非议了。何为"官办官管"? 就是主管教育的相关行政部门通过人事任命或委派校长的方式,对大学进行全方位的主导和管理。自我国大学创办之初,清末时便采取的这种"官办官管"的大学管理方式成为后来大学"行政化"的效仿原型。② 新中国成立后,大学直接由教育部统属。由于我国的高等教育多由政府出资,大学与政府之间存在行政隶属和管辖关系,随着近十多年来国家资金投入的持续加大,政府对高等教育的干预也随之增多,因此"行政化色彩"也越来越浓。

目前中国大学的校长大多仍由上级任命,"985"高校的校长由中央组织部直接管理,由此产生了一些具有副部级行政级别的大学校长;③而教育部司局级官员则常常被任命为大学校长,这也成为大学领导产生的常态——对大学领导的选拔、任命、考核与评价等权力大多集中在政府部门手中。对于这一现象,有研究者分析,在高校组织办学的过程中,领导们很难做到不遵从上级部门的指令,但是如若全部按照政府部门的相关文件指令进行办

---

① 人民时评:大学"行政化"的背景和根源[OL]. 人民网,(2010-08-01). http://news.sohu.com/20100801/n273908116.shtml.

② 同上 http://news.sohu.com/20100801/n273908116.shtml.

③ 1992年,中央指定14所高校(包括:北京大学、清华大学、中国人民大学、北京理工大学、北京师范大学、中国农业大学、哈尔滨工业大学、复旦大学、上海交通大学、浙江大学、中国科学技术大学、西安交通大学、西北工业大学)的党委书记、校长职务由中央直接任命,享受副部级待遇。2000年增加北京理工大学、四川大学等7所;2003年12月新增10所,包括华中科技大学、中南大学等。至今,我国共有31所高校的书记校长享受"副部级"待遇。

学,必将造成国内高校"千校一面"的状况,也就难以展现高校本身所独具的历史和文化特色,更不必说体现教师和学生的意志。这种由上级部门直接在现任官员中任命高校领导的方式,会把原先并不在行政体系内但办学理念和教育管理能力等都适合的人排除在大学管理者之外;而那些原在行政体系内被任命为高校领导的人,由于其对办学和学校管理等方面并无热忱,仅仅将其视为职务工作的一种变动。① 这样的循环造成了高校行政体系的恶性循环。

中国是官本位色彩比较浓厚的国家。无论是从隋末唐初开启的科举制度,还是近现代以来的干部任用制度,我国选拔官员的标准是最优秀的精英分子,国人在人才社会地位方面,对官职、对权力的的向往远远大于对其他社会阶层的向往,政府对优秀、先进人才的奖励方式大多是"进官加爵"。大学作为社会的一部分,其"行政化"特征也显而易见。在当前,不仅对国家科学院、工程院和央企等机构的相关领导授予行政级别,也对妇联、民主党派、基金会等组织中的领导进行了行政级别的划分。确定了所任职务的行政级别后,其相应待遇等会迅速配套到位。这便是给大学和大学校长划定行政级别的社会心理基础。

为了进一步探究当前我国大学中官本位与学术本位之间的关系,我们选取了30所一流大学建设高校中的学术委员会成员的职务情况进行分析(具体统计结果详见图4-1)。除未收集到中央民族大学、厦门大学、中国科学院大学、国防科技大学、华南理工大学、新疆大学等几所高校的学术委员会成员名单外,其他高校较2017年前后的统计情况而言,已经有了些许改善,校长担任学术委员会主任的比例从36.67%降低到20%,前任校领导包括前校长、前副校长担任学术委员主任也降低了13.33%,六成主任委员由知名教授、院士担任。但校级领导在学术委员会的总比例仍然居高不下,足见"官本位"在大学管理中的渗透之深,连大学学术机构——行政与学术最应分离的学术委员会也难以避免。尽管如此,值得一提的是,北京理工大学学术委员会当前主任委员处于空缺状态,前主任委员方姓院士于2022年7月参加在线学术研讨会时"遭遇"女性献吻,引发恶劣社会影响,因失范事件

---

① 万里萍.关于我国高校"去行政化"的思考[J].人民论坛,2014(17):152-154.

被免职停招研究生。在北京理工大学的辟谣博文中,指出当事女性并非网传方院士的博士后学生,而是某公司职员。① 这就引发了另一个更深的疑问:"职场女性愿意和教授近距离接触的原因是什么？是'利益'关系还是真感情？"②在这背后也折射出高校学术委员会构建的看似坚不可摧的学术高塔,实则摇摇欲坠,其稳固性与公信力正面临着挑战与质疑。

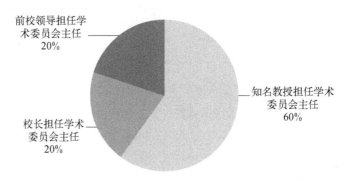

图 4-1　30 所一流大学建设高校学术委员会统计数据

(二) 科层制模式弥散于大学组织

1. 大学行政化与西方"官僚制化"的相似性

在实践操作过程中,中国大学的行政化与西方"官僚制化"具有一定的相似性,即大学内部各级教学管理很大程度上遵从一级管理一级,大体形成了系(所)服从院级、院级服从校级领导的三级管理模式;大学外部管理则主要是大学各个行政职能部门服从对应级别的教育行政主管部门,大体形成了教育部各职能司(室)、省市教育厅各职能处(室)对应高校职能处室的管理模式。这种对应关系与科层制的主要特征很类似。③ 这样的结构设置在起始阶段,相当大的程度上使得各个部门各司其职,促进了工作效率的提高。但是这样的科层体制也使得个人被物化和原子化,每个人只关心自己

---

① 北京理工大学通报"教师方岱宁相关视频事件"处理结果[EB/OL].(2022-12-07).https://baijiahao.baidu.com/s?id=1751535332901068673&wfr=spider&for=pc.
② 育学笔谈.北理工未护短,公布方岱宁教授处理结果,女主身份公开引热议[EB/OL].https://baijiahao.baidu.com/s?id=1751541723992424816&wfr=spider&for=pc.
③ 官僚制化(亦可称科层制)的主要特征有:① 内部分工,且每一成员的权力和责任都有明确规定。② 职位分等,下级接受上级指挥。③ 管理人员是专职的公职人员,而不是企业的所有者。④ 组织内部有严格的规定、纪律,并毫无例外地普遍适用。⑤ 组织内部排除私人感情,成员间的关系只是工作关系。

手头的事情,整个系统像一部运转完好的机器。西方"官僚制化"遵从价值理性,其核心是合理性与合法性;而我国的行政化体现出来的则是工具理性,其核心是围绕行政意志与官方意志进行服务。

2. 科层制与大学组织的契合度

科层制以其合理性作为实现前提,并且以稳定地运行和能够展现其特有的等级制的权利矩阵关系为特点。在科层制背景下,处于权力高层级者可得到低层级者的遵从,并且这种遵从具有一种自愿式服从的特点。这种个人自愿的服从,被韦伯视为具有合理性和合法性。所以合理性的表现并不是好与坏的区别,因为个人在自愿服从时本就认同所服从对象的观点并排除了价值判断。也就是说,若个体认为一个秩序是合法的,那么这个秩序就是正当的。在这种秩序本就具有"正当性"的信念下,无论何种指令都会得到个人自愿的服从,只要指令是源自权威的。[①]

在科层制中,权力建立在实践理性基础上,它源于形式法学理论和形式法律制度,并不受旧时血统承袭因素的影响。由于科层运作的主要指标是可操作性和效率的最大化,因而在科层制中人身依附关系往往会弱化甚至消失。科层中的人员的流动也是取决于其本身的工作经验、责任心等,上司的个人好恶无权决定。当代大学内部的组织架构建设已经相当完备,形成一整套自上而下的运行机制,这些机制以大学章程的形式获得外部组织(国家权力)的认可,以办学方针、培养方案的形式与内部成员达成契约,因此具有相当强的稳定性。

在科层制的技术化倾向下,各类科层逐渐注重其组织行为的科学,不仅管理方式愈来愈科学合理,也更加倚重各类专家。这种技术化了的科层制更增强了内部成员的认可度,即使是制度本身走向偏颇而导致效率低下也鲜有异议。

在这种自愿服从的管理关系中,量化是其最明显特征。由于在行动方式、行动程序等方面的量化处理,任何任务基本都可达到被计算的程度。不仅行动过程被看成是可以计算的,而且行动目的也被看成是可以计算的,从

---

① 宇红. 论韦伯科层制理论及其在当代管理实践中的运用[J]. 社会科学辑刊,2005(3):183-186.

而达到一种纯粹客观的合理性。与之相悖的则是实质合理性。这是一种完全以价值判断为基础,只关乎伦理主义或道德理想的、强调主观而忽视客观效率的合理性。在社会普遍追求效率的大潮下,大学也不可避免地卷入其中,大学的评估、审核,教授个人的职业发展,乃至学生的培养都注重效率,都以数字说话。这种工具-目的论可以恰当地诠释当今的大学是如何创造出诸如师资选聘量化指标、院士指标、科研考核指标等等名目繁多的各类指标的。

3. 注重效率的工具-目的论恰恰与现代社会追求的效率相呼应

日常生活中,纪律条理清晰的等级制度,逐渐成为世界潮流,这似乎是社会进步的一种体现。不可否认,科层制作为一种组织管理的模式曾释放出巨大的生产力,但是科层制在大学治理中应用得"炉火纯青",以至大学中人包括教授对此都浑然不觉,则是应当引起我们警惕的。

二、科层化与官本位糅合的大学管理乱象

(一) 行政干预超越学术研究

1. 学术权力与行政权力

通常来讲,权力就是一种影响力和支配力,而权利则体现私人可以放弃或转让的一种力量。① 那么,何谓学术权力? 有研究认为,学术权力是一种专家学者依据其本身的学术水平和能力,对学术事务与活动等干预和施加影响的力量。具体来说,由于学术权力植根于学术,因而其在教学科研等学术事务和服务于学术的各类资源配置等方面有着大量的表现。有研究认为,"学术权力可分为三类:一是学术规范权,二是学术评价权,三是学术资源配置权。"②

由于学术权力中"学术"二字的限定,显而易见,其权力的行使主体主要是专家学者;根据权力的社会功能,学术权力即体现了普遍意义上的对学术事务的管理。学术权力因其本身具有民生性、自主性的特点,在运用时往往是通过不同的行政管理来实现,因而学术权力并不能狭隘地理解为只是学

---

① 吕世伦,宋光明. 权利与权力关系研究[J]. 学习与探索,2007(4):99.
② 纪宝成,胡娟. 关于高等学校学术权力的几点思考[J]. 中国高教研究,2010(1):1.

术人员的权力。有一些观点片面地将学术权力等同于学术人员的权力,甚至直接将大学内部权力简单地划分为学术权力和行政权力,并将两者对立理解,未免过于简单机械。

如上所言,学术权力的实现往往需要通过种种行政管理的方法和手段,因而在学术权力的行使过程中不可避免地体现出一些具有行政色彩的指令或科层管理办法;但如若将实现学术权力的手段——行政化方式作为发展目标,那么便与学术权力的"保障和促进学术发展"的根本目标背道而驰,就容易导致"学术权力行政化"的后果。因而在行使学术权力的过程中,要时刻谨记权力运用应以学术自由为前提和基础,切忌本末倒置。

2. 行政干预学术研究的典型个案——南方科技大学的去行政化之路宣告失败

中国科学院院士朱清时曾任中国科学技术大学第七任校长,也是南方科技大学的创校校长。之所以受聘为南科大校长,朱清时在学校成立大会上表明,改革创新是南科大的立校之本,南科大梦想的核心就是"去行政化"。作为"中国高校改革第一人"的朱清时渴望实现教授治校,能够以一种书院制的方式进行教学管理。[1]

原来朱清时任在中国科学技术大学校长期间,中科大的不少教师、研究人员争相竞聘后勤、人事等行政职务。对此,朱清时十分理解他们的苦衷,因为他清楚地知道,在现有的教育体制下,"裸"教授之路是不大行得通的,只有带"长"的教授才会资源通吃。就这样,官员教授化,教授官员化,高校成了另外一种官场。此外压力还来自教育部的扩招要求,他引以为豪的恐怕就是顶住教育部扩招的压力,自2001年来没扩招一个名额!当时朱清时接到上头一个又一个电话,希望中科大扩招,并把扩招提高到拉动内需的政治层面。但朱校长并没有遵从,顶着巨大的财务压力[2],中科大自2001年始,在他任职期间每年只招1 860名学生。

后来,众所周知,朱清时去了南科大。之所以去南科大,最令他动心的

---

[1] 马军.朱清时突围[J].中国新闻周刊,2011(30):38-44.
[2] 我国教育部门按照高校学生人头数拨款,加上学生学费,如果中科大每扩招一名学生,那么学校就能够多收入1.5万元,扩招1 000人就等于多收1 500万。

是在我国改革开放最前沿的深圳,有一块"试验田"等待他去耕耘。然而抱着改革创新的梦想上任南科大的朱清时却遭遇了种种难题,其中一个就是学士学位的授予权问题。由于我国实行教育部统一授予文凭,但南科大却努力以自授学位、自颁文凭为其办学特点,其难度可想而知。

3. 行政权力干预学术研究的案例

在当前的高校,大学教师最为看重的一个奖项是国家教学成果奖。设立这项成果奖的出发点,是旨在激发大学教师的教学热情与学术激情,使得教学与科研相得益彰。然而一个值得警惕的现象是,国家级教学成果奖获得者中,真正来自教学第一线的老师却凤毛麟角。

为此,有研究者选取 2022 年高等教育(本科)国家级教学成果奖的特等奖和一等奖获奖名单,并对第一完成单位、获奖者的身份和数量等作了统计①,结果令人十分惊讶:"双一流"高校占比超过 80%,"双非"高校仅占 13%,和当前全国高校数量和结构严重倒置;一般教师(含研究所所长)在 2014 年国家教学成果奖(高教部分)特等奖和一等奖获得者中的比例仅为 19.72%,而党委书记、校长、院长的比例却高达 36.62%。通过数据可以看出,各级领导,从校长、副校长到二级学院的院长、职能处室处长等,包揽了国家教学成果奖的绝大多数奖项(具体参见图 4-2 和 4-3)。

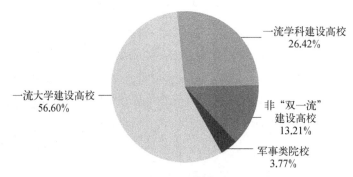

图 4-2 2022 年高等教育(本科)国家级教学成果奖特等奖、一等奖第一完成单位统计图

---

① 第六届高等教育国家级教学成果奖特等奖、一等奖成果简介[EB/OL]. http://www.moe.edu.cn/publicfiles/business/htmlfiles/moe/s3880/201105/119670.html.

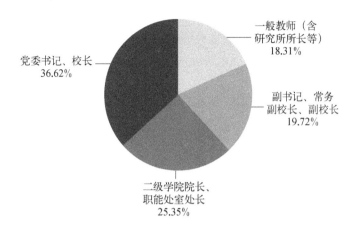

图 4-3 2022 年国家教学成果奖（高教部分）特等奖、一等奖获奖者统计图

从以上数据我们似乎可以得出这样的结论：教学成果奖的获得者大多不是奋战在教学一线的教师，而是坐在办公室里的书记、校长和院长们！这样的事实，不能不让一线的教师心寒。

(二) 效率为先反而导致效率低下

我们在大学组织架构中设置了科层制体系，这一体系看似有着极为高效的办事程序和流程，有着可操作与可量化的指标体系，但实际上反而使得大学组织效率低下，甚至出现了"重量不重质"的负效率，也就是只有形式上的效率，没有内涵的效率；或者说只有数量上的效率，而没有质量上的效率。

第三节 回应社会和政策需求的办学措施乱象

在现代化与国际化的背景下，大学为实现现代化与国际化的目标在不断探索，但是在探索过程中，存在急于求成、简单地追求指标化的现象，由此导致我们的办学理念出现偏差。在官本位与科层化的糅合下，大学办学机制也开始乱象频出,大学为其自身的发展,不得不在回应社会需求、应对政策要求等方面迂回前行,主要表现为应对市场需求和国家政策的"规模办学"以及"不出错""应急性"的办学措施等。

一、大学在回应社会需求的夹缝中前行

(一) 高等教育普及化的时代回应

1. 我国高等教育的扩招

第二次世界大战结束后,西方发达国家掀起了重视高等教育的浪潮。从高等教育的在校生人数来说,美国高等教育在1970年就达858万多人,是其1950年学生人数的3.7倍;日本高等教育的在校生在1980年为183万多人,比其1950年的学生人数增长了将近6倍;苏联在1970年代的高校在校生达458万多人,是其1950年学生人数的2.7倍。由这些数据可以看出,高等教育的扩招是全球潮流。① 美国学者马丁·特罗指出,若将高等教育的毛入学率作为标准,那么高等教育发展历程就可以划分为"精英、大众和普及"3个阶段。② 其中接受高等教育的人口在15%以下为精英化阶段,超过15%、未达50%时为大众化阶段,而当接受高等教育的人口突破50%时,则普及高等教育的时代便会来临。③

我国的大学长期以来一直是精英化教育,大学生的选拔一直遵循着严格筛选和循序渐进的培养规律进行。然而,在全球重视高等教育的大趋势下,我国对高等教育进行了重新规划。到了20世纪末21世纪初,为了实现"高等教育大众化"并向"高等教育普及化"方向发展,大学开始全面扩招。2019年,我国高等教育毛入学率达到51.6%④,首次超过50%大关,已经全面进入"高等教育普及化"阶段。为了进一步说明问题,我们将全

---

① 孙玉杰:以成长为目标的高等教育大众化研究[D].济南:山东师范大学,2008.
② 史朝:高等教育发展的整体思路——评马丁·特罗的高等教育发展阶段理论[J].高等教育研究,1999(4):96.
③ [美]马丁·特罗著.马万华主编:多样性与领导力——马丁特罗论美国高等教育和研究型大学[M].北京:教育科学出版社,2011:42-44.
④ 2019年全国教育事业发展统计公报[OL]. https://www.gov.cn/guoqing/2020-05/21/content_5513455.htm.

国历年(1978—2024)参加高考人数和录取人数①做了一个趋势图(见图4-4,4-5),以便更为形象地说明大学的全面扩招。

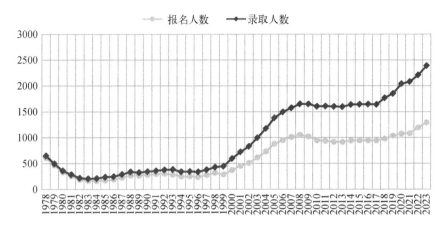

图 4-4　全国历年(1978—2024)参加高考人数和录取人数趋势图

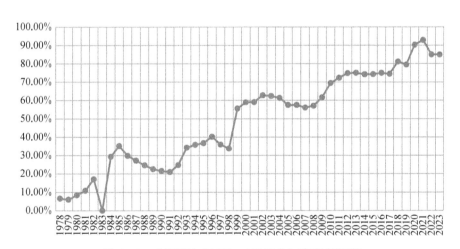

图 4-5　全国历年(1978—2024)参加高考录取率

1999年我国大学开始扩招,高等教育从此进入"大跃进时代"。10余年时间里,大学学校数量激增,由1998年的1 022所增加到2011年的2 429所,增加了一倍多。招生人数由1998年的108万,激增到2011年的657

---

① 数据来源:江城中高考. 全国历年参加高考人数和录取人数统计[EB/OL].(2024-04-09). https://baijiahao.baidu.com/s?id=1795641764017763257&wfr=spider&for=pc.

万,是1998年的6倍多。到2021年,高等教育毛入学率从1998年的9.07%提高到超过24%。同时,国家认为当前的高等教育毛入学率还应进一步提高,从《国家中长期教育改革和发展规划纲要(2010—2020年)》到《国家教育事业发展"十四五"规划》,一直强调要提高高等教育毛入学率。2023年,我国高等教育毛入学率达60.2%,比上年提高0.6个百分点;全国共招收研究生130.17万人,比上年增长4.76%①。短短25年间,高等教育毛入学率增长了近7倍,提前完成"十四五"规划目标②。

2. 我国高等学校的合并浪潮

之所以合并办学是为了整合资源、优化资源配置,让学校有更好的发展,其初衷是为了解决计划经济体制下形成的条块分割、办学分散、重复设置、效益低下等问题③。

高校合并作为高等教育体制改革的措施之一,最早开始于1992年,在部分地方开始试点。1995年7月,《国务院办公厅转发国家教委关于深化高等教育体制改革若干意见的通知》提出,"要按照优化教育资源配置和提高办学规模效益的原则,逐步对有条件的高等学校进行合理调整和合并④",正式在全国推行高校合并。1998年中央发出"建设一流大学"的号召,合并办学遂成热潮。为了促进大学更好地发展,发挥各院校、各学科的综合优势,实现创建"一流大学"的目标,各大学纷纷对自身建设和改革进行量化衡量,而高校合并作为一种教育资源的重组手段,有利于促进适应时代需求的高层次交叉学科、新兴学科等的发展,会大大提高学校教育、科研和管理水平⑤,是联合办学、优化资源配置的最高形式。1998年前后,合并办学成为一时潮流。在39所"985"高校中,有21所在1998年前后完成合并

---

① 教育部. 稳步扩大研究生人才培养规模[EB/OL]. http://www.moe.gov.cn/fbh/live/2024/55831/mtbd/202403/t20240301_1117751.html.
② 教育部. 高等教育毛入学率60.2%,提前完成"十四五"规划目标[EB/OL]. https://baijiahao.baidu.com/s?id=1792297373091571085&wfr=spider&for=pc.
③ 李岚清. 李岚清教育访谈录[M]. 北京:人民教育出版社,2003:80.
④ 国务院办公厅转发国家教委关于深化高等教育体制改革若干意见的通知[EB/OL]. http://www.law-lib.com/LAW/law_view1.asp?id=60688.
⑤ 刘延庆. 高校合并办学与校园文化构建[J]. 扬州大学学报(高教研究版),2009(3):19-21.

办学。1990—2006年,全国有431所高校由合并而来①。这些合并确实在很大程度上消除了计划经济体制下形成的条块分割、办学分散、重复设置等弊端,通过资源再配置,提升了高校创新研发的规模和效率②。但在大批量合并后的相当一段时间里,高校合并没有带来明显的"规模效应",并且"追赶效应"也不明显③。与此同时,高校合并之后,各个体之间原有的文化冲突问题极大地阻碍了学术交流④;而对于普通百姓来说,特大规模的高校对于本地高考学子而言,并没有带来录取率的提升,反而使得可选的本地高校变少。

3. 应用型高校建设兴起

高等教育普及化的到来,让更多人有机会走入大学课堂的同时,高校竞争也日趋白热化。在高校合并、综合型大学林立、"双一流"高校建设如火如荼的当下,一大批老牌高校、地方本科院校的生存空间日益受到挤压。面对快速发展的社会经济和不断调整的产业结构,国家出台了一系列战略规划,如《国家中长期教育改革和发展规划纲要(2010—2020年)》及《国家教育事业发展"十四五"规划》,明确提出要优化高等教育结构,加强应用型、复合型、技能型人才培养,推动高等教育更好地服务经济社会发展。因此,引导部分高校进行应用型转型成为响应社会需求、推动高等教育结构调整的重要举措。为深化产教融合,教育部等部门联合发布了相关政策文件,鼓励高校与企业深度合作,共同开展人才培养、科学研究和社会服务。通过产教融合,应用型高校能够紧密对接产业需求,调整专业设置和课程内容,提高人才培养的针对性和实效性。同时,教育部门还对评价体系进行了改革,如将毕业生就业率、企业满意度等指标纳入高校考核体系,促使高校更加关注学生的实际能力和社会需求。但是,随着对实践能力和职业技能的过度强调,

---

① 教育部. 1990年以来高校合并情况(截至2006年5月15日)[EB/OL]. http://www.moe.gov.cn/srcsite/A03/moe_634/200605/t20060515_88440.html.
② 胡咏梅,梁文艳. 高校合并前后科研生产率动态变化的Malmquist指数分析[J]. 清华大学教育研究,2007,28(1):62-69.
③ 许宏伟,钟粤俊. 教育资源再配置与创新研发——基于高校合并的视角[J]. 经济学(季刊),2022,22(3):1039-1060.
④ 刘瑞明,亢延锟. 高校合并真的可以带来"规模经济效应"吗?[EB/OL].(2020-10-06). https://www.thepaper.cn/newsDetail_forward_9434749.

一些高校可能忽视了对学生人文素质和批判性思维的培养,导致了大学文化的单一化和功利化。这种倾向不仅削弱了大学的创新能力和学术自由,也影响了学生的全面发展和个人成长。

4. 转型升格成为职业院校的发展方向

面对社会对技能型人才需求的不断增长,部分职校选择升格转型为专科高校或职业本科,以适应市场需求和推动职业教育高质量发展。教育部等部门多次发文支持这项工作,如《关于加快发展现代职业教育的决定》等文件,明确提出了加快发展职业教育的目标任务和政策措施,为职业院校升格转型提供了政策保障。此外,自2019年起,我国着手推行职校升格以及设立本科层次职业学校,短短4年时间里,职业本科招生数从3.85万人跃增至8.99万人,增加了2倍有余(见图4-6),在校生人数也从2020年的7万余人增加至2022年的22万余人①;2024年的统计数据显示,我国本科层次职业学校已达33所②。但职校升格也带来复杂且多维度的挑战,涉及管理、资源、教育质量以及学生发展等多个层面。在管理方面,中职学校与高职院校的管理体制存在显著差异,导致新升格的高职院校在短期内难以完全适应新的管理体制,可能出现管理混乱或效率不高的情况。同时,机构设置的不健全也进一步加剧了管理上的困难。另外,资源方面的问题同样不容忽视。升格意味着需要更多的资金投入来改善教学设施、提升师资力量和扩大招生规模。然而,由于各种原因,如政府拨款有限、社会捐赠不足等,新升格的高职院校可能面临资金投入不足的问题,这直接影响到学校的发展和建设。此外,师资力量薄弱也是一个亟待解决的问题,它直接影响到教学质量和效果。在教育质量方面,新升格的院校也面临着一些挑战。职校的教育模式以职业教育为主,注重培养学生的实践能力和职业技能。然而在升格后,学校需要努力向高职教育甚至本科教育转型,但在短期内仍然受到中等职业教育模式惯性的影响,难以完全适应高等教育的要求。此外,课

---

① 数据分别来源于教育部"2023年全国教育事业发展基本情况"《2022年全国教育事业发展统计公报》《2021年全国教育事业发展统计公报》,2020年数据由2021年全国教育事业发展统计公报计算所得。

② 教育部召开新闻发布会介绍2023年全国教育事业发展基本情况[OL]. http://www.moe.gov.cn/fbh/live/2024/55831/.

程设置不够合理也是一个需要关注的问题,它可能影响到学生的就业前景和职业发展。最后,学生发展方面的问题也不容忽视。升格为高职院校或职教本科后,学生的学习内容和学习难度会相应增加,这可能会给部分学生带来较大的学习压力和挑战,影响他们的学习兴趣和学习积极性。同时,新升格的高职院校在职业规划教育方面可能存在不足,导致学生对自己的职业发展方向和目标模糊不清,这也会影响到他们的职业规划和未来发展。

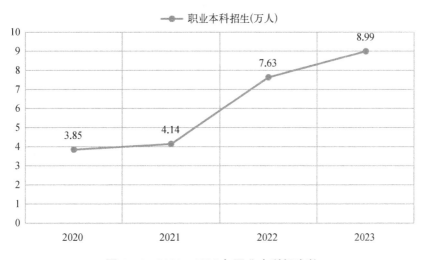

图 4-6 2020—2023 年职业本科招生数

(二) 大学服务于国家的政治要求

人们普遍认为,大学作为高等教育阵地,人才培养、科学研究和服务社会是其三大职能。美国的高等学校之所以产生社会服务职能,是由于《莫里尔法案》为其提供了法律基础。[①] 后来,大学为社会提供所需服务的主张及做法影响了整个高等教育界,并为世界各国的高等学校所效仿。[②] 正是由于高等教育在维护社会政治、实现社会政治目标等方面起到了非常重要的作用,因而在我国,高校不仅需要肩负起服务社会的政治使命,也要承担起为社会经济发展提供源源不断的科技人才支持的艰巨任务;与此同时,高校

---

① 周守军,谭冠中.论大学职能观变迁[J].消费导刊:理论广角,2009(23):240.
② 朱国仁.从"象牙塔"到社会"服务站"高等学校社会服务职能演变的历史考察[J].清华大学教育研究,1999(1):35-41.

也必须履行其原有的文化批判、文化创造以及文化倡导的职能。①

国家往往是通过立法来规定教育的方针、明确教育的目标的。如本世纪初,国家认为 21 世纪大学作为社会经济的引擎、国家科技的发动机,必须在民族复兴和国家富强方面做出贡献,于是出台了《面向 21 世纪教育振兴行动计划》,该计划旨在全面推动中国高等教育的深化改革与快速发展,强调教育要与国家发展战略紧密结合,要服务于经济社会发展的全局。《面向 21 世纪教育振兴行动计划》奠定了当前及今后一段时期我国高水平大学和重点学科建设的基本框架。目前,我国高等学校数量方面的基本情况如下表所示(见表 4-2)。

表 4-2 我国各省高等学校数量情况一览②

排序	省 份	普通高校数量	本科高校数量	211 高校数量	985 高校数量	一流大学建设高校	一流学科建设高校
1	江苏	172	78	11	2	2	11
2	山东	161	71	3	2	2	3
3	广东	165	73	4	2	2	5
4	河南	174	60	1			2
5	安徽	125	47	3	1	1	2
6	湖南	139	53	4	3	3	4
7	湖北	133	68	7	2	2	5
8	河北	129	63	2			1
9	辽宁	114	64	4	2	2	3
10	四川	139	54	5	2	2	6
11	北京	92	68	26	8	8	20
12	浙江	109	62	1	1	1	1

① 刘晓春.论现阶段我国高等教育的功能[J].学海,2002(4):186-188.
② 数据来源:教育部 2024 年统计数据。

续表

排序	省份	普通高校数量	本科高校数量	211高校数量	985高校数量	一流大学建设高校	一流学科建设高校
13	陕西	97	58	8	3	3	5
14	黑龙江	78	40	4	1	1	3
15	福建	88	39	2	1	1	1
16	江西	111	47	1			1
17	山西	83	34	1			1
18	上海	69	40	10	4	4	9
19	广西	89	40	1			1
20	云南	91	33	1		1	
21	重庆	73	28	2	1	1	1
22	吉林	67	38	3	1	1	3
23	内蒙古	54	17	1			1
24	天津	56	30	3	2	2	3
25	贵州	80	30	1			1
26	甘肃	50	25	1	1		1
27	海南	25	9	1			1
28	宁夏	22	8	1			1
29	青海	13	6	1			1
30	西藏	7	4	1			1
31	新疆	63	21	2		1	1

二、回应社会政策需求的办学措施乱象

20世50年代,为满足当时国家经济发展对专门化人才的需求,我国以苏联模式为蓝本,对大学实施分化管理,以从综合性走向专科化为特点,将

除北大、复旦之外的国内多所综合性高校调整为单科或多科性的专门化学校。但划分后不久便发现,高校发展存在专业划分过细、学科门类过于单一以及学校规模过小等种种问题。① 为了解决这一问题,改革开放后,我国又不得不在20世纪90年代再次进行大学的合并调整。

教育服务于政治,同样也受制于政治。回应社会政策需求成为大学办学措施不可回避的要素之一。正如我国自改革开放开始,始终坚持以经济建设为中心。但是在发展的过程中,一度过于关注经济发展,而经济发展过程中又过于注重国际上通行的 GDP 的增长,将 GDP 视为国家经济发展的决定性指标,也视为考核各级地方政府和官员政绩的关键性指标。片面追求经济发展和 GDP 的增长,不仅导致了文化、生态和教育的畸形发展,更为严重的是用这一思维指导教育办学,特别是高等教育,具体表现在以下几个方面:首先,用类似"GDP 思维"来衡量大学发展水平。"GDP 思维"就是用发展经济的思维和模式,对大学的建设和改革进行量化衡量,往往冠之以"工程""计划""基地""重点实验室"等名义进行,并通过投入数额巨大的经费、划拨面积可观的场地、给予相当大的行政权力等方式予以实施。诸如"985 工程""211 工程""千人计划""知识创新工程""教育部人文社科基地""国家重点建设实验室""'双一流'建设""新工科建设""强基计划"等。于是,人们对大学的批评随之而来,上至政治与学术精英下至黎民百姓与草根意见领袖,无论是大学之外的有识之士还是大学内的具有远见之人,都有批评的声音发出。

片面解读政策或是消极执行上级意见成为大学办学的桎梏。为了回应社会政策需求而办学导致了一系列乱象,其中超出大学治理能力的规模化办学表现尤为突出,其次明哲保身以求"不出错"的应付上级要求亦是乱象之一,此外乱象中还包括大学里缺乏设计的各种应急性举措。

(一) 超出大学治理能力的规模化办学

当前我国正处于建设中国式现代化和高等教育普及化阶段,高校扩招

---

① 瀚青,赵剑宇:西南联大办学方式对高校合并办学的启示[J].河北师范大学(教育科学版),2013(11):54-58.

的直接后果就是在校学生数量的激增、校园面积的扩大以及校区的增多等。这里以42所"一流大学建设"高校为例作一分析。

如图4-7所示,在42所"一流大学建设"高校中,全日制本科生平均为2.2万人,除2所高校外,其余40所学校的全日制本科生均超过1万人,22所学校超过2万人,8所学校超过3万人,吉林大学、山东大学和郑州大学3所学校的全日制本科生人数超过4万人。硕博研究生数量平均为2.1万人,仅略低于在校本科生平均数。18所高校的研究生数量超过本科生,和8年前的统计数据相比,出现大幅增长。其中清华大学的非全日制硕士生数量高达16 382名,远高于全日制硕士生数,和全日制本科生数持平;非全日制博士生数高达3 810名;而其专任教师数量仅有3 860名,师生比例严重失调。整体看来,中国科技大学、北京师范大学、中央民族大学、国防科技大学、中国人民大学等几所学校人数相对较少。我们以往的高等教育为精英教育,现在扩招如此之多的学生,生源质量必然会下降。并且值得注意的是,西北工业大学、兰州大学等中西部地区的高校,其生源也主要来自中西部地区,但是这一地区的基础教育相对较为薄弱,那么对于该地区的高校,又该采取什么样的措施?自1999年大学扩招以来,虽然"人人有学上",但是"这样上学"真的好吗?我们追求的大学是精英化的教育,还是只是素质

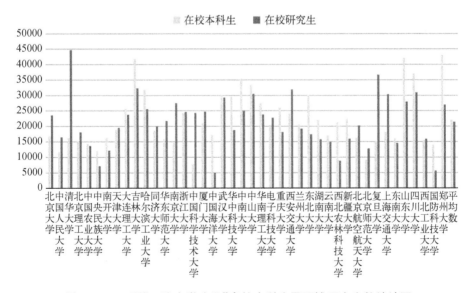

图4-7　42所"一流大学建设"高校本科生及硕博研究生数统计图

的熏陶?"钱学森之问"还在耳边回荡,在"大满贯"的学生中,又有几人是安心学术的呢?

在校区面积和校区数量方面,每所一流大学建设高校均有3个左右的校区,占地总面积平均为5 500余亩,这一数字较10年前增长了500亩。42所"一流大学建设"高校中,面积最大的是西北农林科技大学(56 012亩),但实际上西北农林科技大学的校舍面积并不大,广阔的学校占地主要是作为实验用地来进行农业科研和实验,因此为了体现出各高校占地面积的实际差异,在图4-8中,并未将这一高校纳入。除此以外,占地面积较大的高校还包括中山大学(13 726亩)、吉林大学(11 019亩)、浙江大学(11 086)与北京理工大学(9 600亩)。在校区数量方面,山东大学无疑是最多的,共有8个校区;浙江大学紧随其后,有7个校区;北京大学、吉林大学和国防科技大学各有6个校区,并列第三。

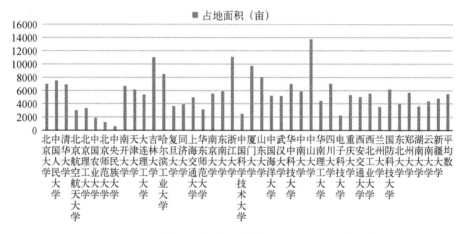

图4-8 41所"一流大学建设"高校占地面积统计图①

从专任教师数量来看,各高校的情况也存在较大差异。具体而言,四川大学以6 787人的专任教师数量位居前列,而如吉林大学、哈尔滨工业大学等也拥有相对较多的专任教师,这与高校的学生数量有关。相比之下,国防科技大学等高校的专任教师数量则较少。整体而言,专任教师平均数量为3 110.95人,但各高校间的专任教师数量差异明显,师资力量相对不均衡,

---

① 数据来源:根据各校学校简章中的数据统一整理而成。

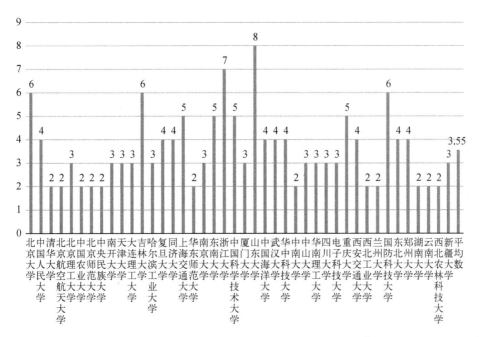

图 4-9　42 所"一流大学建设"高校校区数量图①

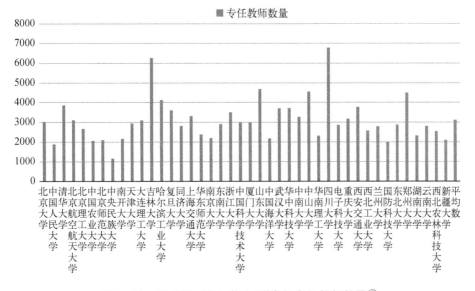

图 4-10　42 所"一流大学建设"高校专任教师数量②

---

①② 数据来源：根据各校学校简章中的数据统一整理而成。

这在一定程度上反映了教育资源分配与高校发展策略的差异。

在学科门类方面，42 所一流大学建设高校呈现出一种普遍现象：每所学校的学科门类基本齐全，平均涵盖了 10.5 个学科门类，尤其是经济学、法学、文学、理学、工学以及管理学这 6 大类学科，无一例外地在每所高校中均有设置。然而，这种全面覆盖的学科布局，极易导致同一学科门类的毕业生数量激增，加剧就业竞争，成为当前就业难的一个重要原因。进一步观察，不难发现，大学在发展过程中盲目追求升格与综合化，这不仅导致了重复建设、资源浪费，还使得高校类型与结构出现不合理情况，部分高校在办学过程中形成了伪特色，这无疑对高等教育的质量与特色发展构成了挑战。近年来，国家和有关高校已经敏锐地关注到了这些问题，并积极采取多种措施进行学科调整。根据经济社会发展的实际需求，一些不适应社会需求的专业被裁撤，同时，跨学科门类的专业建设也得到探索与实践。尽管在招生与就业的过程中遇到了一些困难与挑战，但这些尝试无疑是对当前高等教育面临问题的一种积极回应与探索。

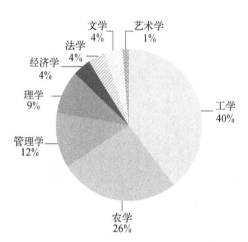

图 4-11 西北农林科技大学本科专业中各类学科分布图①

就西北农林科技大学的专业设置而言，除去已停招的"人文地理与城乡规划"和"视觉传达设计"，尽管在过去几年中农学的占比有所提高，但工学以 40% 的比例压倒性地高于农学的 26%；而《西北农林科技大学章程》第六条明确规定，其培养人才的重点是农林学科。②

《北京师范大学章程·序言》中写道："学校秉承'爱国进步，诚信质朴，求真创新，为人师表'的优良传统和'学为人师，行为世范'的校训

---

① 数据来源：根据西北农林科技大学信息公开网站公布的 2024 年数据整理而成。
② 资料来源：《西北农林科技大学章程》。

精神,以教师教育、教育科学和文理基础学科为办学特色,以'治学修身,兼济天下'为育人理念,着力培养师生员工'盛德励耘,上善乐育'的独特气质,努力创建世界一流大学。"但是在北京师范大学本科专业各类学科的分布图中,理学以 36% 的优势比例遥遥领先于 7% 的教育学。

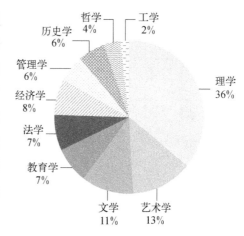

图 4-12 北京师范大学本科专业中各类学科分布图①

(二)明哲保身"不出错"的应对措施

由于大学系统内的官员多系行政部门任命或选拔,而非来自高校内部的举荐与遴选,故对于大学的办学定位与办学决策,往往采用明哲保身之策。"明哲保身"一词出自《诗·大雅·烝民》②,原指明于事理的人善于自保,现指为了保住个人利益而回避原则斗争的庸俗作风。

之所以用这个词,确是由于在大学的办学过程中,部分大学的管理者和建设任务实施者在党和国家的行政指令下,自觉或不自觉地秉持"不求有功,但求无过"的思想做事;无论是大学的基础设施建设还是学科建设,都片面地追求"高、大、全",如校区扩张、学科门类数量扩增等;乃至具体的教学层面、管理层面、学术层面,这种现象也是屡见不鲜。

由前文可知,我国高等教育在 1998 年后进入了人数激增、高校合并的时代。不仅如此,随着近些年来国家建设"学习型社会"口号的提出,高校纷纷伸出"援手",建设成人教育点、继续教育学院等。由表 4-3 可以看出,研究生培养机构和普通高等学校数量一直在迅速壮大中,与此相反的是成人高校和民办的其他高等教育机构在不断减少。

---

① 数据来源:根据北京师范大学招生简章数据整理而成,其中环境科学与工程类和人文科学试验班进行跨学科教学,未被纳入统计。
② 参见百度百科:明哲保身[EB/OL]. http://baike. so. com/doc/170944-180588. html.

表 4-3 1949—2014 年(部分)全国高校相关数据统计①

年 份	1949	1965	1978	1985	2000	2004	2007	2014	2017	2020	2023
研究生培养机构	/	/	/	/	738	769	795	811	815	827	/
1. 普通高校					415	454	479	534	578	594	/
2. 科研机构	/	/	/	/	323	315	316	277	237	233	233
普通高等学校	205	434	598	1 016	1 041	1 731	1 908	2 442	2 631	2 738	2 822
1. 本科院校	/	/	/	/	599	684	740	1 045	1 243	1 207	1 242
2. 专科院校	/	/	/	/	442	1 047	1 168	1 297	1 388	1 468	1 547
3. 分校、大专班	/	/	/	/	/	364	425	303			
成人高校	1	964	10 395	1216	772	505	413	348	282	265	252
民办的其他高等教育机构	/	/	/	/	/	1 187	906	712			

总的来说,大学为了实现现代化与国际化的目标,在探索实现路径时不免出现简单地追求指标化、急功近利、急于求成的现象,由此导致我们的办学理念出现了偏差。在官本位与科层化的糅合下,大学办学机制也乱象频出,大学为求自身的发展,不得不在回应社会需求、应对政策要求等方面迂回前行,主要表现在应对市场需求和国家政策的"规模办学"与"不出错"的

---

① 数据来源:国家教育年鉴统计数据。

办学措施,以及回应产业化、社会服务、就业需求等各种应急性办学政策等方面,从而使得大学的行政化现象越发严重、商业化运作更加明显、世俗化色彩更加浓厚、功利化倾向愈加突出,这也就不难理解何以大学趋同化的程度愈来愈深。

第五章

当前我国大学文化危机的出路：应对之策

大学文化危机的表现形式多样,集中映射到5种典型现象,这5种典型现象的产生,是由于当前我国大学受到现代化和国际化的双重裹挟,以及我国传统的官本位与西方科层制的双重文化糅合,最终导致我国大学的办学理念和办学指导思想始终在不断地简单回应社会和政策的需求,从而常常采取各种应急性措施,导致出现短视办学、急功近利办学。那么怎样才能走出这一危机呢？

首先,我们要坚守永恒的大学精神。大学文化的内核是大学精神,大学精神是相对恒定、是能超越时空传承下来的,因此大学文化危机的解决之策,首要任务是坚守大学精神。大学精神坚守的主体,毫无疑问是大学人,也就是大学这一文化组织的"学术共同体"内的所有人,主要包括大学校长、大学教师、大学科研人员以及大学生等。大学人需要坚守自己的使命、责任和愿景,形成韦伯所说的"价值理性",以构建哈贝马斯所言的"话语共同体",从而重新回归到大学的"魅力"状态。其中大学校长是大学精神坚守的关键之关键。有学者指出,中国需要一批能够冲破官僚体制桎梏的思想权威及学术大师；大学向科学理性的回归,需要这样的教育家无私无畏、有所作为。[①]

---

① 徐璐洁.社会转型期高校教师精神危机与重建策略[J].当代教育科学,2015(7)：36-38.

其次，我们要选择多样的大学文化。大学文化具有多样性，这一多样性与之前的统一性是辩证统一的。大学的形成与发展离不开特定的历史环境与时代需求，且与本民族和国家的历史文化传统密不可分，也与大学所处的社会与地域紧密相关，因此大学文化具有多样性。在坚守大学精神的前提下，每一所具体的大学需要根据本校的实际情况，选择合适的大学文化。

最后，我们要坚持既定的办学理念。大学文化最终的形成以大学理念的形式落地。大学理念具有约束性，每一所具体的大学在坚守大学精神的同时，还应在社会及高等教育的坐标系中找到适合自己的大学文化。大学文化一经选定，就需要朝着既定的办学理念稳步前行，就需要与国家需求、社会诉求相适应，并和世俗要求保持相应的距离。大学的形成和发展历史告诉我们，无论是中世纪的西方大学还是现代西方大学，也无论是我国民国时期的大学还是新中国成立后的大学，大学已经不是与世无争的"象牙塔"，而是国家和政府瞩目的中心。既然如此，大学远受神权与王权、近受政权与世俗的极大影响就不足为奇。如何坚守办学理念不动摇，这是对每一位大学办学者智慧和勇气的双重考验。

第一节 坚守永恒的大学精神

纾解大学文化危机的首要一条，就是要回到大学文化的内核，坚守大学相对永恒的精神。大学文化从理论和实践的角度来看，其内核在大学精神。实现大学精神的回归需要大学人的共同努力，除大学校长是关键之外，大学里的知识分子责无旁贷，大学生更是大学精神的薪火相传者。

一、大学文化的内核在于大学精神

（一）理论的视角：大学文化是共性与个性的统一，核心在大学精神

大学文化是大学共性与个性的统一，其核心特征在于大学精神。大学文化的共性特征即为大学人所坚守的共同信仰、价值观和行为准则。

大学文化的共性特征就是对大学共同价值标准的遵守。一般来说，"文化"是一系列共有的信仰、价值观和行为准则的总和。在某种文化之下，个

人行为必须能为集体所接受,这些行为有着共同的标准。大学文化作为社会文化的一种,同样具有一般文化所具有的共同特征,即大学人所拥有的一整套共有的信仰、价值观和行为准则,且被视为所有大学人须共同遵守的"游戏规则",具有普遍性与强制性。比如,大学文化特别强调对学术"游戏规则"的遵守。在大学人看来,恪守学术道德、遵从学术规则、践行学术规范是每一位学术研究者都必须遵守的游戏规则,一旦出现破坏者,就应该受到整个学术共同体的批评、排斥、鄙视,甚至驱逐,使得破坏规则者受到惩罚,最终要么离开大学这个"文化群"或"文化体",要么强制性接受"游戏规则"。

大学文化的个性特征是大学追求个性价值的具体表现。在不同的时空际遇下,大学文化碰撞出绚丽多彩的大学亚文化与次文化。从900多年前的意大利博洛尼亚大学,到七八百年前的英国牛津大学与法国索邦大学(巴黎大学的前身),再到19世纪初德国的洪堡大学、19世纪中期美国的威斯康星大学,最后到20世纪末21世纪初的超级"巨型大学",大学在其发展的过程中,形成了绚丽多姿的大学个性文化。个性特征明显的大学文化都有一个共同特征:在共同的价值标准下,大学的形式虽然在不断变化,大学的理念也在不断更新,但大学总能呼应不同时代背景,吻合不同国家、不同地区、不同民族的实际情况,最终形成形态各异的个性特征明显的大学文化。

大学文化的核心特征是坚守思想独立与学术自由。大学必须不断地根据时代与社会的变化以及自身实际情况追求个性价值的实现,与此同时仍需坚守大学共同的价值体系。在这套共同价值体系中,最为核心的特征是大学精神,大学精神体现为自由、求真、求善、求美以及求大爱,其中以思想独立与学术自由为主要特征。作为以知识为核心的大学组织,在持续保持对知识的传承、发展、创新与应用的过程中,既需要思想独立与学术自由的大学精神作为支撑,更需要不断地内化与升华这种大学精神,形成"一种生命信念,一种赋有我们时代特征的信念"[①]。

---

① [西]奥尔托加·加塞特著,徐小洲,陈军译.大学的使命[M].杭州:浙江教育出版社,2001:85.

(二) 现实的观察：大学精神的式微是当下大学文化的软肋

无数案例可以证明，一所物质层面的大学，甚至制度层面的大学，可以在短短几年甚至一两年的时间里拔地而起。20世纪末，国内出现一股合并大学的浪潮，很多超级大学、新建院校的校园在短短几年甚至一年时间内就落成，造就诸多"速度奇迹"。但是，这些大学经过十多年的发展，其竞争力与发展后劲究竟如何？认真探究，发现很少有出类拔萃之校、全国名校脱颖而出，相反还遭遇了向"应用技术型大学"转型的集体尴尬。哪怕近年来风生水起、轰轰烈烈的南方科技大学、宁波诺丁汉大学、昆山杜克大学以及上海纽约大学等，这类立足点非常高的高等教育典型，尽管拥有极好的大学物质文化及制度文化，甚至一流的大学理念与师生资源，但离一所大学最内核的精神文化仍有不小的差距；其能否具备一流大学的核心竞争力，关键还要看在已有的一流物质文化、制度文化、师生资源的基础上能否构建出一流的精神文化，从而最终构成一流的大学文化。

(三) 历史的考察：大学的生命力、凝聚力和创造力离不开大学文化之魂

大学的生命力就在于大学无论在什么时代背景下，都能焕发出闪耀的时代光芒，却又能超越时代局限凸显出独特的智慧之光。无数大学中之佼佼者证明，其之所以能在不同时代独领风骚几十年乃至数百年，最为关键和核心的一条，是这些大学都能在顺应时代与社会变化的同时，坚守与护卫大学文化。本书第二章通过对西方大学以及大学文化形成的述评发现，西方大学文化得以传承与创新的秘密在于无论时代和社会如何变化，大学人都能恪守大学精神；我国大学文化出现危机，正是在坚守大学精神方面有所不足，大学文化危机究其实质，是大学精神文化的式微。

二、大学精神的坚持在于大学人

(一) 大学校长：大学精神坚持的关键作用者

大学校长在一所大学中的地位和作用毋庸赘言。从历史上看，一流大学的校长更是具有以下几个明显的特点。

1. 拥有自己的教育理念并能将其化为持之以恒的教育目标

拥有共同的奋斗目标是一个群体凝聚力和战斗力的重要保证。大学的目标应随着时代环境变化进行调整,并逐步成为全体大学人的共识。如何持之以恒地朝着共同目标奋进,这其中校长的能力和威望极为关键。以美国哈佛大学为例,从19世纪后半叶到21世纪初的100多年里,一共有6位校长执掌哈佛,这6位校长平均任职时间为22年,其中以艾略特为最,任期为40年。这些校长在任期间都极富个性与个人魅力,或传承、或创新地将前任与自己的大学理念转化为大学人共同的奋斗目标,并持之以恒地加以实施与实践(详见表5-1)。

表 5-1 哈佛大学(1869—2024)历任校长与教育目标一览表①

校 长	在位时间	任期(年)	教育目标	主 要 措 施
艾略特	1869—1909(35岁始)	40	我们要培养能力卓越的实干家,他们的努力成为提高公共福祉的重要保障。我们拒绝培养生活的旁观者或对他人的劳动十分挑剔的批评家。	通过选课制把科学教育引入哈佛大学,制订了教育准则、创立了选举机制和首倡了标准化考试;加强科学研究。
劳威尔	1909—1933	24	主张重建自由教育,培养全面发展的人;自由教育的最佳目标是培养拥有宽广的知识(能力)背景和精深的专业知识(能力)的人。	加强本科生教育;引入导师制和寄宿制。
科南特	1933—1953	20	培养有责任感、情感和智力全面发展的人,培养集思想独立、专业能力强于一体的人。	课程改革;选拔特殊人才进大学;精英大学理念;通过校外特别委员会评议学校教师的资格和任期。

① 根据吕向虹的资料以及哈佛大学官方网站、新闻报道等整理而成。吕向虹.大学校长该任多久——对哈佛大学校长任期的考察及思考[M].佛山科学技术学院学报(社会科学版),2005(6):87-90.

续 表

校 长	在位时间	任期(年)	教育目标	主要措施
蒲西	1953—1971	18	继承前任教育理念,致力于培养有教养的人。	沿袭主要做法,并实施了美国高校历史上最大的筹款活动:8 250万美元。
博克	1971—1991 2006.7—12	20	培养具有创造力与批判性思维能力的人。	改造通识教育;引进现代化的管理方法到哈佛大学。
陆登庭	1991—2001	10	基本沿袭了博克时代的人才培养目标,明确"学生掌握知识、发展智力技能、养成思考的习惯"的培养内容。	开创了一套能够辨别出哈佛最主要和最优先部分的学术计划。
劳伦斯·亨利·萨默斯	2001—2006	5	提升哈佛大学的全球学术领导地位,推动跨学科研究与教育,培养具有全球视野和社会责任感的未来领袖。	适应时代需求,推动了课程改革,增加了科研投入,并致力于人才引进与培养,同时拓展了国际交流与合作。
德鲁·吉尔平·福斯特	2007—2018	11	培养学生的批判性思维和全球视野,确保学生能辨别"有人在胡说八道",推动哈佛大学的学术卓越与社会责任。	重视学生的多样性和国际化发展,通过招生政策的调整,努力确保学生群体的多元化,强调社群的功能。
劳伦斯·巴科	2018—2023	5	培养学生的批判性思维能力、创新能力和社会责任感,强调跨学科合作对于解决复杂问题的重要性。	强调情绪复原力的重要性,倡导毕业生为社会服务。
克劳丁·盖伊	2023—	0.5	一是维持并提升哈佛大学的学术卓越性,鼓励前沿科学研究与学科交叉融合,以解决全球性挑战;二是扩大教育机会,特别关注不同背景和经济条件的学生,致力于实现教育的公平性和包容性。	沿袭了前任校长的做法。

2. 具有较为从容的任期和坚实的制度保障

以上文哈佛大学的校长任期来看,在哈佛大学最近150年的办学历史上,校长的平均任期长达15年,其中以艾略特校长的任期最长,可以说他将一生都献给了哈佛大学。不过这种情况在近年来也发生了比较大的变化,如2023年哈佛大学第30任校长克劳丁·盖伊(Claudine Gay),作为哈佛史上首位黑人校长以及哈佛建校400年来的第二位女性校长,由于学术抄袭、政治立场争议等问题,上任仅6个月零2天便匆匆下马,成为哈佛历史上任期最短的校长的同时,也导致了一段时间里,哈佛大学校长的空缺。这种情况在我国也不鲜见,2015年2月15日上午,浙江大学原校长林建华接替王恩哥担任北京大学校长,从而使后者成为北京大学历史上任期最短的校长。王恩哥自2013年3月接替周其凤担任北京大学校长后,在任时间不足两年。2007年,中国人民大学牵头成立了"中国大学校长素质研究"课题组,该课题组对我国1792所高校校长进行了调查。调查显示,"我国大学校长的平均任期为4.1年,其中北大、清华、人大、浙大等8所著名研究型大学校长的任期平均为5.9年,远远低于美国同类大学的校长任期12.2年。"① 这充分说明,一流的大学需要优秀的大学校长持之以恒地坚持与推行卓越的办学理念。当然,这背后的原因可能要归结到当前我国大学校长的选拔与退出机制不完善。中国实际上不缺乏教育家型的校长,缺少的往往是教育家型校长成长与施展才华的土壤。关于这一点,本章第二节还会就大学的管理体制展开论述,此处仅涉及一流大学校长的特点。

3. 必须是职业型的校长

现代大学与社会的接触面越来越广,需要与社会各界、政府各方、大学内外部打交道,因此,大学校长不仅应该具备教育家的理念,而且还需要具备职业型的实践能力。原江西师范大学校长眭依凡在《大学校长的教育理念与治校》一书中指出②,作为教育家型的大学校长,应该具备以下五大核心素养:

(1) 责任与使命意识。应该对大学教育有一种执着的爱和忠诚,有强

---

① 熊丙奇.五条改革建议:破解高校行政化弊端[N].中国青年报,2008-03-03.
② 眭依凡.大学校长的教育理念与治校[M].北京:人民教育出版社,2001.

烈的大学使命和责任意识。

（2）胆识与担当意识。需要有坚持真理的信念和敢为天下先的胆识。

（3）人格与能力要求。要有高尚的道德人格、政治品格和较强的管理能力。

（4）思想与办学理念。要有独到的大学教育思想和系统的办学治校的理念。

（5）懂教育规律的学者。应是具有较大社会影响和威望的大学学者，应该研究并掌握大学的办学规律、人才成长和培养的教学规律以及科学治校的规律。

他进一步指出，"大学校长不一定是院士和科学家"，这是因为大学的发展与科学研究分别属于不同的领域，各自有着不同的规律。如果科学家校长不能割舍对专业的感情，导致办学治校和科学研究两处分心，那就不能主动实现知识结构的转型、工作重心的转移、时间精力的转变，也就不能胜任大学校长的职责。这确实是一个两难选择。

他还极力倡导大学校长职业化，认为这必将有利于提高大学校长的治校效率。因为新任校长不熟悉大学发展和管理的规律，由此产生的办学治校方面的时间成本和经济成本，很可能降低大学的运行效率。此外，他还指出，职业化的大学校长并不需要由一个专门的组织机构培养产生，还是从了解大学运行和管理规律并具有大学管理工作经验的教育家、管理专家中产生为好。

（二）知识分子：成为大学精神的继承者、传播者、守护者

根据 2023 年全国教育统计公报的数据，全国各级各类学校专任教师 1 891.78 万人，其中普通高等学校专任教师 207.49 万人。[①] 按照编制比例粗略推算[②]，目前大学中的教授大约为 40 万～60 万人，副教授的比例更高，

---

① 2023 年全国教育统计公报. [EB/OL]. (2024-03-01). http://www.moe.gov.cn/fbh/live/2024/55831/sfcl/202403/t20240301_1117517.html.
② 中国高校的教师职称结构，往往根据中国特色的编制比例进行配比。一般来说，教授占比为 20%—30%，副教授占比为 35%—40%，讲师占比为 20%—25%，其他职称为 5%—25%。但每所学校实际情况不一样，总体上部属院校和重点高校的高级职称比例要远远高于地方一般本科院校和高职院校。——笔者注

约70万～90万人；加上讲师和科研人员，我国的大学教师队伍恐怕是世界最为庞大的。毫无疑问，大学教师肯定属于知识分子群体。作为知识分子，特别是来自大学的知识分子，理应最具有大学精神，然而事实并非如此。

爱因斯坦曾将科学家概括为三种类型：功利型、兴趣型和信仰型。吸引这三类科学家进行科学探索的动力分别是名利及地位等直接效应、实现自我价值和宗教般神圣的使命。[①] 我们的知识分子大多属于第一类，因为我们对科学的追求，目前还停留在模仿、复制和追赶的阶段。重新审视"863计划""千人计划"，发现其都离不开对世界先进水平的"跟踪"，即主要靠模仿、复制而获得成果。这其实是对他人已经成功并具有明显经济效益的技术领域的"借鉴"，而不是一个全面的科技发展战略。由于大学文化过于急功近利，严重影响了科技生态，使名利诱惑繁滋，便产生了学术腐败。"跟踪"式的科学家通常不会有创造性成就。

大学教师是大学精神文化的继承者、传播者、守护者和捍卫者，但在当前我国大学校园中，却出现了一群"背叛者"(此处借用的是法国哲学家朱利安·班达所著的《知识分子的背叛》一词)。正如法国哲学家朱利安·班达在其著作《知识分子的背叛》中所描述的那样，自意大利文艺复兴以来，由于民族国家和意识形态的斗争导致了一系列伤亡惨重的战争，这期间许多知识分子以精神领袖的角色煽动普罗大众的"现实主义的激情"；或者直接投笔从政，践行"现实主义的激情"。[②] 班达所批判的"知识分子的背叛"尽管是20世纪西方知识分子对自身使命和责任的背叛，但是对于今天大学中的知识分子来说，同样具有现实意义。大学知识分子群体，以大学教师为代表，在当下的大学历史进程中表现出的是对"政治的热情"、对"现实功利"的追逐，逐渐丧失了知识分子的法则。作为理想的忠实卫士，知识分子应该是精神生活质量的天然保护者和糟粕的天然批判者。[③] 大学是独立思考的中心，也就是独立思想的中心、批判的中心。

回归大学精神，需要大学教师群体对大学精神的坚守与弘扬，对大学文

---

① 姚国华.大学重建[M].深圳：海天出版社，2002.
② [法]朱利安·班达著，佘碧平译.知识分子的背叛[M].上海：上海人民出版社，2005.
③ 眭依凡.大学的理想主义与人才培养[J].教育研究.2006(8)：15-19.

化中的崇真、求善、务实、严谨等精神的永不抛弃。知识分子与凡夫俗子的不同之处在于前者具备理性批判精神,知识分子在批判现实的丑恶和不义的过程中保持对自我理性批判的清醒认识,唯有如此,知识分子才能不囿于时空间的局限,趋向永恒和普遍。

(三) 大学生:大学精神的薪火相传者

大学生是大学得以代代相传的薪火,是大学精神得以不断延续的种子。今天的大学生一方面受到外部世俗环境的熏染,另一方面在校园又不能充分得到教师和大师们的净化提升,这真是一件十分堪忧的事情;在某程度上说,这是比大学校长和知识分子的背叛更具有破坏性的事情。

1. 人才培养是大学四大功能中的首要功能

培养社会各个阶层的精英与人才是大学的基本功能。大学作为知识传承、发展、创新与运用的最重要场所,离开了大学生的代代相传,知识就失去了其最为重要的传承主体。对大学生应该精心、细心和用心地培养,这样国家和未来才有希望。

今天应该如何从思想上引领、从学术上吸引、从人格上陶冶学生,这是大学的重要任务;人才培养功能一直以来都是大学的首要功能和基本功能,对此,有研究者曾举例说,"哥伦比亚大学在1754年创校伊始就明确了自己的办学使命:旨在以雅范的语言、宏阔的艺术及科学去裨益和教育青年。基于此,该大学的培养目标是:开阔胸襟,提高思悟力,陶冶整体人格,使其能够适应人生各阶段荣升际遇,造就高贵的品行。"①

2. 正确的大学生观是一所大学成为一流大学的重要因素

原中国科学技术大学校长、南方科技大学校长朱清时先生曾提出"产品一流论"。他认为,大学类似于工厂,如果一个学校的学生在社会上普遍能取得一点成就,这样的学校就是一流的。② 大学的重要使命是培养学生,学生是大学最重要的产品。学生培养是不是学校的核心任务,从以下两个角度反过来就可以看出:

---

① 眭依凡.大学的使命与责任[M].北京:教育科学出版社,2007:28.
② 王世华.世界一流大学的办学理念及启示[J].中国高教研究,2007(9):3.

(1) 专业热衷度：即学生是否喜欢自己的专业、热爱自己的学术。学生对专业的热衷度首先能反映出教师的水平，教师的吸引力和感召力无形中能深刻地影响学生将来所从事的事业。一流的学生离不开一流的教师的指导，一流的教师也需要有一流的学生薪火传承。目前，我国大学生和研究生对自己专业领域的热衷度普遍不高。这里的原因很复杂，有学校和社会大环境的问题，更有与学生进行直接接触的"教学问题""教师问题""教育问题"。因为学生在学校享受不到学习的乐趣，找不到学习的动力，接触不到专业领域令其"高山仰止"的大师级人物。这同时也说明，学校在人才培养方面下的功夫不深。

(2) 母校认同度：即学生毕业后是否愿意回馈母校，是否热心学校事业发展。2010年曾经有这样一条新闻：中国人民大学本科毕业生张某向美国耶鲁大学（注：系MBA毕业）捐款8 888 888美元，金额创耶鲁管理学院毕业生个人捐款的纪录，而张某对自己本科就读的母校分文未捐。[①] 中国大学生不爱国内母校，一时几乎成为千夫所指的对象。这则新闻给人的警示在于，一流大学不仅要能够培养对专业感兴趣的学生，而且要能够培养出对母校有极高认同度和回馈率的学生。因此，校友的捐款率反映了学校的凝聚力和校友对母校的认同度。

大学生作为大学里最有活力和创新力的群体之一，学校需要将这个群体培养好、引导好，才能使大学生最终成为大学文化的传承者和创新者。

三、走出大学文化危机首先要坚守大学精神

大学文化具有恒定性，特别体现在其大学精神上。无论是从西方大学的精神发展脉络来看，还是从我国现代大学100多年的发展史来看，大学精神均相对永恒。

（一）大学文化的内核是大学精神

无论从理论还是实践抑或是历史，都可以看出大学精神是大学文化的内核。而大学精神又是相对恒定的，无论古今中外的大学文化，基本上都具

---

① 李秋恒.中国毕业生向耶鲁大学捐款8 888 888美元[N].环球时报，2010-01-08.

有以下精神：自由精神、求真精神、求善精神、求美精神、求大爱精神。

(二) 当前的大学文化建设首要在于重塑大学精神

当前大学中出现的种种危机，表面看似是大学功能不同程度的失效、失灵或窄化与异化，实则是大学文化的式微，本质上是大学精神的丧失。因此，破解大学文化危机，首要的举措在于重塑大学精神。

(三) 大学精神的重塑关键在大学人

大学精神的重塑关键在于大学人，而大学人中关键的关键是亟须教育家型的大学校长，让这样的大学校长成为坚守大学精神的中流砥柱；与此同时，作为大学的中坚力量——知识分子，也应有所担当。此外，大学生是大学薪火相传的重要力量，这个群体直接关系到大学精神的延续和发展问题。

第二节 选择合适的大学文化

一、大学文化具有多样性

(一) 文化本身具有多样性

1. 文化的多样性已成共识

文化的多样性存在是世界文化的原生态，这是被人类学考察所揭示的事实，也是人们关于世界文化的一个基本共识。从地域的角度来分，联合国教科文组织在《多元文化的星球》这一报告中指出，欧洲文化、俄罗斯和东欧文化、北美文化、拉丁美洲文化、阿拉伯文化、非洲文化、印度和南亚文化、中国和东亚文化等不同部分的有序组合，就构成了当今世界文化。从挑战和应战的分析视角来看，英国著名历史学家汤因比则将世界文化或文明划分为21种，其中主要包括西方文明、东正教文明、伊斯兰教文明、中国文明、印度文明等，该分类标准后来也被著名文化研究者亨廷顿所认同。[①]

---

① 任洁.文化多样性发展的危机及出路[J].理论学刊,2011(8):105.

2. 文化客观存在且动态发展

有关人类文化学的研究告诉我们,人类文化的多样性是客观存在的,而且呈现动态发展。正如有学者在有关文化发展趋势的讨论中所说,一个相对受到忽视的议题是:多样性从来都不是一种静止的存在,而是处于持续建构过程中的创造性实践。① 由此可见,文化不仅具有多样性的特征,还具有动态发展与持续构建特点。如何在多样的文化生态和动态的文化构建中寻找本民族、本地区、本组织形态中的文化认同和文化融合呢?我国著名社会学家费孝通先生对"和而不同"一词的解读也许就是最好的答案。在费先生晚年的时候,他曾以"各美其美,美人之美,美美与共,天下大同"来解释"和而不同"的文化理想,并把它作为全球化时代文化交融的原则和理念。

3. 文化具有发展性和交融性

大学文化不是一种独立的文化形态,而是一种派生文化,或叫亚文化;它是一群特殊的学术人,在不同时空、地域和国家背景下形成的群文化。随着社会的发展进步,大学文化体现出不同时代、不同发展阶段、不同阶级利益和不同群体、阶层要求的具有政治性、经济性、文化性和学术性、精神性的特征,其核心的内涵是学术性、精神性。大学文化同样也具有多样性、发展性和交融性的特点,其多样性是由文化的多样性所决定的。

(二) 大学文化多样性的表现

1. 大学文化多样性的背景

大学文化的多样性特征首先来自文化自身的属性,其次大学文化的多样性还有着特殊的时代背景。随着 21 世纪的到来,全球化浪潮势不可挡,"地球村"的概念正不断地影响着世界,全球化加速了世界各国大学之间多种渠道、多种形式的频繁交往。由于不同国家、不同民族的地理、历史和语言等方面存在着巨大的差异,导致不同国家和民族的大学在价值观念、宗教信仰、风俗习惯等方面形成各自独特的大学文化认同。从全球范围来看,全球化既是文化与环境的全球化,也是经济与政治的全球化,显然也包括大学文化的全球化。如果说全球化是历史发展的必然,那么,一个能够适应多元

---

① 单世联. 多样性:文化讨论的起点[N]. 社会科学报,2014-09-25.

化全球文化的国家和民族,其大学文化必然也是走向世界的大学文化,这才是顺应历史潮流的。

2. 大学文化多样性的表现

在大学文化的发展过程中,文化既不是恒定的,也不是均衡进行的,而是在多元碰撞互动中推进的。无论是西方大学文化的发展史,还是我国现代大学100多年来的发展史都无不验证了这一规律。大学多元文化的存在不仅是客观事实,而且还是推动大学不断前进的内在动力;与此同时,也是凸显大学文化的活力和魅力之所在,正所谓"物之不齐,物之性也"。[①] 可以说,大学文化的发展史,就是一部多元文化美美与共、各美其美的历史。

我们还可以用西南联大这个历史上的典型例子证明之。众所周知,曾经创造了我国近现代大学辉煌历史的西南联大,其本身也是一部大学多元文化的历史。当时的这所大学"同无妨异,异不害同,五色交辉,相得益彰,八音合奏,中和且平,万物并育而不相害,道并行而不相悖。小德川流,大德敦化,是天地之所以为大。"[②]此语道出了文化多元是客观世界的本质,是推动文化发展的真谛。世界各国的大学文化虽然有历史长短之分、影响大小之别,但不存在高低优劣,理应受到同等尊重。

具体到我国的大学文化,根据文化的基本规律和基本特征,必然也存在着多样化的大学文化。实际上,当前我国大学文化的趋同性远远大于差异性,这在本书的第三章已经做了比较详尽的典型性分析,其原因在于我们对大学文化的本质、大学文化的内核缺乏正确地认识。

(三) 大学文化多样性与统一性的辩证关系

大学文化的多样性意味着大学文化不是僵化和单一的,而是与本民族、本地区、本时代相辉映与相融合的文化产物;大学文化的统一性则意味着无论哪种大学文化都有一些永恒的价值追求和理想,突出表现在其大学精神的一脉相承方面。这两者是辩证统一的,大学文化的多样性不能脱离大学文化的统一性而单独存在,同样大学文化的统一性也需要与不同时空下的

---

① 郭峰,窦珂. 学校多元文化育人功能的理性思考[J]. 教育理论与实践 2009(8):46.
② 至今北京大学校园内竖立着的西南联大纪念碑上仍镌刻着这段话。——转引自:郭峰,窦珂. 学校多元文化育人功能的理性思考[J]. 教育理论与实践 2009(8):46.

民族文化、地域文化以及知识内容相结合,创新性地继承与发展大学文化。

二、大学文化具有选择性

(一) 大学文化不能在全球化中丧失方向

导致文化多样性的原因很多,但是作为人与环境互动的产物,文化的差异与群体在周围环境互动时采用的方式有关。更为有意思的是,对于一种文化的生成,越是在早期阶段,自然环境的影响作用越突出。

以西方文化与东方文化为例,人们在讨论中西方的差异时,往往将中国文化与"黄色文化"相等同,而将西方文化与"蓝色文化"相呼应。黄色作为中国文化的象征,主要是因为中国文化早期的生成环境主要是"黄土地"——黄河流域,黄色文化即是农耕文明或者说是农业文明的生动具体化。蓝色作为西方文化的象征,主要是因为西方文化早期的主要生成环境是"蓝色的海洋",西方人靠海而生,人们需要不断进取、不断冒险才能生存下去;在不断地冒险和进取的过程中,工业技术得到了发展,理性文化得到了褒扬,这一色调实际上是对西方工业文明或海洋文化的形象表述。这也就很容易理解为什么中国人对黄色情有独钟而西方人对蓝色珍爱有加。①

(二) 大学文化必须坚持本土化与个性化

大学多元文化之间不是一种天然对立的关系,这是因为任何一种文化的进步都离不开外来先进文化的浸润和滋养。从近千年的大学发展历程来看,大学文化的不断更新和前进离不开对其他先进文化精髓的吸收,比如,德国洪堡大学的思想就是通过对古典历史文化的研究,特别是从古希腊文化中发掘出了洪堡所崇尚的完美的人性而加以融合吸纳。后来的美国大学则更是创造性地吸收了德国大学和英国大学的文化精华,发展出美国独特的大学文化。正是由于不同文化在相互对话与沟通中不断进步,使得大学

---

① 比如,在我国封建社会里被视为正色的黄、青、白、赤、黑5种颜色中,黄色最尊。黄龙,是只有帝王的服饰上才能出现的;黄袍,是只有帝王才能穿的。皇家的围墙、宫殿,可以涂上明亮的黄色,而一般人家则绝对不允许用黄色涂抹建筑物。西方将蓝色看作是代表理智的色彩,它象征着一种清新、明晰、合乎逻辑的态度,人们看到蓝色时会感到开阔、博大、深远、平稳、冷静。在大量的西方影视作品中,对英雄的宣传都是以蓝色为基调,比如《阿凡达》《泰坦尼克号》等。

获得了持久发展的强大动力。

再进一步说,大学文化需要不断吸纳先进文化精髓,而且大学内部也需要不同文化的碰撞、交汇、包容和融合。有学者对耶鲁大学的大学文化进行过研究,研究发现耶鲁人是这样理解大学文化的:一所大学之所以能成为举世皆知的一流大学,不是因为它只传授一种"正确的"思想及一种"正确的"价值观,而是它将各类思想汇集成可以自由交流的"自由市场"。"只有人们自由地交流思想,并彼此怀有敬意地展开辩论,大学才能强大。"①

大学多元文化的和谐共存,实际上就蕴含着大学文化具有高度的包容性、开放性和融合性,意味着大学多元文化之间能够协调有序地并行发展。因此,从这个角度上说,大学里需要在各种文化之间构建相应的对话与沟通机制,并将这种机制固化为一所大学的制度文化。大学文化的多元化决定了大学必须以兼容并包的态度承认多种文化共存,并且在相互对话与沟通中不断发展,切勿将自己的文化标准和价值观强加或凌驾于其他不同的文化之上。

三、如何选择合适的大学文化

(一) 政府层面:需要从"管理"走向"治理"

1. 为何提"治理"而非"管理"

治理理论是西方近年来发展起来的一种全新的社会管理理论,其核心的思想是公共治理理念,这是对传统理论的超越和发展。西方国家的社会管理大体经历了政府有限社会管理、福利国家、工作福利国家三个阶段,这三个阶段分别对应了不同的管理思想。

在资本主义自由竞争阶段(始于18世纪中后期的工业革命,止于20世纪初),资本所有者在市场机制的作用下开展自由竞争、自由经营和自由贸易,与之对应的社会管理主要是在经济领域和社会安全领域,政府主要对社会采取自由放任的态度。

---

① 张金辉.耶鲁大学成就一流学府的经验分析[J].河北大学学报(哲学社会科学版),2007(2):65-70.

进入第二阶段即国家垄断资本阶段之后（20世纪初），随着竞争的加剧和资本的扩张，使资本主义的经济发展进入跌宕起伏的阶段。这一时期既是西方国家经济高速发展的黄金时期，又是国家全面干预社会管理的时期，与之对应的管理方式也随之改变：政府的社会管理职能不断加强，社会管理的领域不断扩大。比如，政府开始干预收入分配、社会保障、社会福利、社会事业、社会治安、社会稳定等领域。

进入第三阶段即新技术革命阶段（20世纪后半期）之后，由于新技术革命的推动，全球经济开始迅速发展，"信息革命"日趋成熟并深入渗透到国民经济和社会生活的各个领域。与此相应的管理方式也做出了调整：随着公民社会日益壮大并要求更多地参与社会管理过程，于是公共行政改革的过程是一个更大程度还政于民的过程。调整政府与市场、社会的关系成为时代的呼声，相应地，西方各国原来的社会结构也发生了分化并重新组合。①

从公共治理理论的核心思想来看，认为服务型政府的理想模式是公共治理模式。这就要求政府做到以下三个方面：首先，从政府治理能力角度看，强调效率、市场化、竞争性和灵活性原则，需要将市场的激励管理机制以及私人部门的管理方法引入政府的公共服务；其次，从政府治理主体角度看，强调治理主体应具有多元化，即从政府一家独大发展到政府作为第一部门、市场作为第二部门、社会组织作为第三部门，共同构成"三部门"合作治理的主体；第三，从政府职责权限角度看，政府应更多提供服务和间接管理而非直接管理，这是因为政府、市场和社会组织三者的角色既分离又相互依赖，政府的角色是提供公共物品的公权力机构，市场是提供私人物品的私权力组织，社会组织是提供公共物品的私营机构。②

此外，共共治理还是一个全新的管理理念，它的特征体现在"掌舵"而不"划桨"。治理理念与管理思想有着明显的区别，具体可见下表的比较：③

---

① 张敏杰.西方发达国家社会管理的新趋势及其启示[J].浙江社会科学，2011(6)：84.

②③ 李树林.推进国家治理体系与治理能力的现代化[N].内蒙古日报，2013-12-20.

表5-2 治理理论与管理思想差异比较

比较项	管理思想	治理理念
主体	政府等国家公共权力	既可以是公共权力机构,也可以是市场和社会组织
权力来源	统治阶级及国家法律授权	公众认可及社会契约,甚至在很多情况下,公民直接行使权力,达到自治的效果
适用范围	制度性概念,体现国家意识形态,只适用于政府权力所及领域	一个比政府更宽泛的概念,适用于全社会
手段机制	以政府命令、控制和规制为主,强调权力自上而下地运行	强调对话、协商、长期合作,强调权力的自上而下或平行运行
价值取向	管理强调的是行政观、制度观和责任观	强调民主观、社会观和法治观
达成效果	多头痛医头、就事论事,效果往往事倍功半	更注重事务的系统性、整体性、协同性,将顶层设计与摸石头过河有机结合,效果往往事半功倍

注:以上观点根据学者李树林的文章整理而成。

2. 为何提治理理念而不提治理体制

大学治理需要的不是简单的一系列组合,更不是拆东补西、七拼八凑的零敲碎打,而是具有高度文化理念支撑、思想武器开路、完善理论指导的顶层设计。这个统帅整个大学治理过程的顶层设计,必须具有全局性、系统性、整体性、协同性。显然,大学治理文化是顶层设计的内核,治理体制充其量也就是大学治理文化的一个下位概念。

大学治理文化不能仅仅停留在制度和政策的表层,而应该积极挖掘制度和政策运行的背后逻辑,尤其是背后的公共价值和核心理念。实际上,新加坡经验的浓缩及其内核特质就在于其内在精神的价值张力。

3. 大学治理与国家管理的自洽性

大学治理与政府的社会治理有着一致性。从我国政府近年的施政理念来看,大学治理方向与社会改革方向一致:政府需要简政放权,将政府的权力清单、责任清单和负面清单放在阳光下;大学的改革同样需要政府简政放权,让政府的权力在阳光下运行。

与此同时,还要强调大学的治理离不开国家和政府。大学作为高等教育的重要组成部分,离不开国家和政府的支持与管理。这是一个基本判断和基本事实,在这一前提下,当前我国的大学治理同样离不开国家和政府的影响。随着公共治理理念的深入,国家开始逐步意识到大学作为自治性和自主性都较强的组织,必须赋予其比一般社会组织更多的自主权。循着这一管理思想,我们有足够的理由相信,政府完全有可能促成大学文化的自主选择。

(二)大学利益相关者层面:完全有能力选择合适的

1. 国家和政府需要给予大学更多的大学文化选择权

首先,国家应该在顶层设计上,对大学和大学生进行正确分流与导向。当前我国对学历、学术型大学的过度关注、过度重视、过多倾斜,在制度设计方面形成的分配机制、薪酬机制、晋升机制等,导致大学和大学生"重学历轻能力""重理论轻实践"的问题比较突出。比较而言,西方的大学管理机制相对比较多元,以美国加州大学洛杉矶分校医学院为例,可以看出美国在大学制度设计方面的特色。

【案例1】

大学的使命与文化内涵[①]

美国加州大学洛杉矶分校医学院是世界一流的医学院,学生在大学毕业后报考该院,每5 700名考生,只有一名被录取(2005年的数据)。在现有的1185名学生中,有700名学生的目标是做医生(M. D. 即Medical Doctor),485名学生的目标是从事医学科学研究的博士(Ph. D.,即Philosophic Doctor 或Doctor of Philosophy,统称哲学博士)。两者都是Doctor,但含义不同,目标也不同。

---

① 杨福家. 大学的使命与文化内涵[N]. 学习时报,2007 - 09 - 13.

> 前者译为医生,后者译为博士。两者无高低之分,但医生的工资待遇普遍高于博士。一位资深护士的工资高于有博士学位的她的丈夫。在加州大学洛杉矶分校医学院的某附属医院里,有博士学位约10人,不及医生的10%。在另外一个附属神经精神病医院,有精神病医生183人,心理学家(均有博士学位)122人,但几乎无人既是医生,又是博士。

西方大学管理体制中核心的导向是教育以自然主义哲学为基础,从而衍生出以学生为中心,教育生态多元化、大学文化多样化的特征;一个基本的假设就是:无论何种教育类型,均是值得认可和鼓励的,正如人的多样性与发展性一样,学术类型的教育(往往是精英教育)值得鼓励,职业类型的教育(职业教育)同样值得褒扬(德国最为典型),不同的教育类型不存在高低之分、贵贱之别。甚至职业教育所培养的学生更受市场的青睐,同时在政策方面也得到保障。这对我们设计大学的管理制度具有重要的启示和借鉴意义。

2. 国家应严格依法治国,保持大学管理政策的延续性与严肃性

中华人民共和国成立之后,经过70多年的发展,我国的法制建设不断进步,特别是改革开放至今,已经基本建成比较完善的法制体系,但是离中国式现代化目标设定的法治国家、法治政府、法治社会还有一定的距离。究其原因,与我们对法制法规延续性和严肃性的认识不足有关。同样,在对大学的治理方面,也存在着这个问题。有时随着人事的变化,特别是随着教育领域主管者、决策者的变化,很多大学办学理念和办学制度往往没有得到很好的延续。

3. 对于大学来说,选择合适的大学文化意味着创建品牌

我国大学的发展方向应该是在坚守大学精神的前提下,选择符合自身发展特色的大学文化。如何选择符合自身发展特色的大学文化呢?或许我们可以参考美国芝加哥大学的一些做法。

【案例2】

何谓好大学①

芝加哥大学：全美最好的大学之一，却是美国治安奇差的城市。在美国，芝加哥大学是一所很特别的大学。这所学校在全球的 QS、THE 以及 ARWU 三大排名中，已经连续 10 多年均在全球前 10 名之内。2013 年，申请它的学生数量是 30 369 人，录取率为 8.81%。可是，它所在的城市芝加哥，治安状况是出了名的差。在一些街区，人们大白天出门时身上至少也要带上 20 美元，用来应付抢劫，而且还不能只放在一个兜里，因为 20 美元是购买毒品的最低金额，多放几个兜是为了防止二次被抢。为此，学校投入了巨大力量加强安保，因此芝大校园内还是很安全的。但即便如此，芝加哥大学仍然被认为是美国最好的大学之一。

教授：可不出科研成果，但要教书带课。有的教授五六年不发表一篇文章，也很正常，没有人会去督促检查。在芝大，没有人要求教授一定要做出什么科研成果，但一定要上课。因此，系里某个教授半年见不着一面，没有人觉得奇怪。每个人都很从容，很有耐心，彼此之间充满信心和信任。尤其是人文社会科学的教授，主要精力都用在了教书和写"传世之作"上，很少去花时间写一般意义上的学术论文，学校对此也无要求。比如，科斯从 1964 年起任芝加哥大学教授，直至逝世。在他漫长的一生中，只写了为数不多的几篇文章，而且有些几乎不能被称作严格意义上的学术论文，至少形式上不"规范"，充其量只能算是学术随笔。然而，就凭这一两篇文章，科斯就建立了一个学科，开创了一个学派，并获得了诺贝尔经济学奖。今天，全世界的经济学家都在研究、讨论、引用他的"交易费用"概念，虽然绝大多数人都不明白这个概念到底指的是什么。奥巴马在芝大法学院任教的 12 年里，也没有发表任何学术成果。

举不胜举：自由催生了诺贝尔奖得主。然而，正是在这样一所对教

---

① 秦春华. 何谓好大学[N]. 光明日报，2014-07-01.

授几乎没有要求的大学,却产生了费米、萨缪尔森、弗里德曼、哈耶克、杜威、亨廷顿、波斯纳,以及周培源、吴阶平、叶企孙等等数也数不清的思想家和人类文明史上的大师。据说,在芝大经济系流传着一个笑话:如果允许芝加哥大学独立建国的话,那么该国将成为仅次于美国的诺贝尔经济学奖得主第二大国。

在芝加哥这个城市,自然环境不占优势(没有加州舒适的阳光和空气)、经济待遇也不占鳌头(没有纽约优厚的薪酬和福利),甚至连治安环境都相当糟糕(需要随时备20美金以应付持枪抢劫者),但是这所大学居然学生喜欢、教授眷恋,并且师生学术成就显著。这究竟是为何?原因在于这所学校选择了适合自己的大学文化——让学生与教师自由地学和教,给予他们充分的自由和信任。

4. 对于学生来说,需要根据自己的兴趣爱好选择大学

当前我国相当一部分大学生对所学专业和学习不感兴趣,很大程度上与没有根据自己的兴趣爱好理性地选择专业有很大关系。有时我们的看似理性其实很大程度上也都是工具理性,也就是以功利性的选择为理性。学生对名校、名专业和热门专业趋之若鹜,很少冷静地考虑自己的实际情况,包括兴趣、爱好以及志趣等。从更深层次的角度来说,不仅大学需要选择自己的大学文化,大学生也需要对适合自己的大学文化(隐含在专业文化、个性特征等方面)进行选择。在这方面,有些西方学生的择校观似乎较为理性,请看以下一个典型的美国学生的选择。

【案例3】

何谓好大学[①]

学生选芝大的标准:一有趣;二有挑战

我问我在芝加哥大学的小朋友迈克,他为什么要选择芝加哥大学,

[①] 秦春华. 何谓好大学[N]. 光明日报,2014-07-01.

> 因为他也同时拿到了哈佛等其他顶尖大学的入学通知书。他看了我一眼,似乎觉得我这个问题提得很奇怪。想了想之后说,因为芝大是好学校啊!
>
> 　　这个答案显然不能令我满意。好学校多了去了,哈佛、斯坦福不也都是好学校吗?于是我接着追问:你说芝大好在哪里?迈克说,这里的人都很有趣。不像有些学校的学生,看上去就像家具——表面上挺好看,但都是一个模子里刻出来的。他有一位去了斯坦福大学的同学,就是这样很无趣的"家具"。我又问他,你也拿到了哈佛大学的入学通知书,为什么最后没有选择哈佛?迈克说,哈佛课程的难度和挑战性没有芝大的强。

　　正如作者在这篇文章中分析的那样,迈克并没有根据名气去选择大学;在诸多大学排行榜中,哈佛大学和斯坦福大学的排名都要高于芝加哥大学。他也没有根据城市去进行选择:虽然波士顿和旧金山分别坐落于美国的东西海岸,地理位置要比中部的芝加哥优越得多。最后他也没有根据专业冷热程度(专业排名)去选择。

　　中国学生选择大学时往往首要考虑的是学校的名气以及专业热门程度,甚至学校所在城市的经济繁荣状况,所有一切均指向了将来的就业,似乎读书的目的就是为了就业,仅此而已。反观迈克选择学校的原因却十分有趣。合不合适自己,成为学校与学生之间首要考虑的事情,这的确是芝大的亮点,其实也是美国诸多大学的共同之处。特别是芝加哥大学,有时甚至达到了古怪的程度:它的入学申请要求就是无数怪诞不经的作文,可谓"一文定学生"。这一规定在当前世界大学史上,可能也无出其右者。无论如何,贯穿芝加哥大学办学理念的,就是"合适的才是最好的"。

　　此外,大学的利益相关者至少应涵盖受教育者的家长、社会接收毕业生的企业、相关的大学研究机构、评估机构等。这些利益者相关的诉求或者行为与大学文化之间或许没有直接的关系,但却对大学文化有着间接的影响——有些是正向的功能,有些是负向的功能。作为办学者对其应该引起重视,因为它们是选择适合自身大学文化的参考因素。同时,也需要恰当过滤清除那些不适合的大学文化。

四、走出大学文化危机还要选择合适的大学文化

(一) 大学文化的多样性决定了大学文化可以选择

在现代化、国际化以及信息技术网络化背景下,世界变得越来越小,国际社会如同一个地球村。地球村里的各国文化日益呈现出两种趋势:一是多样化;一是同质化。国际化是趋势,本土化是困境。不同的文化应该相互学习、取长补短。同样,大学文化在交流过程中,也会出现选择与融合的问题。

在大学文化的发展长河中,同样出现了不同国家和民族的大学文化。即使是同一国家的大学文化,也衍生出绚丽多彩的大学亚文化。比如,在美国既有顶尖的世界一流研究型大学,也有独具美国特色的社区学院,还有个性十足的另类学校如"深泉学院"等①。

大学文化的多样性必然影响大学在自身发展过程中对文化的选择。大学文化的多样性还是一个动态发展的过程,在动态发展过程中体现其交融性,这两者是辩证统一的。

(二) 大学文化的选择是基于大学肩负的时空使命

大学所带来的冲击之所以能超过任何政府、任何传统以及法律的变革和科学的思想,是因为大学能不断满足人们的需要②。这是大学在人类社会,特别是现代社会中作为超越政府、政党、制度、法律之外最为显著的作用和价值,如果大学不能或者不再承担起这样的作用和功能,那么大学就该寿终正寝了。当前我国大学能否承担得起这一社会责任,关

---

① 深泉学院(Deep Springs College,也译为幽泉学院)被称为"录取率比哈佛还低"的大学,该学校坐落于美国加利福利亚州与内华达州交界处的死亡谷(Death Valley)沙漠深处的一片小绿洲,学院创办于1917年,其校训为:劳动、学术、自治。在实际的办学过程中,严格恪守以上校训。学生在与世隔绝的沙漠深处,一边从事体力劳动,诸如放牧等,一边进行超强度的学术训练。学校一切运营管理(包括学校招生、教授聘请、校长任免)均由学生表决自治。学院每年招收13名男生,学制两年,学费和生活费全免。

② 眭依凡.关于大学人才培养问题的思考[J].教育发展研究,2006(5):30.

键在于我们能否在坚守大学精神的同时，选择合适的大学文化。选择合适的大学文化需要多方面地考虑自身所处的时空以及历史传统和未来愿景。

(三) 选择合适的大学文化必须坚持三条原则

1. 坚持本土化和国际化相结合

所谓"只有民族的，才是世界的"，这与习近平总书记提出的办出"中国特色、世界水平的现代教育"理念异曲同工。坚持本土化和国际化相结合必然是传承中华文化血脉、扎根中国大地、践行中国特色社会主义道路、服务国家发展的大学文化。坚持本土化和国际化相结合必须具有国际视野，以宽广的胸怀、平等包容互鉴的态度对待其他国家的大学文化，通过交流沟通、学习借鉴不断提升自身水平，通过国际合作解决大学面临的共同问题，推动人类文明进步。坚持本土化和国际化相结合必然具有鲜明的时代特征，是不断改革创新、与时俱进的现代大学文化。

2. 坚持历史传统与未来愿景相结合

大学文化的选择既要看当下，又要看未来。只有立足现实，才能高瞻远瞩。所谓当下的现实，不是大学围绕政策、政府和市场在转，也不是仅仅盯着利益者相关的眼下利益而考量，而是立于现实且要高于现实。大学的使命告诉我们，只有当大学超越一定的时空局限，大学的魅力才能持久绽放。大学文化的选择必须在坚持历史与传统的基础上，从长远计议方能见大学文化之大、之美、之善和之真。

3. 坚持独立自主与政府推动相结合

大学文化的选择归根结底还是要靠大学自身独立自主的理性判断和共识行动。大学的章程制度、办学理念、办学举措、校风校貌、校纪校规、学术学风等大学文化的具体组成要素，都需要大学人一步一步地从容自主地选择。与此同时，我们还应清醒地认识到，如何借用和依靠政府的力量推动大学文化在每一所大学的落地，也是题中应有之义。其中政府自上而下的治理理念的推行，给大学文化的良性自主选择提供了重要保障。大学需要抓住这一契机，认真选择适合自身的大学文化。

第三节 坚持既定的办学理念

一、大学文化与时代之关系

对于大学的运营来说,坚守大学精神是前提;一旦选择了合适的大学文化,就必须将其转化为相应的办学理念,继而持之以恒地按照既定的理念运行。坚持大学精神和办学理念,需要处理好时代和社会的关系。

(一) 大学文化永远离不开时代和社会的影响

1. 危机是时代的折射

当前我国大学中出现的危机,都可以在时代和社会中找到其根源,或者说社会和时代出现的种种问题都可以在大学中折射出来。当前我国社会出现一股信仰迷失、道德缺失、精神空心化的趋势,实用主义、拜金主义、物质主义等风气盛行,这是当下我国社会的一个特征。加之意识形态僵化、法律法治意识淡漠、权贵阶层腐化等不良风气的不断侵蚀,大学也难以幸免而独善其身。此外加之中国地域广大、人口众多、文化成分丰富而复杂,经济发展带给人们的满足有时小于贫富差距带给人们的不满。文化危机在此时既是大学内部文化的危机,也是整个社会文化对大学的侵蚀所形成的危机。

2. 大学与时代的关系

一句话可概括大学与时代两者之间的关系,即时代精神决定大学转型。我们可以从大学的风貌读出时代的精神状况,从时代的潮流也可以看出大学危机的征兆。借用学者王建华的话来说,"大学是时代的影子,时代是大学的身子。"[①]他认为,整个世界体系正处在转型之中,时代的转型意味着大学的转型势在必行。在物理时间上,大学的存在可以超越漫长的时代;而在历史时间上,大学却永远是时代的大学。看似矛盾的一句话,其实道出了大学的一个基本规律,即任何时候都不可能存在脱离时代的"世外大学"。由此可推断,如果一所大学是"游离时代的大学",那么这样的大学是没有生命

---

① 王建华.时代精神与大学转型[J].高等教育研究,2011(12):1.

力的大学；如果时代是"丧失大学的时代"，可以预见这样的时代也是没有未来的时代。

从历史演进的角度来看，从中世纪到现在，大学的发展与时代的进步相辅相成，大学的失败与时代的失落也基本吻合。一个时代的精神状况直接影响大学的转型进程，大学转型的远景也会洋溢出新的时代精神。历史经验表明，不同的时代总会有不同的大学，不同的大学最终也总会造就不同的时代。①

(二) 大学与时代和社会的互动

每个时代、每个社会与大学都具有高度开放、相互碰撞交融等特点，两者之间具有相互依存、相互促进的必要与可能。然而，时代和社会与一流大学的共生互动并不是自然发生的，也不是必然发生在同一个地理单元中。特别是在当前的知识经济和网络时代，世界城市与一流大学的互动可以跨越空间，相互之间增添了更大的选择性和复杂性。在原上海交通大学党委书记姜斯宪看来，只有视野开阔、眼光敏锐、行动迅速、主动适应城市进步发展需要的大学，才能与进步中的时代和社会产生共生效应。② 从大学发展的历史来看，特别是从大学发展中的大转折来看，大学的每一次超越都源于大学在与时代和社会的互动中正确地处理了两者之间的关系。每一次成功的大学文化转型，都使得大学实现了自我超越，与此同时又在不断前行中仍然坚守着大学固有的精神，向着为人类、为整个社会造福的方向发展。

二、形成个性化的办学理念

(一) 从全局战略来看：大学的生命力在于形成合适的办学理念

本章第一节比较全面地阐述了大学文化的内核是大学精神，无论是大学的办学者、治学者还是求学者，都应该坚守大学精神，这应成为大学人的自觉。第二节通过对大学文化多样性的论述，认为大学精神可以超越时代

---

① 王建华. 大学的三种概念[J]. 高等教育研究，2011(8)：10.
② 姜斯宪. 世界城市与一流大学共生互动[N]. 中国教育报，2014-02-27.

和社会代代相传,但是作为大学文化的具体表现形式却可以多样化。这种多样化不仅是可以选择的,而且也是应该选择的。因为中西方文化有别、地方区域有别、历史积淀有别,甚至由于知识(以专业和学科体现)分类的多样性也使得大学文化的形式千姿百态、丰富多彩。多样化的大学文化构成了多元的大学办学理念,因此在这个意义上说,选择多样化的大学文化就是选择多元化的办学理念。

事实上,西方大学之所以能延续千年而精神不灭,具有旺盛的生命力,正是因为他们在大学文化的选择和坚守中找到了一条秘诀:即与其文化相融合、相一致,大学总是生长在其文化根基之上。即使大学每有衰微,总能针对出现的问题进行自我调整。比如,在德国的洪堡大学,就是对式微的欧洲古典大学的调整;美国的威斯康星大学就是对德国大学科学研究功能向社会开放的调整,同时包括对一些具体的改革措施的学习和借鉴;英国的学院制被移植到美国的本科生教育并进行了创新,而导师制则创造性地成为美国研究型大学的研究生教育。

我国大学的某些改革与实践,也可以借鉴西方大学的一些成功经验。但应该清楚:在西方大学运转很好的模式一到中国大学可能水土不服,比如,英国的导师制与学院制,以及美国的学分制与通识教育等可能并不完全适合我国。究其原因,这并非推行者不力,而是中西方大学的精神内核完全不一样。正如习近平总书记提出的"要办出中国特色、世界水平的现代教育"理念那样,大学要想真正发展起来,非得回到自己的文化土壤上来不可。正如有研究者所预言的那样,"当我们的大学开始有了文化自觉与自由自觉的时候,就开始成为自己,就开始走向成熟,走向自由的超越之旅"。①

(二)从具体策略来看:既要关注时代和社会,也要处理好与政府的关系

大学与时代之间的关系是共生关系,除此之外,大学还必须引领时代、超越时代,这就要求大学必须处理好时代与社会的关系,而不能被社会与时代的现代化所裹挟。与此同时,还需要运用一定的策略处理好大学与政府

---

① 涂丽华.大学生命论[D].长沙:湖南师范大学,2013:12.

的关系,而不能被政府的各种各样功利性需求所合理化和工具化。我国大学今后的发展应朝着以下基本方向前进:全面提炼我国大学精神文化共识;全面形成大学综合改革治理理念;全面实施依法治校战略;全面落实"管办评"分离举措。

以上四个"全面"既有目标又有举措,既有全局又有重点。四者之间不是简单并列,而是有机联系、相互贯通的具体策略。提炼我国大学精神文化是摆脱大学文化危机的观念准备与思想武器,全面形成大学综合改革治理理念是当前我国大学文化如何转危为安的指导思想,全面实施依法治校是确保大学文化得以持续发扬和坚持的法制保障,全面落实"管办评"分离的举措是最终实现自主选择大学文化、自主坚持大学办学理念的具体路径和手段。

全面提炼我国大学精神文化的共识,最基本的理由是,文化是内在于人与大学生命最核心的元素,而各文化系统都是围绕着其哲学精神创造的。那么,大学的性格就为其所秉持的哲学精神所决定,亦即西方大学的性格最终为西方的哲学所决定,而中国大学只有从根本上顺应自己文化的哲学精神,才能成为"自己"的大学。

大学文化的重建,信心何来?信心来自大学人的自觉自醒,也来自社会的期许,更来自大学的使命。前文对大学和时代的关系进行了论述,旨在告诉每一个大学人和社会上有良知的知识分子,大学虽然不可能不受时代和社会的影响,也无法绝缘于那些负面的、让人越来越"世俗化""功利化"和"庸俗化"的影响,但是大学之所以为大学,是因为大学可以超越时代、引领社会。大学可以成为社会污浊的净化之地、社会良知的存放之所、社会正义的光芒之源。借用佛家的话语来说,大学可以在"入世"的同时还可以"出世"①。

---

① 出世和入世是佛家对尘世的两种不同态度和修行观点,一般来说,小乘佛法讲求出世,追求的是脱离凡世间的困扰和诱惑,寻找寂静清幽之所以静心修行而达到高超境界。出世要求修行者去除一切杂念,舍弃身外之物,达到物我两忘、身外无我、我亦非我、无我无常。出世的终极目标在于渡己,即:追求自身的解脱。与小乘佛法相反,大乘佛法讲求入世,通过入世修行,教化大众以求正果。可以说,出世在渡己,入世在渡人。如果以入世的精神做事、以出世的精神做人,那么出世即入世,入世即出世。此处借用出世与入世的佛家说法,意在说明大学可以进入到社会与时代以渡人,亦可超脱于时代和社会以渡己。

大学文化的多样性决定了大学可以具有选择性,每一所大学都可以根据自身时代、地域和积淀的特点选择合适的办学理念。办学理念的贯彻与坚持离不开两个环境的支持:一个是国家和政府的外部支持;一个是大学内部的文化环境的支持。在国家整体治理环境相对完善的前提下,在依法治国、依法治校原则的全面贯彻和落实下,大学文化的选择与坚守才有实现的可能。当前应顺应国际一流大学的治理潮流,在高校真正实施自主办学,让管理者、办学者和评价者各就各位、各司其职,实现真正的"管办评"分离。唯有如此,大学的发展才有可能实现突破。与此同时,在大学内部还应以建立大学章程为契机,理顺大学各级各类管理机构、教学机构、学术机构、服务机构以及相关的职能机构,从而构建起一切以学术为中心,一切服务于学术、一切以保障学生和教师的主体地位为宗旨的内部治理机制。

三、走出大学文化危机需要坚守既定的办学理念

(一) 办学理念是大学文化的具体落实

大学理念和办学理念的关系,在本书第三章第五节已经做了比较详尽的论述,特别是潘懋元先生从两者的不同角度进行了比较和分析,梳理得非常清晰,在此不再赘述。这里主要对大学理念和办学理念与大学文化之间的关系做些分析。大学文化从内涵上来说,应该涵盖大学理念和办学理念,大学理念是大学文化研究的组成部分,办学理念实际上是大学文化在一所具体大学的落地。也就是说,有什么样的大学文化就有什么样的办学理念。同时,办学理念也会映射到大学文化之中,两者相互作用,相互影响。

大学理念不同于办学理念,也不同于大学文化。大学理念在本书第二章中已经做过详细交代,西方对大学文化的研究,侧重于对大学理念的讨论;而我国的大学文化研究则往往聚焦于大学精神的讨论。因此,在这个意义上说,大学理念是与大学精神相对应的一个概念,只是一个较多存在于西方文化传统,一个较多存在于我国文化传统,但两者都是从属于大学文化的研究范畴。

办学理念同样不同于大学理念和大学文化。办学理念是从属于大学理念的一个概念,往往是一种具有可操作性、可重复实践的办学指导思想;而大学理念可以是一种愿景或构想,也可以是一种能够付诸实践的行动和尝

试。无论是办学理念还是大学理念,均是大学文化的组成部分。

(二)大学文化的约束性决定了大学须坚持办学理念

大学文化本身具有约束性。大学人在大学发展过程中所积淀的各类规章制度、价值观念、行为习俗、礼仪规范等,是大学文化具体可测、直观的组成部分。这些内涵不仅对内部成员具有约束性,而且对大学的办学者和决策也同样具有约束性。这一约束性意味着每一所大学必须坚持自身的办学理念。这是因为一所大学一旦形成了具有自身个性化的大学文化,就需要将大学文化具体落实到自身的办学理念之中。

对办学理念的坚持即是对大学文化的维护。当前我国大学文化危机的形成原因告诉我们,之所以会产生五大典型文化危机现象,主要是大学人在间接和直接的行政力量、市场经济和世俗文化的影响下,对自身大学文化,特别是大学办学理念的不断摇摆和偏离,最终导致大学的功利化、趋同化现象日趋严重,从而形成文化危机。

(三)坚持既定的大学理念需要把握三组关系

首先需要把握办学理念与大学文化匹配度之间的关系。办学理念是具体到每一所大学的具体的办学指导思想,是大学理念在大学办学过程中的实践。这需要办学者先要有自己明晰的大学理念,大学理念与办学理念之间应该是一种包含与被包含的关系,同时还应是一种对应关系,更应是一种理论与实践的关系。选择适合一所大学的大学文化,意味着将一种具体的大学文化化为具体的办学理念,并在接下来的办学过程中加以贯彻和实施,这两者之间必须保持高度的吻合性。如果大学文化偏离大学办学理念,或者办学理念与大学文化之间难以匹配,那么这样的大学迟早会无所适从,最终将随波逐流,淹没在时代的洪流之中。

其次需要把握办学理念与大学文化和大学精神的相承关系。办学理念不仅要与大学文化、大学理念保持吻合,更应与大学精神一脉相承。大学精神是大学文化的内核,如果大学的办学理念背离了大学精神,始终围绕着当下、围绕着现实、围绕着利益等功利在转,那么其办学理念看似无比正确,实则有悖大学精神,这样的办学理念也是没有生命力的,无法承担大学的社会使命和时代责任。

最后需要把握办学理念与政府和学校界限之间的关系。大学办学理念的贯彻与落实,终归受时代和社会的影响,这是不可避免的,也是必然的。特别是在当前大学走出"象牙塔"成为"社会的中心"的背景下[①],大学的办学理念实施起来困难不少,坚持大学理念就更加不易。这需要办学者和大学人对政府和学校自身的权力边界具有清晰的判断和认识。对于政府来说,应该将真正属于大学的权力放下去,不应过多干预大学校园,并以相应的政策和法律对此加以保障。大学则应利用政府推动大学综合改革的契机,抓住现代大学建设的"牛鼻子"——大学章程建设的时机,全面地、明确地将学校与政府以及社会组织机构等校内外的权力边界梳理清楚,构建起至关重要的外部治理机制;同时将大学内部的各级各类管理机构、教学机构、学术机构、服务机构以及相关的职能机构的责权利进行分割与约定,从而构建起一切以学术为中心,一切服务于学术、一切以保障学生和教师的主体地位为宗旨的内部治理机制。

---

① 周益斌.论我国现代大学的起源——从太学、大学和书院的关系说起[J].高等理科教育,2014(1):12.

第六章

研究结论与反思

选择"大学文化"进行研究是一个挑战,因为文化本身就是一个"讲不清、道不明"的概念。纵观以往学者对大学文化的研究,往往不约而同地选择以理论研究为主,从文化学的角度切入,以文化的"三要素"(物质文化、制度文化、精神文化)或者"四要素"(物质文化、制度文化、精神文化、环境文化)展开,最终回到今后大学应如何构建一种健康向上的大学文化的主题上,相应的对策建议也是惊人地雷同:物质文化层面该如何做、精神文化层面该如何取舍、制度文化层面应如何构建,等等。抑或采用质性研究,从人物志的视角,以具体细微的"典型故事""经典往事""趣闻轶事"等深入展开,白描出大学个案中的重要校长故事、知名教授趣闻以及些许师生交往情节,从而归纳出一所大学在其历史发展中所积淀的大学文化,最终演绎出以"某某大学的主要文化特征"为题、辅之以"某某大学文化研究"为副题的文章;此类文章往往是以某某大学的重大校庆活动为背景,组织一拨熟悉校园故事的专家或"笔杆子"而为。

如何将"大学文化"作为一个严肃而严谨的课题进行研究,且不走前人的老路和套路,这是摆在笔者面前极为艰难的一件事。开始研究以来,曾经几乎陷入死胡同和绝境,几度近乎放弃,这也是本书的撰写前前后后耗费7年之久的主要原因。本书选取"文化危机"这一视角,采用社会学的实证研究方法,具体运用涂尔干社会学研究方法,将大学文化危机视为一种社会事实从而作为研究对象,主要借用其因果解释法,通过共变法的衔接,对当前我国大学文化危机现象进行了初步探索。在研究即将进入尾声之际,笔者认为非常有必要对本书的一些基本结论做进一步的总结,并对得出这些基本结论的论证过程存在的诸多不足和遗憾作出说明。作为学术研究者,需要不断反思结论、反思研究过程,这种反思本身就是一个将纷繁复杂的现象明晰化、条理化的过程。①

第一节 研究发现

在本书的第一章,笔者对大学文化危机研究的整体思路做了较为详细的交代。回顾整个研究历程,对照研究设计,在整个研究过程中是否完全按照研究设计的设定程序进行?是否有过调整?是否发现了研究设计之外的新问题?本着对这些问题的回应,现将研究的不同阶段所运用的方法和取得的研究结果稍作梳理和总结。

一、中西方对大学文化的研究有差异

大学文化研究的起点在哪里?关于这一问题的解答在本书的研究设计中,采用的是历史研究法、比较研究法和个案研究法三者兼用,运用到的资料主要是前人文献。本书在对大学文化的研究过程中发现,西方根本没有所谓直接明确的大学文化研究!他们只有实实在在的对大学理念的研究。于是,笔者转而对西方大学功能的流变做了详细的梳理,选择西方具有代表性的三个国家(英国、德国和美国)的大学文化作为案例,结合前人的研究,对西方大学文化的个性特征和共性特征作了全面提炼和概括。

相反,现代大学在我国发展起来不过100多年时间,但是关于大学文化的研究却十分丰富,特别是20世纪80年代之后。不过相对来说,这些研究有点"虚",主要体现为其理论色彩和概念化特征比较明显,而且对大学精神的研究情有独钟。这是笔者在研究过程中发现的一个非常有意思的现象,也是与研究设计预想不一致的地方。

概而言之,中西方大学文化的研究差异,前者强调偏于"虚"的大学精

---

① 马和民.社会化危机及其出路[D].上海:华东师范大学,2003:127.

神,后者聚焦偏于"实"的大学理念。

二、大学文化危机是社会事实

自从涂尔干提出以"社会事实"作为社会学研究的对象之后,使社会学方法论具有了实质性的内容,结束了西方社会学理论研究和经验研究长期脱节的状况,同时,也给社会学研究开辟了一条实证主义的道路。本书所探讨的"大学文化危机"就是一个直接被借用为"社会事实"的概念,因为该概念能够阐述社会事实之间存在的结构、功能和因果关系。在本书的研究设计中,采用涂尔干的因果解释法与共变法,对"大学文化危机"这一社会事实之间的关系进行阐述。主要展开部分是在本书的第四章。

但是,如果从大学文化研究直接过渡到对大学文化危机的研究,这中间似乎存在某种形式的脱节。为此,在研究设计部分,明确提到了"典型现象理论""文化危机理论"。通过这两种理论的黏合,使得大学文化危机与大学文化研究得以较好地过渡。其过渡是通过如下图(图6-1)所示的路径展开的:

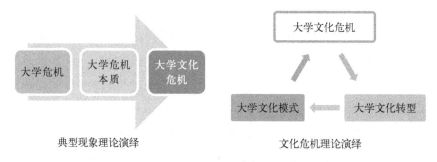

图6-1 从大学文化过渡到大学文化危机的理论黏合示意图

这一论证过程主要在本书的第一章和第三章进行。第一章的方法论部分对此进行了交代,第三章则通过五大典型现象详尽地分析了大学危机——就其本质来说,即大学文化的危机。

三、因果解释之共变法的使用具有适切性

本书在研究设计中对大学文化危机的成因机制的分析,采用了社会学实证研究方法,具体到实施过程中,是通过因果解释中的共变法得以实现

的。涂尔干对社会事实之间的因果联系分析,特别强调对研究法则(主要有三条,本书第一章阐述过)的遵守以及对社会类型的区分和剖析。

本书对大学文化危机的成因的分析,首要一条就是对社会与时代背景因素的分析。现代化和国际化是大学文化危机产生的大背景,官本位和科层制文化是历史与现实对大学文化的合力"围剿"。可见,大学文化危机并非仅在我国大学存在,也非仅在当前存在。以上所述只是大学文化危机产生的间接原因,其产生的直接原因,则仍须反观大学自身。本书通过大量的实证性数据、图表和案例,找到了大学文化危机产生的真正原因——大学缺乏适合自己的大学文化。大学一味地迎合市场需求和国家政策,所采取的各种应急性的办学政策和措施,也是不断及时回应现代化、国际化、市场化等的需要。

四、破解危机的思路还应聚焦到大学自身

大学文化危机的客观存在是不争的事实,如何破解大学文化危机,这是本书研究的落脚点。对这一问题的回答,主要采用的是逻辑演绎法。通过对中西方大学文化的条分缕析、对大学文化危机的表现以及对大学文化危机形成机制的剖析,最终从大学文化重构与建设主体、从大学文化的三个维度(大学精神的恒定性、大学文化的多样性、办学理念的持续性),以及从相应的三个维度所应掌握的基本原则等方面提出对策和建议。

第二节 研 究 结 论

一、中西方文化传统的差异导致大学文化研究之分歧

通过相关的文献梳理以及中西方大学文化研究的实际分歧来看,之所以出现这一分歧,其根源在于中西方的文化传统。西方文化传统历来重视个体,崇尚宗教的作用。西方文化往往求助于宗教来构建自己的理论与思想体系,无论是涂尔干、韦伯,还是马克思等西方学术大家,均不约而同地从宗教研究中归纳和演绎自己的理论体系和学术思想。而我国的传统文化是从

"士"的精神开始，中国古代学人一直靠自身修为建立起一个完整的精神世界。因此，中国大学精神是把"士"的精神转化为社会的责任感，而西方文化则是把对社会的责任感发展为宗教精神。这是本书的一个重要研究结论。

二、五大典型现象被证明是文化危机

当前我国大学的发展存在着危机，这是一个基本现实。借用大学文化的基本研究结论：大学文化是大学在长期发展过程中所形成的一系列价值观念、行为方式、习俗礼仪、制度体系、语言习惯、知识符号、建筑风格等的总和。由此寻绎出当前大学在发展中出现的危机，就其本质上说其实就是大学文化危机。

如何归纳出大学文化危机的典型现象，需借用"典型现象理论"。根据当前大学所受到的外部经济、政治和文化的影响程度，本书找到了对应的三种典型现象，即"大学行政化""大学市场化"和"大学世俗化"。在这三股力量的侵蚀和破坏下，大学自身开始学术功利化，最终导致大学趋同化。后两者是大学文化自身主动嬗变的过程。此外，本书从"文化危机理论"的角度论证了当前大学存在的五种典型大学文化危机现象，已经对既有的大学文化模式造成了巨大的影响，足以使得大学文化出现转型，故而将当前大学文化称之为大学文化危机之态。

三、多因素共变形成大学文化危机

大学文化危机的形成是多种因素共同作用的结果，但是如何在众多因素中找出其直接的原因和间接的原因？通过之前的研究发现，因果解释模式中的共变法对解决这一问题提供了适切的方法武器。本书的研究结论是，当前我国大学文化危机产生的间接原因是现代化、国际化和行政过多干预当前大学变革的这一宏观社会背景；其直接原因是大学办学指导思想和办学理念的偏差所致。大学在貌似"合理化或理性化"的办学思路指引下，缺失了大学的办学理念，丧失了大学的灵魂，导致大学文化陷入失序的乱象，呈现出大学文化危机状态。

四、重建价值体系，引领大学走出文化危机

总结之前的研究成果可知，大学文化危机的消除需要解决三个问题：

一是重建何种价值系统;二是价值重建由谁担当主体;三是重建后的价值如何实现。本书通过综合分析,结合大学文化的内在逻辑,得出以下三个研究结论:

(一) 重建大学文化价值系统包括三个内涵

一是对大学精神的正确理解,即形成正确的大学精神观;二是大学文化的正确选择,形成合适的具体大学文化;三是办学理念的持续坚持,即形成持久的办学理念。

(二) 重建大学文化价值体系的主体

包括三个主要群体:一是有担当、有定力、教育家型的校长群;二是让知识分子成为维护与坚守大学文化价值体系的中坚力量;三是大学生成为薪火相传的重要力量,让大学文化价值体系永葆延续性和发展性。

(三) 重建大学文化价值体系需要注意的事项

1. 选择合适的大学文化必须坚持三条原则

坚持本土化和国际化相结合;坚持历史传统与未来愿景相结合;坚持独立自主与政府推动相结合。

2. 坚持既定的大学理念需要把握三组关系

首先需要把握办学理念与大学文化匹配度之间的关系;其次需要把握办学理念与大学文化和大学精神的相承;最后需要把握办学理念与政府和学校界限之间的关系。

第三节 研 究 反 思

一、研究结论的反思

(一) 结论的价值反思

对大学文化的研究到底能起什么作用、有何价值?归纳起来,当前有三种不同观点：

一种是"悲观论"。该观点认为，当前我国的大学文化"无药可救"，已经处于"病在骨髓，司命之所属"[①]的状态。理由是我国大学文化"先天不足"：大学本来是舶来品，是从西方移植过来的，当时引入我国纯属技术层面"师夷长技以制夷"的目的，没有从制度层面和道德层面进行过考量；加之"后天不补"，即没有得到很好的补养。大学引入之初，因时运不济，大学在风雨飘摇中苟且存活。1949年之后，大学又遭受了苏联模式的折腾、十年"文革"的摧残。到了改革开放之后，特别是20世纪90年代，大学的活力才开始慢慢恢复，却又陷入了大学功利主义的泥潭。政府视大学为经济的引擎、政治的摇篮、文化的阵地，大学开始变得越来越没有自己的方向。"悲观论"认为，当前我国的大学是国家的一个附属机构，是教育部下的一个机构，大学文化研究无甚特别价值。

另一种是"乐观论"。该观点认为，当前我国大学正在朝着"世界一流大学"和"一流学科"迈进，经过最近20年高等教育的发展，我国已经建成了世界上规模最大、入学人数最多的高等教育体系，这在世界高等教育发展史上也是奇迹，这本身就是一项了不起的成就。没有体量的大小，就无从谈质量的优劣。当前，大学规模不再是我们追求的目标。正如上海纽约大学原校长俞立中所说："……对于当今高等教育的规模来讲，我们再举办一所大学、再多招一些学生，已经没有什么太实质性的意义了，而需要的是真正意义上的高质量的教育、高水平的大学和有特色的办学，这样才能使我国高等教育上到一个新的台阶，更符合人和社会发展的需要。"[②]北京市更是在2006年时就明确提出大学不扩招[③]。

抓质量、重内涵、促改革已经成为当前我国高等教育界的共识。大学开始出现转型，即从外延扩张向内涵发展，从体量扩充向深度改革转型。这一转型过程中，对大学文化的研究就显得十分必要和重要。从2011年底开

[①] 《韩非子·扁鹊见蔡桓公》。

[②] 这是2014年上海教育评估协会邀请俞立中校长做《上海纽约大学的探索与改革》报告时的原话，笔者根据其演讲录音整理成文，文字经俞立中校长亲自修订。

[③] 邓跃.北京教委副主任称今年高校坚决不扩招[OL].（2006-06-05）.http://news.sina.com.cn/c/edu/2006-06-25/024810244502.shtml.

始,国家层面意识到建设现代大学制度是当务之急,尽快构建具有中国特色的现代大学治理体系是大学综合改革的"牛鼻子"。大学章程是大学制度建设的重要突破口,是统领大学未来发展和前进的新航标。如何形成科学而有效的大学章程,必然离不开对大学文化的研究。因为大学文化是大学章程建设的灵魂,是全面构建大学功能、大学作用、大学定位、大学愿景以及大学内外部结构等章程组成要素的指南针。故在这个意义上说,大学文化的研究十分重要,而且部分研究成果已经问世。比如,教育部高教司原司长王冀生教授退休后,于2011年在有关部门的支持下成立了"清华大学教育研究院大学文化研究与发展中心",开展了一系列卓有成效的研究。在"乐观论"看来,在如此大好形势下,开展大学文化研究的作用和价值都很大,能够使得大学不断地朝着积极的、趋好的方向发展。

还有一个观点是"谨慎乐观论"。该观点认为,大学文化研究确实十分具有价值,但对其作用还是要保持谨慎的乐观。从我国当前面临的诸多问题与现实困境来看,政府"管得多、统得死"的现象还是比较突出,改革的步子还是显得小。就拿大学章程建设来说,教育部于2011年颁布《高等学校章程制定暂行办法》,在该办法中明确要求全国各地公办大学的高校章程,要按照办法规定的"十大要素"①、遵循"一核四柱"②的原则在规定的时间内完成。如此一来,原本被寄予厚望的大学章程建设却因政府的"五花大绑"和规定动作太多,导致无法彰显各校真正的特色,大学文化的精髓也就无法施展。由此,谨慎乐观论提出,大学就应该按大学的规律来办,大学文化研究有价值,政府应真正理解并切实贯彻。从管理走向治理的道路仍较漫长,对此必须保持谨慎的乐观。

本书观点鲜明,即持第三种观点:大学文化研究有价值,需谨慎乐观地看待。

---

① "十大要素"指的是,大学章程内必须涵盖"学校特征与定位""学校与举办者""自主权行使与监督机制""领导体制""内部管理机制""学术组织""质量保障""民主管理与监督""学校与社会""师生权益保护"。

② "一核四柱"指的是,大学章程必须按照《关于坚持和完善普通高等学校党委领导下的校长负责制的实施意见》作为基本原则(将制度视为核心),同时按照《高等学校学术委员会规程》《普通高等学校理事会规程(试行)》《学校教职工代表大会规定》《各地关于开展所属高校章程核准工作的通知》(将四个文件视为支柱)。

（二）结论本身的反思

本书的主要研究结论是：当前我国大学存在的各种问题，究其实质是大学文化的危机；大学文化危机是一种"社会现实"，其表征是五种典型现象的存在；这一社会现实是由一系列因素共变所致；大学文化危机的消除需要重构大学文化系统。以上结论是否经得起推敲和考验，从学术研究的角度来看值得反思。

反思一：从大学危机能推导出大学文化危机吗？

当前我国大学的发展存在着危机，这是基本事实。但是是否真到了文化危机之态？本书借助于两种理论武器来论证：一是大学文化的基本研究结论，即大学文化是大学在长期发展过程中所形成的一系列价值观念、行为方式、习俗礼仪、制度体系、语言习惯、知识符号、建筑风格等的总和。当前大学发展中出现的危机，无外乎是以上各种具体要素出现问题的体现，故就其本质说上其实是大学文化危机。其二是文化危机理论。即文化危机的产生，需要有"文化模式"和"文化转型"，中间的过渡阶段就是文化危机状态。这就需要回答两个问题：一是既有的大学文化模式是什么？转型后的大学文化模式是什么？本书通过对中西方大学文化的追根溯源，找到大学文化的真实状态、应然状态是回答第一个问题的关键，对此在第二章做了全面的回应。对第二个问题的回答即是从实然的角度找事实、找现象。通过对当前大学存在的五种典型文化危机现象的梳理，证明当前的大学文化足以使原有的大学文化变得"面目全非"，产生十分严重的后果，从而论证了当前我国的大学文化确属危机之态，有向另一种大学文化转型的危险。

以上论证是否严谨和严密，笔者认为基本可靠，但也确实存在许多简单化的痕迹和成分，有待今后进一步的研究加以完善和优化。

反思二：五种典型现象能真实反映大学文化危机现象吗？

如果第一个结论成立的话，那么大学文化危机到底如何呈现？本书借用的理论依据是"典型现象理论"。社会科学研究不同于自然科学研究，很难把握准确的样本整体，也很难控制相应的变量，但是这并不意味着社会科学不能进行实证研究。在社会科学研究者看来，纷繁芜杂的社会现象可以通过"典型现象"的办法找到关键的分析视角。从大学文化所面临的危机来看，比较容易找到的典型现象是大学受外界的政治、经济和文化影响所形成的典型现象,以及自身组织最独特的学术性特征、整体性特征所遭遇的典型现象。由此,笔者找到了五种大学文化的典型性特征。

以上结论的论证过程是否能够到认可? 对此仁者见仁,智者见智。就其逻辑思辨过程来看,笔者认为是说得通的。当然,也欢迎方家和学者对此进行批评和批判。

反思三:在大学文化危机成因的诸因素中如何判断共变因素?

大学文化危机是多因素相互作用的结果,同时有些因素是互为因果、因中带果、果中带因的关系。如何在诸多因素中找出大学文化危机的共变因素? 本书借用了涂尔干的因果共变法。通过对大学文化危机间接和直接因素的梳理,找到了当前大学文化危机的间接因素是社会背景所致,直接因素是大学主动所为。用大量的数据、事实、案例和报道等鲜活的资料,对大学文化危机的诸因素做了分析和判断,最终厘清了大学文化危机的共变因素。

这一论证过程中是否存在"硬伤"? 就研究方法来说,笔者认为是科学的。社会学实证研究法中的因果共变法,经过100多年的发展,仍具有旺盛的生命力即是明证。在涂尔干逝世100周年之际,我们盘点其学术遗产和学术思想的时候,学界仍认可他所创造的这一社会学学术研究方法,至今光芒闪耀。如果说本书的研究结论有可能出现偏差甚至谬误,那么这绝不是方法本身的问题,只能归咎于笔者学术素养不够、方法使用不当等原因。

反思四:重建大学文化系统能消除大学文化危机吗?

如果上述大学文化危机的现象、成因等结论都成立的话,那么对大学文化危机提出的破解之策,也应是准确的。正如医生对病情、病症、病理的把握均准确的话,开出的药方必定是"药到病除"的。本书提出的重构大学文化体系的对策:重建大学文化价值系统须把握三个内涵、重建大学文化价值体系的主体主要在三个主要群体、重建大学文化价值体系需要注意若干原则,应该说都是对之前大学文化危机成因的准确把握,也是对大学文化理论的进一步深刻理解。

需要说明的是,"重建"并不意味着"推倒重来",也不意味着"原样回归",这是基于大学文化本身的规律所决定的。大学文化就其规律来说,其精神基本恒定,具体文化形态多样,办学理念则更是需要"百花齐放""稳中求变"。今天的大学文化永远也回不到西方的大学文化,也回不到"民国大学"时的大学文化;但是放眼未来,我们在坚守大学精神之时,一定能够找到适合民族、国家、地方、时代等各种时空要素的大学文化。对此,笔者认为建设"中国特色、世界一流"的大学是完全能够实现的。

二、研究方法的反思

反思一:方法论层面的实证主义社会学与本书研究内容适切吗?

在第一章的"研究方法"部分已经对这两者之间的适切性做了交代。在回头反思方法论的时候,笔者越来越清晰地认识到,对于"社会现象"进行研究,基于此方法论更能对研究过程中的原则、逻辑、程序等方面予以准确把握。同时,这也是对现有大学文化研究方法论层面的一种新突破:能跳出纯理论、纯思辨、纯概念到概念的一种演绎,也能跳出简单的人物志的研究套路。

因此,在方法论层面本书的研究可能是合适的,也是创新性的。

反思二:对研究方法层面的因果解释之共变法与典型现象法用好了吗?

本书以社会学实证研究法为方法论,选用涂尔干的社会学因果共变法对大学文化危机的成因进行了分析。同时,借用了"典型现象"的理论与方法对大学文化危机"社会现象"进行了提炼和描述。

关于大学文化危机成因的解释方法:对因果解释之共变法的使用说明在之前结论反思三中做了交代,本部分不再赘述。

典型现象法既是一种理论也是一种方法,在社会学的实证研究法中暂无这种提法,其发轫于文学理论研究方法。本书对这一方法的借用,的确成为打开大学文化危机现象分析的一把钥匙。

总之,对以上两种方法的使用,从逻辑层面看是没有问题的,但在技术层面肯定还存在很多瑕疵。比如,对大学文化危机诸因素的模型解释、共变机制等没有做出更为学理性的分析。

反思三:具体研究方法与技术层面的各种方法是否存在"两张皮"问题?

1. 收集资料阶段

研究设计过程中主要采用内容分析法和案例研究法。其中内容分析法具体借用的是"奈斯比特法",对这一方法的使用在本书中实际出现了"两张皮"现象,这是本书的一个遗憾。实际上,在对五大典型现象的任何一种现象都可以借用这一具体的方法。比如,通过对某一阶段、某一主题(比如,"大学行政化"的主题)有关新闻报道、报纸杂志等资料的收集和整理就可以使用这一方法。但是,在本书的过程中,确实没有很好地、充分地贯彻这一方法。至于案例研究法,散见于各个章节,则较好地运用到了。

2. 分析与加工资料阶段

研究设计过程中主要采用文献研究法和历史分析法。实际上,这些研究方法不仅在资料分析和加工阶段使用到了,在撰写的阶段也使用到了。这些方法不仅是技术层面,也是思维层面的研究方法。需要反思的是,对分析与加工资料阶段的研究方法的表述需要更加准确。

3. 论证与分析阶段

比较研究法在研究设计中是作为论证与分析阶段的主要研究方法加以使用的,但实际上,这一阶段主要运用的是历史与逻辑相结合的方法,比较研究方法更多地用于第二章的研究与撰写过程中。今后在论证与分析阶段的方法介绍时,表述需要更加精细和周全。

参 考 文 献

一、著作类

[1] 张岱年.程宜山.中国文化与文化论争[M].北京：中国人民大学出版社，1990.

[2] 王冀生.现代大学文化学[M].北京：北京大学出版社，2002.

[3] 眭依凡.大学的使命与责任[M].北京：教育科学出版社，2007.

[4] 高平叔编.蔡元培教育论著选[M].北京：人民教育出版社，2011.

[5] 薛涌.批判北大：中国高等教育有病[M].南京：江苏文艺出版社，2009.

[6] 姚国华.大学重建[M].深圳：海天出版社，2002.

[7] 熊明安.中国高等教育史[M].重庆：重庆出版社，1983.

[8] 陈平原.中国大学十讲：第3版[M].上海：复旦大学出版社，2002.

[9] 金耀基.大学之理念[M].北京：生活·读书·新知三联书店，2001.

[10] 杨东平编.大学精神[M].沈阳：辽海出版社，2000.

[11] 陆有铨著.躁动的百年——20世纪的教育历程[M].济南：山东教育出版社，2001.

[12] 马和民著.新编教育社会学：第2版[M].上海：华东师范大学出版社，2010.

[13] 孟宪承著.大学教育（孟宪承文集第3卷）[M].上海：华东师范大学出版社，2010.

[14] 高宣扬.布迪厄的社会理论[M].上海：同济大学出版社，2004.

[15] 刘拥华.布迪厄的终生问题[M].上海：上海三联书店，2009.

[16] 曹卫东.曹卫东讲哈贝马斯[M].北京：北京大学出版社，2005.

[17] 童世骏.批判与实践：论哈贝马斯的批判理论[M].北京：生活·读书·新知三联书店，2008.

[18] 韩延明.大学理念论纲[M].北京：人民教育出版社,2003.

[19] 李国霖.社会蜕变中的台湾学校文化[M].福州：福建教育出版社,1995.

[20] 丁钢.大学文化与内涵[M].合肥：合肥工业大学出版社,2005.

[21] 戴建兵,蔡辰梅主编.大学文化研究[M].北京：中国农业出版社,2012.

[22] 现代汉语词典[M].北京：商务印书馆,2001.

[23] 严文清著.中国大学治理结构研究[M].北京：人民出版社,2011.

[24] 陈雪飞.美国、德国、法国、日本：当代高等教育思想研究[M].上海：上海教育出版社,1998.

[25] 赵婷婷.大学何为——理想与现实间的冲突与协调[M].北京：高等教育出版社,2005.

[26] 王晨.保守主义的大学理想[M].北京：北京师范大学出版社,2008.

[27] 薛涌.谁的大学[M].昆明：云南人民出版社,2005.

[28] 刘琅等.大学的精神[M].北京：中国友谊出版社,2004.

[29] 张应强.文化视野中的高等教育[M].南京：南京师范大学出版社,1999.

[30] 樊艳艳著.周洪宇编.双重起源与制度生成：中国现代大学制度起源研究[M].武汉：华中科技大学出版社,2011.

[31] 蔡元培著.蔡元培教育论集[M].长沙：湖南教育出版社,1987.

[32] 付八军.大学教师的培养与成长[M].上海：中国社会科学出版社,2010.

[33] 赵红霞.大学危机管理[M].北京：中国轻工业出版社,2010.

[34] 孙华.大学公共危机研究[M].青岛：中国海洋大学出版社,2010.

[35] 王占军.高等教育组织趋同机制研究[M].北京：北京师范大学出版社,2012.

[36] 卢毅刚.认识、互动与趋同：公众舆论心理解读[M].北京：中国社会科学出版社,2013.

[37] 辛向阳."趋同论"研究[M].北京：中国人民大学出版社,1996.

[38] 徐波.大学行政化的组织分析[M].济南：山东大学出版社,2013.

[39] 恽敏霞."去行政化"：教研员制度的问题与对策——基于上海市四个区县教研室的现状调查[M].上海：华东师范大学出版社,2012.

[40] 季飞.中国高校内部管理"去行政化"研究[M].广州：世界图书出版广东有限公司,2014.

[41] 高永贵主编.文化管理学[M].北京：北京大学出版社,2012.

[42] 洪威雷.芦文龙.行政文化学概论[M].武汉：武汉大学出版社,2009.

[43]史万兵.高等教育行政管理体制深化改革研究[M].北京:教育科学出版社,2008.

[44]余小波主编.大众化背景下的高等教育质量与保障研究[M].长沙:湖南大学出版社,2013.

[45]肖念.阎凤娇.赫尔特主编.后大众化高等教育之挑战[M].北京:高等教育出版社,2012.

[46]史秋衡.吴雪.王爱萍.高等教育大众化阶段质量保障与评价体系研究[M].广州:广州高等教育出版社,2012.

[47]吴剑平.大众化背景下中国高等教育质量管理研究[M].北京:清华大学出版社,2011.

[48]黄启兵,毛亚庆.大众化高等教育质量保障:基于知识的解读[M].北京:北京师范大学出版社,2010.

[49]张江伟.李亚东编著.大众化高等教育的质量保障与评价[M].北京:高等教育出版社,2011.

[50]王海涛.多样化与自主建构大众化时期高等教育质量研究[M].青岛:中国海洋大学出版社,2010.

[51]曹健.高等教育大众化的哲学思考[M].镇江:江苏大学出版社,2010.

[52]刘海波.高等教育大众化的多元化、市场化和秩序化政策研究[M].天津:天津教育出版社,2009.

[53]潘懋元.中国高等教育大众化的结构与体系[M].广州:广东高等教育出版社,2009.

[54]蒋冀骋,徐超富.大众化条件下高等教育质量保障体系研究[M].长沙:湖南师范大学出版社,2008.

[55]柏昌利.大众化背景下的高等教育质量问题研究[M].西安:陕西人民出版社,2008.

[56]谢维和.文雯,李乐夫.中国高等教育大众化进程中的结构分析[M].北京:教育科学出版社,2007.

[57]贺祖斌.高等教育大众化与质量保障:高等学校教学质量保障体系的建构与实践[M].桂林:广西师范大学出版社,2004.

[58]陈学飞.秦惠民主编.高等教育理论研究精论集:135位专家学者论高等教育大众化与高校扩招[M].北京:中央编译出版社,2004.

[59] 邬大光.中国高等教育大众化问题研究[M].北京：高等教育出版社,2004.

[60] 王一兵.高等教育大众化、国际化、网络化和法人化：国际比较的视角[M].昆明：云南大学出版社,2002.

[61] 谢作栩.中国高等教育大众化发展道路的研究[M].福州：福建教育出版社,2001.

[62] 王宁.精英与研究型大学：高等教育大众化视角[M].开封：河南大学出版社,2011.

[63] 潘懋元.现代高等教育思想的演变：从20世纪至21世纪初期[M].广州：广东高等教育出版社,2008.

[64] 陈昌贵.余群英.走进大众化：21世纪初广州市高等教育发展研究[M].广州：暨南大学出版社,2005.

[65] 王英杰.美国高等教育的改革与发展[M].北京：人民教育出版社,2001.

[66] 张德祥.高等学校的学术权力与行政权力[M].南京：南京师范大学出版社.2002.

[67] 周光礼.学术自由与社会干预：大学自由的制度分析[M].武汉：华中科技大学出版社,2003.

[68] 李岚清.李岚清教育访谈录[M].北京：人民教育出版社,2003.

[69] 钱理群.中国大学的问题与改革[M].天津：天津人民出版社,2003.

[70] 张俊宗.现代大学制度——高等教育改革与发展的时代回应[M].北京：中国社会科学出版社,2004.

[71] 赵大宇.权利与责任——政府与高校关系之研究[M].哈尔滨：黑龙江人民出版社,2010：179-193.

[72] 韩水法.大学与学术[M].北京：北京大学出版社,2008.

[73] 应望江.中国高等教育改革与发展30年(1978—2008)[M].上海：上海财经大学出版社,2008.

[74] 谷贤林.美国研究型大学管理——国家、市场和学术权力的平衡与制约[M].北京：教育科学出版社,2008.

[75] 吴遵民.黄欣编著.实践终身教育论：上海市推进终身教育的路径与机制研究[M].北京：北京大学出版社,2008.

[76] 程天君.吴康宁主编.中国高校哲学社会科学发展报告.教育学[M].桂林：广西师范大学出版社,2008.

[77] 孙元涛.教育学者介入实践：探究与论证[M].重庆：重庆大学出版社,2009.

[78] 杨九俊.吴永军主编.学习方式的变革[M].南京：江苏教育出版社,2006.

二、翻译类著作

[1] [美]乔治·马斯登.美国大学之魂[M].徐弢,等,译.北京：北京大学出版社,2009.

[2] [美]克拉克·克尔.大学的功用[M].高戈,等,译.北京：北京大学出版社,2008.

[3] [美]约翰·S·布鲁贝克.高等教育哲学[M].王承绪,等,译.杭州：浙江教育出版社,2002.

[4] [美]茱丽·A·罗宾.现代大学的形成[M].尚九玉,译校.贵阳：贵州教育出版社,2004.

[5] [美]亨利·罗索夫斯基.美国校园文化——学生·教授·管理[M].谢宗仙,等,译.济南：山东人民出版社,1996.

[6] [美]安东尼·史密斯,弗兰克·韦伯斯特主编.后现代大学来临[M].侯定凯,赵叶珠,译.北京：北京大学出版社,2010.

[7] [美]克拉克·科尔.大学的功用[M].陈学飞,等,译.南昌：江西教育出版社,1993.

[8] [美]伯顿·克拉克.高等教育新论——多学科的研究[M]王承绪,等,译.杭州：浙江教育出版社,2001.

[9] [美]弗莱克斯纳.英美德大学研究[M].徐辉,陈晓菲,译.杭州：浙江教育出版社,2001.

[10] [美]雅罗斯拉夫·帕利坎.大学理念重审：与纽曼对话[M].杨德友,译.北京：北京大学出版社,2008.

[11] [美]露丝·本尼迪克.文化模式[M].何锡章,黄欢,译.北京：中国社会出版社,2009：37.

[12] [美]托马斯·麦卡锡.哈贝马斯的批判理论[M].王江涛,译.上海：华东师范大学出版社,2010.

[13] [美]华康德.实践与反思[M].李猛,李康,译.北京：中央编译出版社,1998.

[14] [美]威廉·V·斯潘若斯.教育的终结(第一版)[M].王成兵,亓校盛,等,译.南京：江苏人民出版社,2006.

[15] [德]弗里德里希·包尔生.德国大学与大学学习[M].张弛,等,译.北京:人民教育出版社,2009.

[16] [德]雅斯贝尔斯.什么是教育[M].邹进,译.北京:生活·读书·新知三联书店.1991.

[17] [德]雅斯贝尔斯.大学之理念[M].邱立波,译.上海:上海人民出版社,2006.

[18] [德]格·施威蓬豪依塞尔等.多元视角与社会批判:今日批判理论(下卷)[M].鲁路,等,译.北京:人民出版社,2010.

[19] [德]尤尔根·哈贝马斯.合法化危机(第一版)[M].刘北成,曹卫东,译.上海:上海人民出版社,2009.

[20] [德]康德.实践理性批判(第一版)[M].邓晓芒,译.杨祖陶,校.北京:人民出版社,2003.

[21] [德]尤尔根·哈贝马斯.包容他者[M].曹卫东,译.上海:上海人民出版社,2002.

[22] [法]布尔迪约,帕斯隆.再生产:一种教育系统理论的要点(第一版)[M].邢克超,译.北京:商务印书馆,2002.

[23] [法]朱利安·班达.知识分子的背叛(第一版)[M].佘碧平,译.上海:上海人民出版社,2005.

[24] [法]涂尔干.教育思想的演进[M].李康,译.上海:上海人民出版社,2003.

[25] [英]杰勒德·德兰迪.知识社会中的大学[M].黄建如,译.北京:北京大学出版,2010.

[26] [英]安德鲁·埃德加.哈贝马斯:关键概念[M].杨礼银,朱松峰,译.南京:江苏人民出版社,2009.

[27] [英]约翰·亨利·纽曼著,徐辉等译.大学的理想[M].杭州:浙江教育出版社,2001.

[28] [西班牙]奥尔特加·加塞特.徐小洲,陈军,译.大学的使命[M].徐小洲,陈军,译.杭州:浙江教育出版社,2001.

[29] [瑞士]瓦尔特·吕埃格主编.[比]里德-西蒙斯等著.欧洲大学史·第2卷:近代早期的欧洲大学(1500—1800)[M].贺国庆,等,译.保定:河北大学出版社,2008.

[30] [日]天野郁夫.高等教育的日本模式[M].陈武元,译.北京:教育科学出版社,2006.

[31] [南斯拉夫]德拉高尔朱布·那伊曼.世界高等教育的探讨[M].令华,严南德,译.北京:教育科学出版社,1982.

[32] [美]詹姆斯·杜德斯达.21世纪的大学[M].北京:北京大学出版社,2005.

[33] [美]德瑞克·伯克.大学何价:高等教育商业化[M].杨振富,译.台北:天下远见出版社,2004.

[34] [美]德里克·博克.走出象牙塔—现代大学的社会责任[M].徐小洲,陈军,译.杭州:浙江教育出版社,2001.

[35] [英]路易斯·莫利.高等教育的质量与权力[M].罗慧芳,译.北京:北京师范大学出版社,2008.

[36] [美]约翰·杜威.评价理论[M].冯平,余泽娜,罗慧芳,译.上海:上海译文出版社,2007.

[37] [美]赫钦斯.美国高等教育[M].汪利兵,译.杭州:浙江教育出版社,2001.

[38] [法]爱弥儿·涂尔干.教育思想的演进[M].李康,译.上海:上海人民出版社,2003.

[39] [英]纽曼.大学的理想[M].何曙荣,等,译.杭州:浙江教育出版社,2001.

[40] [巴西]保罗·弗莱雷.被压迫者的教育学[M].顾建新,译.上海:华东师范大学出版社,2001.

[瑞典]T·胡森,[德]T·N·波斯尔斯韦特.教育大百科全书[M].张斌贤,等,译.海口:海南出版社,2006.

[41] [英]迈克尔·夏托克.高等院校宏观调控管理[M].丁安宁,译.南京:江苏教育出版社,2009.

[42] [美]伯恩鲍姆.大学运行模式[M].别敦荣,主译.青岛:中国海洋大学出版社,2003.

[43] [美]乔治·凯勒.大学战略与规划[M].别敦荣,主译.青岛:中国海洋大学出版社,2005.

[44] [美]阿特巴赫.变革中的学术职业——比较的视角[M].别敦荣,主译.青岛:中国海洋大学出版社,2006.

[45] [美]阿特巴赫,冈普奥特,约翰斯通.为美国高等教育辩护[M].别敦荣,陈艺波,主译.青岛:中国海洋大学出版社,2007.

[46] [英]安东尼·吉登斯.社会学方法的新规则———一种对解释社会学的建设性批判[M].田佑中,刘江涛,译.北京:社会科学文献出版社,2003.

[47][英]布伦特·戴维斯,琳达·埃里森.学校发展规划[M].陈建华,李丹,潘学亮,译.北京:北京大学出版社,2013.

三、期刊论文类

[1] 杜希娟,王洪斌.高等教育文化哲学视角下的育人理念[J].工会论坛,2010(5).

[2] 李成恩,侯铁珊.基于AHP的大学文化结构组成分析与评价[J].国家教育行政学报,2014(11).

[3] 张云洁.试论多元文化格局下我国高等教育的文化使命[J].高等教育研究,2003(2).

[4] 储朝晖.大学精神与大学理念——中西大学的心灵差异[J].清华大学教育研究.2006(1).

[5] 袁祖望.论大学精神[J].暨南学报(哲学社会科学版),2006(5).

[6] 李文山.中国大学精神的内涵及其演变[J].河南大学学报(社会科学版),2006(6).

[7] 王勤,韩艳.一流大学与大学精神[J].浙江大学学报(人文社会科学版),2005(6).

[8] 秦秋田.关于当代大学精神的思考[J].教育研究,2005(11).

[9] 赵燕.大学精神概念初探[J].教育理论与实践,2005(8).

[10] 杨鲜兰.论大学精神的培育[J].高等教育研究,2004(2).

[11] 储朝晖.何为中国大学精神之源[J].江苏高教,2004(4).

[12] 山鸣峰,李灵莉.基于本体价值构筑大学精神:大学内涵式发展的核心议题[J].教育发展研究,2014(9).

[13] 王磊.高校校训蕴含的大学精神研究[J].思想理论教育,2013(19).

[14] 纪宝成.对大学理念和大学精神的几点认识[J].中国高等教育,2004(1).

[15] 房保俊.百年中国大学理念的变迁及启示[J].现代大学教育,2010(1).

[16] 李培根.论大学精神与文化.国家教育行政学院学报,2015(1).

[17] 饶武元,胡罗斌.论大学精神与大学发展[J].教育学术月刊,2010(1).

[18] 龚克.大学文化应是"育人为本"的文化[J].中国高等教育,2010(1).

[19] 杨德广.用大学文化推动大学发展改革[J].中国高等教育,2010(1).

[20] 顾明远.大学文化的本质是求真育人[J].教育研究,2010(1).

[21] 苏小柱.论"大学精神"[J].探索,2010(1).

[22] 韩延明,栾兆云.论大学文化的构建[J].北京大学教育评论,2010(2).

[23] 王守义.从大学文化的视角看大学[J].中国高教研究,2010(2).

[24] 韩延明,栾兆云.我国现代大学文化的价值取向[J].高等教育研究,2010(4).

[25] 张超,谢佳.中美德三国高等教育的文化比较[J].文学教育,2008(12).

[26] 赵婷婷,邬大光.大学批判精神探析[J].高等教育研究,2000(2).

[27] 刘道玉.高教发展与"好大狂"惯式思维模式[J].学习月刊,2009(1).

[28] 刘道玉.论"高、大、全"思维对我国高教发展的影响[J].科学文化评论,2009(1).

[29] 刘道玉.整顿高校教育十意见书[J].贵阳文史,2000(2).

[30] 刘道玉.教育需要一场真正的变革[J].同舟共进,2009(2).

[31] 刘道玉.中国现代为什么不能产生著名的教育家[J].云南教育,2007(7).

[32] 刘道玉.论大学精神的重建[J].湖北函授大学学报,2007(1).

[33] 熊丙奇.自主办学是提高高教质量的关键[J].河南教育(高校版),2009(1).

[34] 熊丙奇.新一轮高校改革要吸取什么教训[J].同舟共进,2009(2).

[35] 刘振天.大学社会批判精神的源泉及当代境遇[J].北京大学教育评论,2003(3).

[36] 彭兰,张泽麟.大学组织文化建设与思考[J].现代大学教育,2004(3).

[37] 马万华.迎来大学"灿烂的明天"[J].高等教育研究,1998(4).

[38] 张建新,董云川.大学文化研究述评及探究思路[J].中国大学教学,2005(3).

[39] 陈勇江.当代中国大学文化的特殊本质及其内容[J].南京航空航天大学学报,2003(6).

[40] 王芳,王大伟.论新经济时代的大学文化精神[J].交通高教研究,2001(4).

[41] 袁贵仁.加强大学文化研究,推进大学文化建设[J].中国大学教学,2003(3).

[42] 于留成,李爱民.大学文化建构与高校可持续发展[J].中国高教研究,2004(4).

[43] 李琼,钟波.21世纪大学文化精神的塑造与文化传统的积淀——"湖南省首届中青年学者高等教育论坛"综述[J].有色金属高教研究,2001(2).

[44] 陈勇江.当代中国大学文化的特殊本质及其内容[J].南京航空航天大学学报,2003(6).

[45] 刘自匡.大学的文化思考[J].交通高教研究,2003(6).

[46] 王长乐.大学文化简论[J].天中学刊,2000(6).

[47] 朴雪涛.大学文化范式的转换与创新人才培养[J].教育研究,2001(5).

[48] 眭依凡.关于大学文化建设的理性思考[J].清华大学教育研究,2004(1).

[49] 王冀生.文化是大学之魂[J].北京大学教育评论,2003(4).

[50] 王宇.中西方文化背景下的大学文化定位[J].辽宁教育研究,2003(6).

[51] 田玲.文化理论的分析与批判及其在大学文化研究中的应用[J].清华大学教育研究,2004,(4).

[52] 惠泱河.以十八大精神为指导,全力推进大学文化建设[J].中国高等教育,2012(24).

[53] 张漪,赵玉娟.美国大学的文化特色及启示[J].文化学刊,2010(1).

[54] 王杰,张鹏.美国大学文化的特点对我们的启示——对美国四所大学的考察分析[J].广西高教研究,2001(6).

[55] 吴丹.西方大学文化对我国大学文化建设的启示[J].理论观察,2011(3).

[56] 李成恩,侯铁珊.基于AHP的大学文化结构组成分析与评价[J].国家教育行政学报,2014(11).

[57] 钱理群.我这十年研究——《精神的炼狱》序[J].中国现代文学研究,1993(3).

[58] 孙传钊.也说大学行政化——从韦伯的"官僚制"谈起[J],北京大学教育评论,2012(4).

[59] 陈开和.教育产业化、市场化和商业化[J].中学政治教学参考,2008(11).

[60] 刘云杉.精英的选拔:身份、地域与资本的视角——跨入北京大学的农家子弟(1978—2005)[J].清华大学教育研究,2009(5).

[61] 张建华.学术腐败研究综述及经济学分析[J].北京社会科学,2006(3).

[62] 李石勇.我国大学学术研究功利化之表现及其治理探析[J].湖南科技大学学报(社会科学版),2011(4).

[63] 庞文弟.回顾历史缅怀先驱迎接未来[J].中国高等教育,1999(8).

[64] 潘利红.建国后知识分子工人阶级属性认定的艰难历程[J].华南师范大学学报(社会科学版),2006(6).

[65] 沈登苗.打破民国高等教育体系的院系调整——以中国现代科学家于院系调整前后在高校的分布为解读[J].大学科学教育,2008(5).

[66] 袁长青.对中华人民共和国高校改革四十余年的历史回顾与反思[A]//.科学发展观和中国高等教育——2005年高等教育国际论坛论文汇编[C].2005.

[67] 张妍.我国大学定位趋同化的现实研究与对策[J].江苏高教,2011(6).
[68] 周彬.教师职务晋升政策:演变、异化与优化[J].教师教育研究,2012(2).
[69] 徐波.我国大学组织结构趋同政府现象分析[J].黑龙江高教研究,2010(1).
[70] 张震旦,韩欣汝.洪堡的大学理念[J].学海,2011(6).
[71] 王晓华.纽曼的大学目的论和功能论[J]清华大学教育研究,2001(1).
[72] 邓洁,刘昕昕.英国的精英教育对我国的启示[J].中国成人教育,2007(19).
[73] 黄茜.牛津大学学院制下的导师制[J].魅力中国,2010(3).
[74] 王建华.大学的三种概念[J].高等教育研究,2011(8).
[75] 房保俊.百年中国大学理念的变迁及启示[J].现代大学教育,2010(1).
[76] 周益斌.论我国现代大学的起源——从太学、书院和大学的关系说起.高等理科教育,2014(1).
[77] 文军.社会学理论的发展脉络与基本规则论略.学术论坛,2002(2).
[78] 谢立中.关于所谓"英格尔斯现代化指标体系"的几点讨论[J],江苏行政学院学报,2003(3).
[79] 阳海音.论马克斯·韦伯的合理性理论[J].世纪桥,2008(10).
[80] 胡军,蔡元培大学理念的哲学基础[J].人文杂志,2011(5).
[81] 张振环.大学社会责任的祛魅[J].学校教育论坛,2010(1).
[82] 张敏杰.西方发达国家社会管理的新趋势及其启示[J].浙江社会科学,2011(6).
[83] 高芳祎.美国公立研究型大学财政危机及其应对策略研究——加州大学的检验与启示[J].复旦教育论坛,2014(2).
[84] 肖起清.大学危机十轮[J].江苏高教,2013(5).
[85] 孙华.大学公共危机治理的价值变迁[J].高教探索,2012(3).
[86] 李慧玲,孟亚.大学道德危机追问——兼与《道德危机中的中国大学》作者商榷[J].大学教育科学,2012(2).
[87] 武翠红.金融危机背景下丹麦大学改革的战略选择[J].比较教育研究,2012(5).
[88] 迟海波,刘文健.大学精神走出困境的传统文化影响[J].科学社会主义,2012(4).
[89] 钱志刚.学术权力合法性危机与大学组织结构变革[J].教育发展研究,2012(3).

[90] 徐士密.现代大学文化的合法性危机——基于文化社会学的研究[J].江苏高教,2012(5).

[91] 施晓光,李俊."现代性危机"映射下的大学困境——从《闭塞的美国心灵》解读艾伦·布鲁姆的教育哲学[J].浙江大学学报(人文社会科学版),2012(5).

[92] 杨九斌.融资危机与美国公立大学困境——一场由公共经费拨款萎缩引发的博弈[J].清华大学教育研究,2012(6).

[93] 喻恺,埃尔特·胡伯特.国际金融危机影响下的世界一流大学[J].教育研究,2011(9).

[94] 张济洲.美国"大学本位"教师教育危机及其改革走向[J].课程·教材·教法,2011(9).

[95] 王建华.道德危机中的中国大学[J].大学教育科学,2010(2).

[96] 罗晓南.从大学评鉴和大学商业化的取向看大学教育的危机[J].高教发展与评估,2010(1).

[97] 许丙泉.试论大学的精神追求[J].青海社会科学,2010(2).

[98] 肖芸.论大学治理权的制度性危机与合法性重建[J].郑州大学学报(哲社版),2010(4).

[99] 蒋凯.大学认同危机的人文反思——评比尔·雷丁斯的《废墟中的大学》[J].北京大学教育评论,2009(2).

[100] 周雁.从耶鲁大学的金融危机政策看大学价值原则[J].教育科学,2009(4).

[101] 傅根生,赵泽虎.大学社会公信力与大学治理[J].教育发展研究,2009(11).

[102] 谢俊.学术自由的新危机——21世纪初的美国大学[J].高等教育研究,2009(9).

[103] 向春.应对金融危机,发展创业型大学[J].深圳大学学报(人文社科版),2009(2).

[104] 杨惠兰.西方现代大学自由的合法性危机的反思[J].中国高教研究,2010(8).

[105] 张永胜.论大学治理权合法性的危机与重建[J].国家教育行政学院学报,2010(9).

[106] 王才领.美国大学校园危机应对机制及其启示[J].中国高教研究,2010(9).

[107] 林曾.美国大学面对财政危机的人事对策:兼职教授与终身教授制[J].清华大学教育研究,2010(6).

[108] 王晨.大学理想研究的学术史——以英美和中国大陆为何性的考察[J].比较教育研究,2007(8).

[109] 潘建军.博弈与协调:国家主义和大学理想之间内在张力分析[J].江苏高教,2014(2).

[110] 谢泳.中国大学的两个传统[J].清华大学学报,2012(6).

[111] 陈悦.社会转型时期建构"现代大学精神"意义的多维探讨[J].吉林教育,2011(14).

[112] 陈燕,崔金贵.学术评价中工具理性与价值理性的主导成因及平衡机制[J].清华大学学报(哲学社会科学版),2012(5).

[113] 许高明.大扩张之后美国高等教育的危机与反思[J].现代教育管理,2010(5).

[114] 马晓琴."合理化"的内涵与实现——哈贝马斯的"交往行为理论"[J].宁夏党校学报,2013(6).

[115] 刘宝存.纽曼大学理念述评[J].复旦教育论坛,2003(6).

[116] 张炜.大学理念的演变与回归[J].中国高教研究,2015(5).

[117] 孔令新.大学教育的根基是超越性的抑或内在于世的?——论沃格林对洪堡大学教育理念的批评[J].现代大学教育,2024,40(3).

[118] 张叶鸿.创造性思维教育与洪堡大学理念[J].清华大学教育研究,2020,41(5).

[119] 周常明,王晓宇.西方大学教育功能的拓展:从单一到多元[J].河北师范大学学报(教育科学版),2007(3).

[120] 刘恩允.区域发展视角下的高校社会服务伦理探讨——基于威斯康星大学社会服务理念的解读及其启示[J].江苏高教,2011(2).

[121] 胡君进.革命的普罗米修斯:洛克《教育漫话》中的绅士及其教育[J].教育学报,2021,17(5).

[122] 朱镜人.英国教育思想演进的历史轨迹及特征[J].湖南师范大学教育科学学报,2015,14(1).

[123] 杜智萍.英国古典大学学院制传统的形成及早期特点[J].大学教育科学,2013(6).

[124] 孙成梦雪,赵聪环.美国学术自由制度研究——以美国大学教授协会"黑名单"制度为例[J].江苏高教,2019(11).

[125] 李重,张浩瀚.中国特色世界一流大学文化的生成逻辑、丰富内涵和实践路径[J].西安交通大学学报(社会科学版),2024(6).

[126] 邸燕茹.大学文化的内涵、特征和功能[J].思想教育研究,2013(4).

[127] 薛绍聪,周菲.论大学文化育人功能的心理机制[J].当代教育科学,2011(9).

[128] 徐朝钦.高校档案馆文化记忆功能构建的问题与策略[J].档案管理,2021(5).

[129] 乐守红.高等教育国际化进程中的大学文化传承功能研究[J].江苏高教,2021(11).

[130] 张德祥,牛军明.论文化治理性与大学文化治理[J].现代教育管理,2021(1).

[131] 胡文龙.重绘大学文化研究的全景地图——基于沙因的组织文化理论[J].江苏高教,2013(6).

[132] 王红颖.普及化时代英国精英高等教育发展的文化逻辑[J].化工高等教育,2023,40(6).

[133] 赵彩霞.我国大学文化研究主题、热点演进及理论基础的知识图谱分析[J].现代教育管理,2017(8).

[134] 李延保.民办高校如何加强党的领导和建设——兼谈民办高校治理和大学文化建设[J].河北师范大学学报(教育科学版),2024,26(2).

[135] 张淑婷,喻聪舟.东西方比较视角下我国大学文化建设问题的审思[J].黑龙江高教研究,2022,40(7).

[136] 颜晓红,刘颖.以一流大学精神推进现代大学治理[J].中国高等教育,2019(20).

[137] 丁志山.理解大学精神内涵的四个维度[J].大学教育,2019(10).

[138] 涂刚鹏.论大学精神的基本内涵及特征[J].学理论,2017(9).

[139] 苏国辉.大学精神与文化特质的凝练、创新与培育[J].中国高等教育,2019(22).

[140] 刘庆昌.新时代中国大学精神的重构[J].内蒙古社会科学(汉文版),2018,39(3).

[141] 于晓凤.大学精神的形成、表述与作用[J].北京教育(高教),2016(5).

[142] 迟慧,杨亚庚.让思政教育成为大学精神的灯塔[J].人民论坛,2018(12).

[143] 陈嫒.铸牢中华民族共同体意识视阈下民族院校大学精神的阐释与建构[J].广西民族大学学报(哲学社会科学版),2023,45(2).

[144] 颜晓红,刘颖.以一流大学精神推进现代大学治理[J].中国高等教育,2019,(20).

[145] 胡咏梅,梁文艳.高校合并前后科研生产率动态变化的Malmquist指数分析[J].清华大学教育研究,2007,28(1).

[146] 许宏伟,钟粤俊.教育资源再配置与创新研发——基于高校合并的视角[J].经济学(季刊),2022,22(3).

四、学位论文类

[1] 涂丽华.大学生命论[D].长沙:湖南师范大学.2013.

[2] 陈文娇.我国大学组织危机研究——基于组织社会学视角[D].武汉:华中师范大学.2009.

[3] 史孝强,高校学术腐败问题研究[D].武汉:华中科技大学,2007.

[4] 戴军.中国大学文化建设中的传承与超越[D].长沙:湖南大学,2014.

[5] 刘亚敏.大学精神探论[D].武汉:华中科技大学,2004.

[6] 李福杰,大学文化视野下的大学发展研究[D].上海:华东师范大学,2006.

[7] 谭志松,统一的多民族国家大学的使命[D].北京:中央民族大学,2007.

[8] 眭依凡.大学校长的教育理念与治校[D].上海:华东师范大学,2001.

[9] 刘东霞.大学文化与现代传媒互动初探[D].济南:山东大学,2008.

[10] 康乐.中国大学的社会责任探析[D].大连:大连理工大学,2008.

[11] 陈倩.高校研究生学术批判思维的训练策略研究[D].重庆:西南大学,2009.

[12] 汪求俊.昨日之学校——论学校精神[D].福州:福建师范大学,2009.

[13] 范小梅.当代大学批判精神的失落与回归[D].重庆:西南大学,2010.

[14] 潘艺林.论高等教育的批判功能[博士学位论文],上海:华东师范大学,2001.

[15] 路守香.布尔迪尔教育社会学理论研究[D].上海:华东师范大学,2005.

[16] 秦秋田.大学的现代性审视与合法性构划[D].武汉:华中科技大学,2005.

[17] 林晓英.大学文化景观表达方法研究[D].哈尔滨:东北农业大学,2009.

[18] 高广元.关于我国大学文化的分析与研究[D].西安:西北工业大学,2004

[19] 王维忠.文化自觉在大学文化建设中的价值与实践研究[D].济南:山东大学,2008.

[20] 孙华.大学公共危机:发育与治理[D].武汉:华中科技大学,2007.

[21] 任增元.制度理论视野中的大学行政化研究[D].大连:大连理工大学,2012.

[22] 范乃华.我国公立大学管理泛行政化现象的探析[D].重庆:西南政法大学,2010.

[23] 马廷奇.大学组织的变革与制度创新[D].武汉:华中科技大学,2004.

[24] 胡芳.我国公立高校科层制管理困境研究——基于资源依赖理论的分析[D].成都:西南交通大学,2012.

[25] 李海萍.大学学术权利现状研究[D].长沙:湖南师范大学,2010.

[26] 万志峰.大学内部机构设置及现状研究[D].曲阜:曲阜师范大学,2008.

[27] 周玲.大学组织冲突研究——角色、权力与文化的视角[D].上海:华东师范大学,2006.

[28] 陈忠群.论中国大学精神危机与重建[D].福州:福建师范大学,2007.

[29] 郑文全.大学的本质[D].大连:东北财经大学,2006.

[30] 徐广宇.论现代大学的文化使命[D].天津:南开大学,2009.

[31] 虞秀华.当代大学生功利主义价值取向及其对策研究[D].武汉:华中师范大学,2012.

[32] 李情.社会整合视域中的大学意识形态再生产研究[D].重庆:西南大学,2008.

[33] 张清.我国大学趋同化发展的成因与对策研究[D].西安:陕西师范大学,2007.

[34] 张洪亚.马丁特罗高等教育大众化理论研究[D].厦门:厦门大学,2002.

[35] 刘爱生.大众化进程中的中国大学特色探析[D].杭州:浙江师范大学,2009.

[36] 郑利霞.我国高等教育布局结构及其逻辑研究[D].武汉:华中科技大学,2009.

[37] 周亚南.我国普通高校发展定位趋同问题研究——基于30份高校发展规划文本的分析[D].重庆:西南大学,2011.

[38] 顾正萍.适应于选择——我国高校办学模式趋同的分析与思考[D].上海:复旦大学,2010.

[39] 付佳.大学官本位现象研究[D].广州:暨南大学,2011.

[40] 冯茜.我国高校功利观教育存在问题及对策研究[D].大连:东北财经大学,2011.

[41] 邵波.我国高等教育大众化进程中的应用型本科教育研究[D].南京：南京师范大学,2009.

[42] 丁冬生.高校文化育人的效应及其实现研究[D].上海：华东师范大学,2014.

[43] 王斌林.试论大学发展评估[D].上海：华东师范大学,2004.

[44] 姜虹.论中国大学文化塑造[D].哈尔滨：哈尔滨工程大学,2006.

[45] 王蓝瑶.文化模式理论视角下困境儿童社会工作本土化困境与路径研究[D].吉林：吉林大学,2023.

五、报纸类

[1] 罗梁波.学术之伤,文章之痛,期刊之痒[N].中国社会科学报,2011-07-08.

[2] 吴海宏.易中天炮轰论文制度称大学成养鸡场[N].东南快报,2009-04-24.

[3] 胡赳赳.武大原校长刘道玉吁教育改革称当代大学乱脏臭[N].新周刊,2010-06-22.

[4] 谢维和.大学文化、大学精神与川大精神[N].光明日报,2004-01-12.

[5] 王灿.六成大学新生对学校"不满"[N].北京日报,2011-10-12.

[6] 雷宇.中国论文数量居世界第一引用率排在100名开外[N].中国青年报,2011-02-10.

[7] 胡云安.大学文化的传承与创新[N].中国青年报,2014-11-03.

[8] 张慨,李长真.试论新时期的大学文化建设[N].光明日报,2003-02-06.

[9] 温家宝.百年大计教育为本教育大计教师为本[N].人民日报,2009-01-04.

[10] 温儒敏,大学教授撰文揭中国大学的五种"重病"[N].羊城晚报,2011-01-08.

[11] 杜丁等.回首高考风雨历程 25年历史记载几多悲欢[N].北京娱乐信报,2003-04-14.

[12] 龙瀚."代发论文"小广告充斥高校代写代发一条龙服务[N].南方日报,2011-10-11.

[13] 佚名.中国大学校长的平均任期为4.1年[N].中国青年报,2008-03-03.

[14] 李树林.推进国家治理体系与治理能力的现代化[N].内蒙古日报,2013-12-20.

六、网站或网页类

[1] 教育部官网. http://www.moe.com.

[2] 学术批评网. http://www.critical.com.

[3] 豆瓣学术网. http://www.douban.com.

[4] 百度文库网. http://www.wenku.baidu.com.

[5] 中国教育与计算机科研网. http://www.edu.cn.

[6] 爱思想网. http://www.aisixiang.com.

[7] 东方网. http://www.eastday.com.

[8] 搜狐网. http://learning.sohu.com.

[9] 新浪网. http://news.sina.com.cn.

[10] 道客巴巴. http://www.doc88.com.

[11] 张力:中国高等教育总规模超过美国居于世界第一[OL]. http://www.china.com.cn/news/2010-03/02/content_19501224.htm.

[12] 邓晓芒. 当代中国教育的病根[O/L]. http://www.douban.com/group/topic/10361757/.

[13] 张鸣. 大学的病在哪儿?[O/L]. http://www.acriticism.com/article.asp?Newsid=10368.

[14] 美国国防科技工业体系及其特点[OL]. http://u.s.navy.blog.163.com/blog/static/7386262200701301245692/.

[15] 杨德广. 大学制度文化是大学文化建设的保障[OL]. http://pinglun.eastday.com/p/20070929/u1a3138211.html.

七、外文资料

[1] Abraham Flexner. University:American,English and German[M]. Oxford University Press,1930.

[2] Kroeber,A. L. Kluckhohn,C. Culture,a Critical Review of Concepts and Definitions[M]. New York:Vintage Books,1952.

[3] David D. Dill and Barbara Sporn. Emerging Patterns of Social Demand and University Reform:Through Aglass Darkly[M]. IAU Press,1995.

[4] Bok. Beyond Ivory Tower[M]. Harvard University Press. 1982.

[5] Nathan,Eckstrand and Christopher,S,Yates. Philosophy And the Return of

Violence[M]. The Continuum International Publishing Group, 2011.

[6] John Henry Cardinal Newman. The Idea of A University Defined and Illustrated[M]. Routledge/Thoemmes Press, 2007.

[7] Michal Kurlaender, Eric Grodsky. Mismatch and the Paternalistic Justification for Selective College Admissions[J]. Sociology of Education, 2013(4).

[8] Soo-yong Byun, Evan Scoffer, Kyung-keun Kim. Revisiting the Role of Cultural Capital in East Asian Educational Systems: The Case of South Korea [J]. Sociology of Education, 2012(3).

[9] Thurston Domina, AnneMarie Conley, and George Farkas. The Link between Educational Expectations and Effort in the College-for-all Era[J]. Sociology of Education, 2011(2).

[10] Yoko Yamamoto and Mary C. Brinton. Cultural Capital in East Asian Educational Systems: The Case of Japan[J]. Sociology of Education, 2010(1).

[11] Jeremy Staff, John E. Schulenberg, and Jerald G. Bachman. Adolescent Work Intensity, School Performance, and Academic Engagement[J]. Sociology of Education, 2010(3).

[12] Sara Goldrick-Rab and Fabian T. Pfeiffer. Beyond Access: Explaining Socioeconomic Differences in College Transfer[J]. Sociology of Education, 2009(4).

[13] Aitken. R. Problems in university government[J]. Lancet, 1963, 1(7282).

[14] Spiro H J. University governments: elected and accountable[J]. Science, 1969, 164(3882).

[15] Fengqiao Yan, Jing Lin. Commercial civil society: A perspective on private higher education in China[J]. Frontiers of Education in China, 2010, 5(4).

[16] Frank Stilwell. Higher Education, Commercial Criteria and Economic Incentives[J]. Journal of Higher Education Policy and Management, 2003, 25(1).

[17] Mari Brookes. Higher education: marketing in a quasi-commercial service industry[J]. Int. J. Nonprofit Volunt. Sect. Mark, 2006, 8(2).

[18] John W. Meyer &.Brian Rowan. Institutionalized Organizations: Formal

Structure as Myth and Ceremony[J]. American Journal of Sociology, 1977, 83(2).

[19] Kathy Reeves Bracoo & Patrick M Callen. Competition and collaboration in California higher education[J/OL]. (2005 - 02 - 15). www. highereducation. org/reports/calcomp/callenl. shtml.

[20] Allies Christian, Troquet Michel. University or specialization? [J]. Higher Education Management & Policy, 2004, 16(1).

[21] Bowers, John Waite. Communication and conflict[J]. Speech Monographs, 1974, 41(March).

[22] H Crott, E. Kayser and H. Lanm: the Effect of Information Exchange and Communication in an Asymmetrical Negotiation Situation[J]. European Journal of Social Psychology.

[23] John Hennessy. The First Great American University[J]. Stanford Magazine, 2002(9/10).

[24] Gerhard Casper. The University as Public Service (2)[J]. Stanford University Magazine, 1999(5/6).